安徽省高等学校“十一五”省级规划教材
大 学 生 文 化 素 质 教 育 丛 书

管鲍之风陶朱富

——实用市场营销

丛书主编　易佑民
本册主编　刘建明

安徽大学出版社

图书在版编目(CIP)数据

管鲍之风陶朱富——实用市场营销/刘建明主编.
—合肥:安徽大学出版社,2009.8
(大学生文化素质教育丛书)
ISBN 978-7-81110-616-9

Ⅰ.管... Ⅱ.刘... Ⅲ.市场营销学-青年读物
Ⅳ.F713.50-49

中国版本图书馆 CIP 数据核字(2009)第 141788 号

大学生文化素质教育丛书

管鲍之风陶朱富——实用市场营销

丛书主编 易佑民

本册主编 刘建明

出版发行 安徽大学出版社(合肥市肥西路 3 号 邮编 230039)
印　　刷 合肥现代印务有限公司
联系电话 编辑室 0551-65108223　发行部 0551-65107716
电子信箱 ahdxchps@mail.hf.ah.cn
开　　本 710×1000　1/16
印　　张 18
字　　数 352 千
责任编辑 王先斌
封面设计 孟献辉
版　　次 2009 年 8 月第 1 版
印　　次 2013 年 2 月第 2 次印刷
书　　号 ISBN 978-7-81110-616-9
定　　价 28.00 元

序

1995 年，原国家教委在 52 所高等学校开展加强大学生文化素质教育的试点工作。1998 年，教育部决定在全国高校建设“国家大学生文化素质教育基地”，大学生文化素质教育工作进入实施阶段。经过不断的摸索和实践，高校文化素质教育取得了突出的成绩，有力地促进了教育思想观念的转变，推动了高校人才培养模式的改革，为提高教育质量作出了重要贡献。

自 1995 年始，安徽大学面向全体学生开设公共选修课，将文化素质教育作为学校探索和实践“三基并重（扎实的基本理论，较强的基本技能，良好的基本素质），全面发展”人才培养模式的重要内容，予以统一规划和安排。1999 年，经教育部批准，安徽大学作为国家大学生文化素质教育基地进行建设，2003 年 4 月正式授牌。安徽大学还将大学生文化素质教育列为“211 工程”子项目进行建设，先后建立了“爱国主义教育基地”、“农村改革教育基地”、“历史文化教育基地”、“自然环境教育基地”，并将“大学生素质拓展计划”的实施纳入“国家大学生文化素质教育基地”建设之中。近年来，“三基并重，全面发展”的人才培养模式的不断实施完善，“以人为本”的办学理念的逐步确立，素质教育的积极开展，使广大学生综合素质得到显著提高。目前，安徽大学大学生文化素质教育已全面铺开并初步形成特色，共开设人文与科技公选课一百多门，开展了公选课、讲座、活动、社会实践等多种文化素质教育形式。

课程教学因较为稳定而全面成为文化素质教育的最重要的方式。它是大学整个课程体系中的一个相对独立的序列，是学校各本科专业教学计划素质教育模块中的一项重要内容。它处于大学教育的基础性位置。安徽大学将文化素质教育课程列入教学计划,并规定8个学分的修课要求,还要求学生通过4个学分的综合素质考核(包括创新实践教育)。文化素质教育课程体系建设要注意规范化,把握好共性与个性的统一,协调好与其他课程的关系。

文化素质教育课程主要有以下特点:1.以人为本。专业教育重在育才,素质教育重在育人。文化素质教育课程应着力培养学生在对自然和社会探究中的人文关怀,使学生养成适应社会、服务社会的意志品质。2.通识教育。文化素质教育课程应建立在专业课程基础上,突出跨学科特征,强调不同学科的通识性道理。素质教育课程是基础课的基础,其教育对象是多学科的学生。3.可塑性。课程内容应明白易懂,易于教师展开,也便于学生接受和联想,使学生由感知而悟化。4.启发引导。不仅要在授课过程中启迪学生的思维,更主要的是使学生掌握一种灵活的学习方法,形成开放性的活跃思维,在课外能自觉自然地运用这种方法开展素质教育。可以鼓励学生超出课程内容进行学习和研究,以利于学生的创新能力、研究能力的培养。

要抓好教学队伍、教学大纲、教学方法与手段、教材等建设工作。特别要遴选一些备受学生欢迎、有助于提高大学生文化素养的课程作为精品课程加以建设。我校成立大学生文化素质教育丛书编委会,就是为了加强对大学生文化素质教育教材的规划、建设与出版工作。编委会做了大量的调查研究工作,拟订了编委会工作规程、丛书出版规划、丛书写作要求等。这项工作应作为学校大学生文化素质教育基地建设的一项重要内容。丛书的编写将以《面向21世纪教育振兴行动计划》和《中共中央、国务院关于深化教育改革全面推进素质教育的决定》为指导思想,结合素质教育课程的特点,努力编写和出版一批适合学生需要和为学生所喜爱的精品教材。教材的出版将使我校文化素质教育工作迈上一个新台阶,增进我校与其他高校文化素质教育方面的校际合作与交流。

黄德宽

2004年12月14日

前　言

实用市场营销既是一门科学，更是一门经营艺术。其研究内容涉及市场营销整体活动的全过程。本书在充分吸收国内外学科理论最新的研究成果和营销实践的基础上，重点介绍了市场营销的基本概念、基本理论和基本方法。

本书是在结合教育部高职高专经济类专业人才培养目标，吸收和综合高等职业教育教学和学习特点的基础上组织编写的。本书的特点是理论阐述力求前沿，在内容和形式上作了一些创新尝试。每章的章前设置了案例导入、知识目标和能力目标，章中配备大量案例，章后有核心概念、复习思考题、技能训练和案例研讨等。这些栏目的设置，有助于突出教学重点，加深学生对相关理论的理解，培养学生的创新思维能力和实践能力，提高学生的整体素质。

受安徽高教公关教育研究中心委托，刘建明教授组织省内部分院校相关专家、老师编写本书。本书共12章，由刘建明教授任主编，吕向生副教授、郭湘如副教授任副主编。各章编写人员分工如下：安徽国际商务职业学院刘建明、苏佰文（第1章）；南京财经大学陈锦伦（第2章）；滁州学院孟繁会（第3、10章）；安徽国际商务职业学院苏佰文（第4章）；安徽国际商务职业学院吕向生、安徽国防科技职业学院马业保（第5章）；安徽职业技术学院王守敬（第6、7章）；安徽财贸职业学院郭湘如（第8章）；湖南商学院唐靖（第9章）；安徽国际商务职业学院吕向生（第11章）；安徽文达信息工程学院金锐（第12章）。全书由刘建明、吕向生、郭湘如负责统稿。

本书在编写过程中，参考和引用了国内外众多专家的大量文献，在此表示深深的感谢。由于时间仓促，水平有限，书中难免有不当之处，敬请专家、读者批评指正。

编　者

2011年10月

目　录

序 …………………………………………………………………………………… 1
第一章　市场营销导论 …………………………………………………………… 1
第一节　市场营销概述 ………………………………………………………… 2
第二节　市场营销管理 ………………………………………………………… 7
第三节　市场营销哲学的发展 ………………………………………………… 13
第四节　市场营销发展的新趋势 ……………………………………………… 16
第二章　市场营销环境 …………………………………………………………… 23
第一节　市场营销环境 ………………………………………………………… 24
第二节　企业宏观市场营销环境 ……………………………………………… 29
第三节　企业微观市场营销环境 ……………………………………………… 42
第三章　市场营销调查与预测 …………………………………………………… 48
第一节　市场营销调查的内容与程序 ………………………………………… 49
第二节　市场营销调查方法 …………………………………………………… 53
第三节　市场预测的内容和步骤 ……………………………………………… 56
第四节　市场预测的基本方法 ………………………………………………… 62
第四章　消费者购买行为与过程 ………………………………………………… 68
第一节　消费者市场的特点 …………………………………………………… 69
第二节　消费者购买行为 ……………………………………………………… 71
第三节　消费者购买决策过程 ………………………………………………… 84
第五章　市场营销战略 …………………………………………………………… 88
第一节　市场营销战略概述 …………………………………………………… 89
第二节　市场细分 ……………………………………………………………… 94
第三节　目标市场的选择 ……………………………………………………… 101
第四节　市场定位 ……………………………………………………………… 106
第五节　市场竞争战略 ………………………………………………………… 109
第六章　市场营销产品策略 ……………………………………………………… 117
第一节　整体产品概念与产品组合策略 ……………………………………… 118

第二节 市场产品生命周期理论与策略 …… 124
第三节 新产品开发策略 …… 127
第四节 品牌与包装策略 …… 135
第七章 市场营销定价策略 …… 148
第一节 影响市场营销定价的因素 …… 149
第二节 企业的一般定价方法 …… 154
第三节 定价策略与调价策略 …… 159
第四节 跨国公司的转移定价策略 …… 166
第八章 市场营销分销策略 …… 170
第一节 市场分销渠道的结构与功能 …… 171
第二节 分销商的选择 …… 178
第三节 市场开发与分销商的选择策略 …… 185
第九章 市场营销促销策略 …… 190
第一节 促销及促销组合 …… 191
第二节 市场人员促销策略 …… 195
第三节 市场广告促销策略 …… 199
第四节 市场营业推广促销策略 …… 204
第五节 市场公共关系促销策略 …… 207
第十章 市场营销组织、执行与控制 …… 213
第一节 市场营销组织 …… 214
第二节 市场营销执行 …… 221
第三节 市场营销控制 …… 225
第十一章 国际市场营销 …… 231
第一节 国际市场营销概述 …… 232
第二节 国际市场营销环境 …… 235
第三节 国际市场的选择与经营方式 …… 240
第四节 国际市场营销组合策略 …… 245
第十二章 市场营销人员素质与道德 …… 255
第一节 营销人员的基本素质 …… 256
第二节 营销人员职业道德与社会责任 …… 265
第三节 营销人员管理 …… 272
主要参考文献 …… 280

第一章　市场营销导论

【案例导入】

海尔热水器的品牌战略

2009 年，海尔热水器确定了全新的品牌战略口号——“感知未来洗浴”，将“值得信赖”的热水器产品向满足更多个性化需求的新品牌形象转化。“2009 年，海尔热水器将全面实现品牌转型。具体来说，海尔不是简单地卖产品，而是致力于为消费者提供一个热水解决方案”。这是海尔热水器 2009 年的营销目标。

自 2002 年起，“安全”一直是海尔热水器的品牌主张。经过 6 年的努力，“安全”概念已经深入人心，消费者特别是高端消费者已经认为“安全”是热水器最基本的要素。自 2007 年 8 月起，海尔又推出 TT 电热水器，其 3D 动态加热技术使其实现了加热速度快、出热水量大等功能，为广大消费者提供了在安全基础之上的更加舒适的洗浴过程。现今，海尔新的品牌定位是用领先科技带给人们更舒适洗浴的领导品牌。

市场调查表明，这一转型有市场基础。最初用户普遍把安全、价格放在选购的第一位，但在热水器的安全性能得到普遍提升后，用户购买心理向着更高阶段提升。2008 年，一项在京、广、沪三地进行的调查发现，高端电热水器消费者的购买因素正在发生改变，产品的舒适化体验成为人们关注的重点，价格因素“退居二线”。而近几年中高端产品所占据的市场份额呈现出较快的增长趋势，这主要是因为很多城镇居民家庭对电热水器产品的外观、性能和操控等方面的要求日渐提高。中高端产品更新将成为一、二级市场的发展契机。

于是，人们迎来了海尔热水器转型期的第一个代表性产品——畅享系列。这个融合了时尚与科技的产品，凸显了其品牌转型路线——2009 年海尔将执行时尚科技品牌战略。科技、时尚元素的融入，使海尔热水器获得了更广阔的发展空间，也为整个行业注入了丰富活力；海尔将应用最新科技，打造全新的高品质洗浴生活，从而带动整个行业向时尚科技转型。

对此，一位家电市场分析人士指出，作为国内热水器领导品牌，海尔连续数年稳居国内市场占有率第一，其研发的防电墙安全技术、3D 动态加热技术等，引领了国内热水器行业从安全到性能的全面升级，其高端化发展趋势已经成熟。

2008 年，海尔电热水器的销量超过了 300 万台，占据了全国 1/3 以上的市场份额。通过品牌转型，海尔期望 2009 年海尔热水器在打造一条涵盖产品研发、营销等全方位的创新路线和牢牢把握住国内中低端市场的基础上，进一步拓展在高端市场的发展空间。

思考题：

1. 结合本案例分析，你认为市场营销的核心是什么？
2. 海尔热水器产品的营销战略是如何通过演变进而获得成功的？
3. 海尔热水器是如何运用现代市场营销观念实现营销目标的？

【学习目标】

1. 知识目标：了解市场营销学的产生和发展过程；掌握市场营销涉及的核心概念；理解市场营销的整个框架体系。

2. 能力目标：通过本章的学习，应能掌握推销与营销之间的区别与联系；能运用现代市场营销观念分析市场营销活动、指导市场营销实践。

第一节　市场营销概述

市场营销学产生于 19 世纪末 20 世纪初的美国。当时，世界各主要资本主义国家经过工业革命，生产力得到了极大的提高，市场由卖方市场向买方市场转换。有些企业开始寻求生产以外的竞争优势，其中最突出的就是研究怎样将产品快速地卖出去。一方面，他们利用中间商介入销售过程；另一方面，利用广告、人员推销、新闻公关等措施刺激消费者的购买欲望。因此，可以说市场营销是市场经济发展的必然产物。我国在 1978 年后开始引进市场营销学，经过 20 年的发展，市场营销在我国取得了较快的发展，并广泛地服务于企业与社会的各个方面。同时，有关市场营销方面的学术研究也日渐深入和成熟。在本节中，我们将主要阐述市场营销学的产生和发展的历程及市场营销的有关核心概念。

一、市场营销学的产生和发展

1. 市场营销学在美国的产生和发展

(1)萌芽阶段(1910—1920 年)

19 世纪末 20 世纪初，世界各主要资本主义国家经过工业革命，生产迅速发展，效率大为提高，生产能力的增长速度超过市场需求增长的速度，个别种类的产品开始过剩，销售出现困难。在这种情况下，有的企业开始进行推销、广告、公关一类的营销活动，以促进产品的销售。

在这一阶段，市场营销研究的特点是：研究主要在大学进行，研究内容局限于推销、分销和广告。同时，不管是生产实践还是学术研究，大多以生产观念为导向，市场营销所涉及的范围较小，程度也较低。其中的代表人物及其贡献有：巴特勒首先采用“市场营销”一词；赫杰特齐写出第一部以“市场营销”命名的教科书；阿克肖出版了论述分销机会的专著。

(2)职能研究时期(1921—1945 年)

在这一阶段，人们开始系统地思考市场营销的职能究竟是什么，从而把市场营销职能分为交换、物流和辅助三大职能。这个时期的重要事项有：1926 年，全美市场营销学和广告学教师协会成立；1931 年，上述组织改组为市场营销协会；1936 年，美国市场营销协会(AMA)成立。

(3)形成和巩固阶段(1946—1955 年)

在这一阶段，市场营销取得了较快的发展，企业开始广泛地关注市场营销，并将之视为企业制胜的关键。学术研究也富有成效，市场营销理论逐步形成。两部有代表性的重要著作问世：一是范利等的《美国经济中的市场营销》；另外一本是梅纳德和贝克曼的《市场营销原理》。该书对市场营销组合、产品生命周期、品牌形象等重要的市场营销概念作了系统的阐述。

(4)营销管理导向时期(1956—1965 年)

在这一阶段，现代营销学产生，营销研究重心由企业向消费者转移。出现了一系列新的营销理论：市场细分的观点问世，麦卡锡提出的 4P 组合观点开始影响营销学界。奥德逊的《营销行为和经理行动》、霍华德的《市场营销管理：分析与决策》、麦卡锡的《基础市场营销》都具有深刻影响。

(5)协同发展时期(1966—1980 年)

在这一阶段，营销学成为一门独立的综合性学科。道宁在其所著的《基础市场营销：系统研究法》一书中提出了市场系统营销的研究方法。科特勒对市场营销学作出了杰出的贡献。他是市场营销学的集大成者，著有《市场营销管理》一书。他本人也被誉为“市场营销之父”。

(6)国际化和科技化阶段(1981—至今)

20 世纪 80 年代是营销学的国际化时期。随着跨国公司的发展及世界贸易往来的日益扩大，市场营销学在国际范围内被广为采纳，国际市场营销学形成。90 年代开始了营销学的科技化时期，营销学与科技相结合，出现了许多新的营销理论如关系营销、网络营销等。

2. 市场营销学在中国的传播和发展

市场营销学在我国的发展经历了以下几个阶段：

(1)1978—1982 年为引进时期，系统地引进市场营销理论；

(2)1983—1985 年为传播时期，市场营销学研究团体纷纷成立；

(3)1986—1991 年为应用时期，市场营销理论在部分行业和地区开始被运用；

(4)1992 年后为扩展时期，营销学引起广泛重视，高校开始设置营销专业。

二、市场营销

1. 市场营销的概念

市场营销源自英文“Marketing”一词，是指一种经济活动。市场营销概念从产生到发展经历了一个不断完善的过程。下面就是几种关于市场营销概念的界定：

定义 1：“市场营销是将货物和劳务从生产者流转到消费者过程中的一切企业活动。”

定义 2：“市场营销是指通过对货物、劳务和计谋的构想、定价、分销、促销等方面的计划和实施，以实现个人和组织的预期目标的交换过程。”

定义 3：“市场营销是个人和集体通过创造、提供、出售并同别人交换产品和价值，以获得其所需所欲之物的一种社会管理过程。”

定义 4：“营销是在一种利益之下，通过相互交换和承诺，建立、维持、巩固与消费者及其他参与者的关系，实现各方的目的。”

从上述这几种定义中我们可以看到市场营销概念演变过程中所发生的一些变化：营销主体的变化：由“企业”发展为“一切面向市场的个人和组织”；营销客体的扩展：由“货物和劳务”发展到“货物、劳务和计谋”，进而发展到“产品和价值”；营销内容的扩展：由单纯的“销售”活动发展到“构想、定价、分销、促销”活动，由“有目的、有计划的实施和管理过程”发展到“社会和管理过程”，进而发展到“建立、维持、巩固关系”；强调了营销的核心概念——交换、关系；营销既是一种经营哲学，又是一种经营职能。

目前来讲，常见的市场营销概念主要有两种：一是美国市场营销协会(AMA)的定义：市场营销是对思想、货物和服务进行构思、定价、促销和分销的计划和实施的过程，从而产生满足个人和组织目的的交换。另外一种是菲利普·科特勒给市场营销所下的定义：市场营销是通过创造和交换产品和价值，从而使个人和群体满足其欲望和需要的社会的和管理的过程。

2. 对市场营销概念的理解

首先，市场营销的主体是指一切面向市场的人和组织。任何个人或组织都可以作为市场营销的主体，比如最常见的企业组织，由于从事生产和销售产品的活动，它们是市场营销者。那么怎样去理解个人也是市场营销的主体呢？一方面，个人是企业营销的对象；另一方面，个人也可能从事市场营销活动，比如我们作为求职者在求职市场上积极地推荐自己，这时我们就是市场营销者；又如我们经常会向别人阐述自己的观点，力求让别人认可自己、接受自己的观点，此时我们也是市场营销者。

其次，市场营销的客体是产品和价值。产品是整体市场营销活动的载体，从一开始产品就渗透着营销者对满足消费者需求的一种构想，然后通过种种营销活动，把产品从生产者转移到消费者手中，最后消费者使用完产品后会形成对产品的评价及对后续购买行为作出判断，这些都与产品有关。同时，在生产、传递、使用产品的过程中，其本质是一种价值的生产、传递和使用。价值是企业为消费者提供的本质产品，是消费者追求的产品本质属性。

再次，市场营销活动是一种涉及生产、分配、交换和消费环节的整体营销活动。市场营销比我们通常意义上所讲的销售活动的内涵要丰富得多，包括生产、流通、交换及消费的整个过程。

最后，满足消费者的各种需要并实现企业的目标是市场营销的核心。消费者的需求是整个营销活动的出发点和落脚点。只有创造价值让顾客满意，企业才能在激烈的市场竞争中立于不败之地。

三、市场营销核心概念

1. 需要、欲望和需求

需要(need)：是指没有得到某些满足的感受状态，包括生理上、心理上的或精神的、物质的不足、欠缺或不平衡状态。

欲望(want)：是指对满足需要的特定事物的意愿或期盼，表现为消费者的选择。比如为满足"充饥"的生理需要，南方人选择米饭而北方人可能偏爱面条、馒头，西方人或者更钟情于汉堡包、热狗、披萨等。由此可以看出，市场营销无法创造需要，但可以影响人们的欲望，并开发特定的产品和服务来满足人们的欲望。

需求(demand)：是指由购买力支撑的欲望。人们不仅有意愿消费某个产品，而且具有支付能力获得这个产品。企业可以通过各种营销手段来影响需求，并根据对市场需求的调研，决定是否进入某一产品或服务的市场。

市场营销的主要任务是学会辨别消费者的各种需求，并能将之与企业实际联系起来，看哪些需求对企业来讲是机会，以便抓住机会，比竞争对手更好地满足消费者的需求，使顾客满意进而获得消费者对企业产品的忠诚。

2. 产品、价值和满意

产品是指能够提供到市场上来满足人们某种需要或欲望的任何东西。市场营销中的产品概念不同于我们日常生活中所说的产品，既包括有形产品，也包括服务、思想等无形产品。企业提供的产品最重要的是要能与购买者的欲望相吻合。

一个企业的产品越是与消费者的欲望相吻合,其在市场竞争中成功的可能性就越大。因为人们在购买产品时,不仅是想拥有它们,更重要的是使用它们以满足自己的愿望和利益。美国通用电器公司在20世纪60年代将其在欧美市场非常畅销的面包烤箱推向日本市场,并大做促销广告,而日本消费者的反应却非常冷淡。因为日本人饥饿时想的是吃米饭而不是面包,而面包烤箱是不能烤大米的。换言之,人们购买某种产品的目的是通过实体产品这个载体来获得自己所需要的服务。市场营销者的任务就是向顾客展示实体产品中所包含的利益或服务。如果企业只卖产品而不注重服务,就会患上"市场营销近视症",从而失去市场。

市场营销中所讲的价值是指顾客价值,是顾客从产品拥有和使用中获得的利益和为获得利益而支付的成本之差。顾客价值中的利益既包括购买商品带来的功能性效用,也包括在购买商品的过程中所享受的一系列服务,同时还包括与商家建立起来的关系等。顾客成本包括顾客为购买商品所花费的金钱、精力、时间等成本。顾客价值是影响顾客满意度的关键因素,也是顾客评估其选择行为是否正确及下次是否继续购买的主要参考依据。顾客价值越大,顾客满意程度越高,顾客重复购买的几率就越大。

满意是指顾客的一种主观心理状态,是顾客对产品价值与期望值比较的结果。如果产品价值高于期望值,则顾客满意;如果产品价值低于期望值,则顾客会产生不满。大量研究表明,顾客满意度越高,顾客重复购买的可能性就越大,并且顾客还会把这种满意传递给其周围的人,对企业的发展和产品品牌的推广都大有裨益。

产品、价值、满意贯穿于整个营销活动,企业的营销活动基本上也是围绕着它们展开的。产品是价值的承载者,满意是消费者对购买产品所得到的价值的一种主观判断。企业营销的主要目的就是要通过创造产品和价值来达到顾客的满意。

3.交换、交易

交换是指通过提供某种东西作为回报而与他人换取所需产品的行为。

人们有了欲望和需要,企业生产了产品并致力于提高顾客价值,所有这些还不足以定义市场营销。只有当人们决定用交换的方式来满足其需要和欲望时,市场营销才真正得以实现。因此,交换是市场营销的核心,是实现市场营销目的的主要方式。

交换的产生必须满足如下五个条件:有两方或两方以上的买卖者;每一方都有被对方认为有价值的东西;每一方都能沟通信息和传送物品;每一方都可以自由地接受或拒绝对方的产品;每一方都觉得与对方的交易是值得的。

交换并非一次性的活动,而是一个过程。交换的双方都要经历一个寻找合适的产品和服务、谈判价格和其他交换条件以及达成交换协议的过程。一旦达成交换协议,交易也就产生了。因此,如果双方正在协商,并逐步达成一项协议,则称双方将要进行交换;如果达成一项协议,则称双方产生交易。交易是交换的基本组成单位，交易是双方的价值交换，它随着交换协议的达成而产生。企业与顾客达成各种交易时会与顾客产生这样或那样的关系。如果企业致力形成和维护这种关系的长期性和稳定性，关注顾客的忠诚度，那么，我们可以将企业的这种营销策略称之为关系营销。如果企业只注重单次交易的盈利性，致力于以价格因素来赢得市场占有率，这样的营销策略我们称之为交易营销。

4. 市场

通常我们认为市场是指商品交换的场所。站在企业的角度来看，市场即某种商品的购买者集合。而从市场营销的角度来看，市场是指由一切具有特定欲望和需求并且愿意和能够以交换来满足此欲望和需求的潜在的和现实的顾客总和。

由此可知，市场的构成包括三个主要的因素：消费群体规模、购买能力和购买欲望，用公式可以表示为：市场＝人＋购买能力＋购买欲望。

当企业在确定某一营销计划或决定实施某一营销活动时，通常需要对目标市场的规模进行评估：如果市场太小，企业可能无法达到自己的利润目标；如果市场太大，企业可能无法准确地把握消费者的需求。而市场规模的大小由市场三个构成要素共同决定。当消费者规模及消费者的购买能力同时达到企业预期时，这样的市场才是可选市场。

按消费者需求是否立即实现将市场分为现实市场和潜在市场。现实市场是指购买者有购买欲望和购买能力，并打算立即实现需求的市场。潜在市场是指因缺乏购买力、购买意愿或需求的产品尚未问世而导致暂时无法实现需求的市场。

按购买目的和用途划分，市场可以被分为消费者市场和组织市场。消费者市场是指购买产品和服务用于消费和馈赠的个人和家庭。组织市场是指购买产品和服务用于进一步加工制造、租赁或出售、转售或完成其自身职能的组织。

5. 市场营销者和潜在顾客

在市场营销活动中，我们把更积极、主动寻求交易的一方称为市场营销者，把另一方称为潜在顾客。市场营销者既可以是买方也可以是卖方，如果买卖双方都积极地寻求交易，那么买卖双方都将被称为市场营销者。

第二节　市场营销管理

市场营销学研究的中心问题是企业如何以消费者和用户的需求为出发点来组织企业的整体营销活动，即根据顾客的欲望与需求，生产适销对路的商品和服务，并通过交换将之转移到顾客手中。

一、市场营销管理

1985年,美国市场营销协会把市场营销管理定义为:规划和实施理念、商品和服务设计、定价、促销、分销,为满足顾客需要和组织的目标而创造交换的过程。

市场营销管理的实质是对企业市场机会的管理,也即对消费者需求的管理。当企业的营销战略计划确定之后,即企业的任务、目标要求及业务发展计划明确之后,还必须通过市场营销活动以及市场营销管理(计划、控制、监督、管理、调节),才能得以实现和完成。

二、市场营销管理的任务

市场营销管理的任务是在实现预期目标的过程中,影响需求水平、需求时间和需求构成。因此,我们可以说,市场营销管理的实质是需求管理。根据需求水平、时间和性质的不同,可归纳出八种不同的需求状况。

1. 否定需求与转换营销

否定需求是指市场上大部分人不喜欢某种产品,甚至宁愿付出一定的代价来躲避该产品的一种情况。

否定需求可以分为三类:一是对消费者根本无益的,甚至是有害的。如对香烟的需求就是一种典型的否定需求。二是某些产品对消费者有益,但消费者过多地看到其副作用或未掌握使用方法。一些科技产品的效果没有得到时间的验证,消费者不敢轻易尝试。如消费者对一些转基因食品的态度、对激光矫正近视的态度等。三是某些产品对消费者根本无害,但由于消费者存在偏见而产生否定需求。如白酒的勾兑其实是制酒的一个必要的步骤,但在相当长的时间内,消费者都无法接受厂家的这一做法,有的企业甚至因被曝光其勾兑事实而走向衰亡。

对否定需求,企业可以运用转换性营销帮助消费者正确地认识产品、消除偏见。具体的措施有:宣传产品利益;普及产品知识和使用方法;开展一些主要由顾客参加的活动,让现实的顾客带动潜在的顾客,让顾客说服顾客,这样做通常会收到事半功倍的效果。

2. 无需求与刺激性营销

无需求是消费者对相应的产品和服务无兴趣或漠不关心,从不主动购买。无需求可能是因为产品本身没有什么特色,刺激不了消费者的购买欲望;也有可能是因为顾客自身没有意识到产品可能带来的利益或者顾客对产品的需求没有被唤起;也有些是因为使用条件不成熟所导致的无需求;最后,企业和环境方面的原因也有可能导致无需求。

刺激营销是指企业通过采取一些刺激性的措施,刺激消费者的消费需求,改变无需求状态。企业可以从以下几个方面着手:

一是充分了解消费者的需求，改善企业科技水平，使产品在外观或者功能上能吸引消费者，引起消费者的消费欲望；二是引导消费者认识自己的潜在需求，设法把产品的利益与人们的需求与兴趣联系起来，这需要借助广告或人员推销来达到让消费者认知需求的目的；三是创造条件，改变环境。

3.潜在需求与开发营销

潜在需求是指消费者对目前尚未出现的产品存在需求。很多新产品的问世就是因为人们有这种潜在需求，比如家庭主妇经常感叹要是能有一部机器来代替手工洗衣就好了，这就促进了洗衣机的产生；随着时代的发展，女性在社会中担当的角色越来越多，此时她们又在想要把衣服丢进去，它就能自动将其洗好、清好并甩干，那样会节省很多时间，结果全自动洗衣机应运而生。

面对潜在需求，企业可以通过开发性营销，致力于新产品的研发，变潜在需求为现实需求。但是，开发性的营销必须建立在科学的调查与分析的基础之上，否则企业投入大量的研究成本，市场却不买账，那样结果将非常糟糕。

4.退却需求与再生性营销

退却需求是指某种产品的需求低于正常水平，出现衰退趋势，这是社会发展、科技进步的结果。

再生性营销是指通过努力使商品重新获得生命力。一是通过转移市场，为产品寻找新的使用者；二是通过发现新用途，唤起人们对产品的重新关注；三是用产品替代来适应消费者消费习惯的改变和流行风尚，此时产品改变了消费群体仍然不变；四是对营销不力产生的退却需求通过增加营销努力来实现营销目的。

5.不规则需求与同步营销

不规则需求是指市场需求量就平均量来说达到预期水平，但是需求与供应在时间上存在差异。如很多季节性产品和节日性产品都存在不规则需求。

同步营销是指通过努力使需求与供应能较好地在时间上同步。如很多航空公司和旅游景点，在旅游淡季来临时通常采取降价的方式刺激人们的消费。企业也可以通过改变人们的一些传统观念来应对不规则需求。如粽子、月饼等产品通常只是在过节的时候被人们食用，而平时人们则较少食用，如果企业能采取一些措施改变人们的这一观念，告诉人们平时多食用此类产品对身体有益，很有可能粽子、月饼将成为人们家中常备的食品。

6.充分需求与维持营销

充分需求是指需求与现行水平与时间都符合供应者的期望水平。这是一种较理想的状态。

对于充分需求，企业要做好维持营销，保证营销活动的正确性和有效性，维持自已的市场地位和已有的顾客，保持市场优势。

7. 过度需求与降低性营销

过度需求是指市场需求超过了供给者的能力或所愿供给的水平。产生原因可能是生产能力不足，也有可能是原料供应短缺，或者是因为有些产品声誉太高造成消费者的抢购，从而出现供不应求的状况。

降低性营销是通过提价、减少服务或降低促销努力来限制对某种产品或服务的需求。

8. 有害需求与抵制性营销

有害需求是指某些产品或服务对消费者、公众或供应者有害，如假冒产品、毒品等。

反向或抵制性营销是指说明产品的危害、提高价格，减少顾客购买机会。

三、市场营销管理的过程

市场营销管理是指企业发现、分析、选择和利用市场营销机会，合理配置企业的各种营销资源与优势，协调企业与环境的关系及市场营销部门之间的关系，以实现企业的任务和目标的活动过程。具体来说，市场营销管理包括分析市场机会、选择目标市场、制定和执行市场营销策略、实施营销控制等几个方面。

1. 分析市场机会

需求是市场营销的源动力，市场营销活动归根结底就是满足消费者需求的过程。这就要求市场营销人员具备敏锐的市场洞察能力，能及时、准确地捕捉到市场上未被满足的需求。如果企业能比竞争对手更快、更好地满足消费者的这些需求，那么，企业将赢得竞争优势。因此，我们可以说发现市场机会的过程其实是发现消费者未被满足的需求的过程。

但是，并不是所有的未被满足的需求对企业来讲都是机会。营销人员还要具备对市场机会进行分析的能力。那些与企业现在经营相关的需求才是有效需求。有些需求是企业产品不能满足的，那样即使是发现了，也不能变为企业现实的增长点。同时，有些需求虽是有效需求，但企业却没有能力比竞争对手更好地满足顾客的这种需求，此时是否利用也应该慎重。因此，某种市场机会能否成为企业机会，不仅要看这种市场机会与企业的任务和目标是否一致，而且取决于该企业是否具备利用这种市场机会、经营这种业务的条件，取决于该企业在利用这种市场机会、经营这种业务的条件上是否优于竞争对手。

2. 选择目标市场

现在的市场，消费者日益成熟，其需求也越来越细分化、个性化，企业如果还想以一种产品来赢得整个市场，简直是异想天开。企业要想长期立于不败之地，唯一的出路就是精耕细作。况且对每一个企业来讲，其资源都是有限的，不可能满足市场上所有消费者的需求。因此，在分析市场机会的基础上，还要求营销管理人员能对各个细分市场进行评估，充分分析企业的实际情况，选择最有潜力、最有把握的其中的一个或几个细分市场作为主要目标市场。

3. 制定和执行市场营销策略

这一过程是指企业在选定的目标市场上，综合考虑环境、能力、竞争状况，对企业自身可以控制的因素加以最佳组合和运用，以完成企业的任务。而市场营销策略是指企业根据其自身及环境的实际情况，为其目标市场制定一个可控因素的最佳组合的过程。即我们通常所讲的 4P 策略：产品（product）策略、价格（price）策略、渠道（place）策略和促销策略（promotion）。

产品市场营销组合的特点：可控性：企业可以调节、控制和运用各种因素；动态性：不是固定不变、静态组合，而是变化无穷，受内部、外部变化影响，能动地作出相应反应；复合性：四类因素各自包括多个次一级或更次一级手段，都必须协调配合；整体性：各种手段及组成元素不是简单相加或拼凑，应为一个有机整体，在统一的目标指导下，相互补充，求得大于局部功能之和的整体效应。

（1）产品策略：产品是指一切用于满足消费者需求的产品、服务或思想观念等。产品概念包括三个层次，即核心产品、形式产品和附加产品。核心产品是产品满足消费者需求的本质属性；形式产品是产品表现出来的具体形态；附加产品是随着产品销售一起提供的其他产品或服务。因此，产品是一个整体的概念。

产品策略是整个营销策略的基础，因为产品的好坏直接关系到消费者利益是否能实现的问题。随着市场的发展，消费者的需求变化越来越快，企业的产品更新也要能跟上消费需求的变化，否则只能面临被淘汰的命运；同时，科技产品更新换代速度加快，企业应注重提升自身的研发能力，自主创新，把握市场主动权。

（2）价格策略：价格是 4P 策略中最为敏感的一个因素。价格的高低直接影响消费者的选择。同时，价格也是企业产品和形象的一种表现，高价往往给人质量好、做工细的印象，而低价往往让人觉得实惠。因此，价格策略是企业的竞争工具之一。价格策略主要涉及两个方面的问题：一是价格的制定问题，企业是选择低价渗透还是高价撇脂；另一方面是在进入市场后，价格的调整问题。

【情景案例 1－1】

金龙鱼涨价风波

自 5 月中旬始，有关食用油价格上涨的传闻便不绝于耳。国内包装油行业领袖品牌金龙鱼率先提高大豆油等油品价格，意欲掀起整个行业的涨价风波。但事与愿违，十余天内，其他主要品牌食用油却按兵不动、不跟进，致使“孤军奋战”的金龙鱼被社会舆论推向了风口浪尖，一时间，质疑声、谩骂声此起彼伏。

《金龙鱼发出涨价通知单 物价部门称恐是炒作》——5 月 22 日《现代快报》

《金龙鱼桶装油率先涨价一成》——5月22日《扬子晚报》

《部分食用油小幅降价 金龙鱼领涨遭遇市民质疑》——5月24日《金陵晚报》

《食用油涨价背后的利益博弈》——5月25日《泉州晚报》

《尴尬金龙鱼,涨还是不涨》——5月25日《中国经营报》

《各家乘机大搞促销 金龙鱼涨价的泡泡吹破了》——5月27日《现代快报》

《调查显示:大部分人认为食用油涨价是因为市场垄断》——5月31日凤凰网财经

"柴米油盐酱醋茶",粮油行业与民生息息相关。社会各方面倾注的关心与关注,又势必会在导火线被引燃后,短时间内将事件的影响迅速扩大。市场经济价值规律告诉我们,价值决定价格,并受到市场供需关系的影响。"民以食为天",这事关"天"大的粮油价格,不是一个企业说涨就能涨的。

中国有句话叫"枪打出头鸟",金龙鱼在这次涨价风波中,便做了这只出头鸟。即便短期之内,由于消费者的惶恐囤货,销售量会有所提升,但从长远来看,涨价给企业、给品牌的建设都带来了无法抹平的硬伤。

这件事情不由让人联想到两年前的"方便面涨价风波"。2007年,以康师傅为首的方便面企业集体上调价格,引起社会广泛关注,最终"价格联盟"涉嫌违法,相关企业也受到了法律的制裁。反观之前的历史,家电企业价格联盟、航空公司联合限制机票最低折扣,各种涉嫌价格违规操作的行业勾当最终均以失败告终。

有些专家学者进一步深挖现象背后的原因,将这一事件与"外资垄断食用油行业"、"粮食安全"等等结合在一起,唤起公众关注,引人深思。

近些年来,尤其是在"粮食安全"话题被日益关注的近两三年,占有中国包装油40%以上市场份额的金龙鱼,一直极力回避外企背景,努力塑造自己侨乡企业的爱国形象。有报道称,从北京奥运会供应商到续签女排赞助商,金龙鱼可谓不惜重金,极力塑造"健康、积极、向上"的品牌形象,拉近与消费者之间的距离。而此次的"涨价风波",无疑让金龙鱼成为"众矢之的",引致舆论媒体的争论热议、行业竞争对手的借势攻击、消费者的质疑。一切的一切,都让"金龙鱼"这个品牌遭受了无法估量的创伤。

讨论题:请问金龙鱼涨价说明了什么?

(3)渠道策略:渠道策略涉及企业怎样将产品或服务以最低的成本送达消费者,包括销售市场的选择、中间商的选择、零售商的选择等问题,同时涉及"三流":物流、信息流、资金流。物流是指迅速有效的配货,减少企业库存带来的风险和成本;信息流是指企业和中间商、零售商要能保持有效的沟通,一方面让中间商和零售商更好地了解企业的销售政策，赢得他们的配合；另一方面，企业能即时了解前端市场的实际情况，适当调整营销战略。资金流是指企业资金要能及时回笼，降低资金占用的成本，保证正常的持续经营。

随着市场重心的下移，零售商在整个渠道上的作用越来越大。在某些行业，零售商甚至占据了整个销售的主动权，因此企业越来越重视与零售商的关系，K－A经理也成为企业销售的中坚力量。

(4)促销策略：包括人员推销、销售促进、广告、公关四种手段。促销策略是一种阶段性的、目的鲜明的企业活动。同时，促销策略也是应对竞争对手侵略性活动的一种有效措施。如当竞争对手企图通过降价抢占市场时，企业可以通过销售促进等措施来予以还击。

4.实施营销控制

营销控制是整个营销活动必不可少的环节。在具体的营销活动中，企业制定的营销策略是否得到了有效的执行？整个营销活动的结果是否达到了预期的目标？在以后的营销活动中企业应该作哪些改进？这些对保证企业营销活动达到预想的效果、提高企业营销活动的有效性都至关重要。营销控制主要包括设定目标、测量绩效、评价绩效和采取纠偏措施四个方面的措施。

第三节　市场营销哲学的发展

市场营销哲学也称市场营销观念，是指企业在开展市场营销活动的过程中，在处理企业、顾客和社会三者利益关系方面所持的经营态度、指导思想和行为准则。观念决定行为，有什么样的营销观念就有什么样的营销行为。从全球范围来看，在不同的市场背景下产生了不同的市场营销观念，在不同的营销观念指导下，企业的行为指向也有很大的差别。市场营销观念按其发展和演变的过程大致经历了以下几个阶段：生产观念、产品观念、推销观念、市场营销观念、社会市场营销观念。

一、生产观念

生产观念认为，消费者喜欢随处可买且价格低廉的产品，企业只要尽量提高产量、降低销售价格，就能占有市场。20 世纪 30 年代以前，社会生产能力跟不上社会的总体需求，整个市场处于卖方市场，企业只要能生产出产品就不愁没有销路。因此，当时几乎所有企业都致力于扩大生产，通过规模效应来降低成本。当时的典型口号是“我们生产什么，就卖什么”。在生产观念的指导下，企业产品几十年一成不变，企业只注重自身条件的改善而不注重市场需求的变化；只注重扩大生产规模，不注重产品销售；在规模效应的指导下，企业通常也只注重产品的数量而不注重产品的质量。

二、产品观念

产品观念认为,消费者大多选择质量好、功能多的产品,只要产品好,有特色,自然有销路。20 世纪 30 年代,市场开始从卖方市场向买方市场过渡,很多企业以产品之不变来应市场之万变,致力于提高自己产品的质量。当时的典型口号是"质量比需求更重要",认为"酒香不怕巷子深","花香自有蝶飞来"。相对于只注重产品数量的生产观念,产品观念在企业经营理念中迈出了一大步,但是将忽视了顾客需求的产品质量作为市场竞争的利器的这种闭门造车的做法,市场并不一定会买账。很多企业埋头研发出来的产品在销售的过程中却遭到顾客的冷遇。

三、推销观念

推销观念认为,消费者具有惰性,只有在各种推销手段的刺激下才会作出购买行为。20 世纪 30 年代以后,买方市场形成,市场竞争加剧,企业的产品要想卖出去,光有好的质量不行,还必须配备一批具有高超推销技巧的销售队伍。然而,过分地强调推销技巧却忽视了消费者的真正需求,当时的口号是"我们卖什么就让人们买什么"。在推销观念的指导下,推销人员通常运用的推销技巧是向不需要的消费者销售产品,造成强力推销,买卖关系通常是一次性行为,不利于企业与顾客建立长期的关系。

四、市场营销观念

市场营销观念认为,企业实现各项目标的关键在于正确确定目标市场的需要和欲望,并能比竞争对手更有效地予以满足。市场营销观念产生于 20 世纪 50 年代中期。第二次世界大战以后,科技快速发展,生产力水平得到提高,市场上产品绝对过剩,买方市场充分形成,企业之间竞争激烈;同时,消费者的素质提高,对生活水平有较高要求。以往的营销观念不再适应当时的市场环境,企业意识到生产什么和生产多少的决定权不再掌握在自己手中,企业要想在市场竞争中占据一席之地,就必须能够比竞争对手更能有效地满足消费者某一方面的需求。市场营销观念的本质是以消费者的需求为核心,这一点相对于以企业自身的生产或销售为核心的传统营销观念有了很大的改进。同时,在市场营销观念的指导下,顾客资源成为企业核心竞争力的一种表现,谁拥有的忠诚顾客越多,谁就拥有了这个市场。因此,企业营销的任务就是向顾客提供优质供应和保证让顾客满意。随着学术研究与企业实践的深入,对顾客关系的管理渐渐成为企业营销的重心,并逐渐成为营销领域独立的一门科学。

【情景案例 1—2】

一家美发沙龙产品营销理念

当大部分的店家都在担心顾客数和业绩的时候，有一家美发沙龙的产品却大卖特卖。顾客购买的产品，被不断用纸箱装箱，放在楼上仓库，顾客和员工都热络地开始聊天。然后顾客会再增购其他适合的产品。真的会有这种事情发生吗？经深入了解后，人们才发现，能够创造如此的销售盛况，完全是因为员工在做产品销售的时候，与一般人有着不同的销售思想：

一、对产品的认知

1.顾客在我们美发沙龙购买的产品，绝对比顾客在外面乱买的好

因为所有的顾客都有使用特定产品的习惯，只是大多数顾客没有在专业店里面买。当顾客在大卖场买产品的时候，没有人帮她做发质、发性的判断，也没有人帮她选择适用的产品，更没有人教她要如何用才会有效果。这家美发沙龙的员工，从顾客的角度出发，真诚地向顾客推荐适用的美发产品。帮助顾客的信念越强，他们介绍产品的时候就越自信，与消费者的沟通效果就越好！

2.把握推己及人的原则

美发沙龙员工将自己使用产品的经验告诉给顾客，谈的是使用后的经验实效，真实有用；谈产品的时候，充满活力，谈的是心得、感受，动人心扉。

二、对顾客的认知

1.来美发沙龙买产品可以帮顾客省钱

这家沙龙的员工对省钱有不同的看法：省钱不代表不花钱，只要对顾客的漂亮有帮助，将钱花在刀刃上，买再贵的美发用品都是值得的。假设顾客在外面花了钱却没有达到预想效果，对漂亮没有帮助，这才叫浪费！所以当产品的销售过程变成帮助顾客省钱以及讨论如何省钱的过程时，事情就变得很简单，顾客自然能较容易接受员工的建议。

2.产品特卖的时候，如果顾客没有买的话，那就亏大了

既然员工建议顾客买专业产品是帮助顾客省钱，顾客若是没有在特卖的时候多买一些适合自己的产品，那就太可惜了！在这样的销售气氛下，可想而知现场购买的气氛是多么火热！

3.顾客如果买了产品却不用，那就没有下次了

销售的信念与专业程度决定了顾客当下是否接受购买产品的建议。产品做特卖只是激励顾客当下做决定的辅助工具，顾客唯有持续使用产品而且对产品的使用效果满意，才会持续购买。这家沙龙的员工深知这一点，他们很认真地帮顾客规划产品的使用及季节产品的替换。

每一个人的行为都是受个人价值观影响的。这家美发店之所以有这样的销售能力，是因为他们的价值观具有前瞻性，当然会产生不同的行为与成果。若是这些价值观能够对我们产生一些启发，我们能调整在产品销售上的认知（价值观），将产品当作帮助顾客的工具，将会达到设计师、店家、顾客三方得利的三赢局面！

讨论题：请分析这家美发沙龙产品的营销理念及其对企业营销的影响。

五、社会市场营销观念

市场营销观念的局限在于只关注企业与目标消费者的利益，在追求企业与目标消费者利益的过程中可能会损害其他社会主体的利益。社会市场营销观念的提出正是基于这样的观点：企业是社会的一个组成部分，企业在追求自身目标的同时不应忘记自己的社会责任，应力求使各利益相关主体的利益达到平衡。

社会市场营销观念在当今的市场环境下显得至关重要。因为世界普遍面临着环境恶化、能源短缺等问题，企业在追求自身利益的同时就要考虑对环境的影响、对能源的利用效率问题。当前，我国对企业的社会责任也越来越重视。很多企业也在履行自己社会责任的同时，努力给消费者留一个良好的印象。

【情景案例 1—3】

汉堡包快餐业

汉堡包快餐行业提供了美味可口的食品，但却受到了批评，因为它们的食品虽然可口却没有营养。汉堡包脂肪含量太高，对餐馆出售的油煎食品和肉馅饼人们都反映有过多的淀粉和脂肪。在出售食品时采用方便包装，因而产生了过多的包装废弃物。在满足消费者需求方面，这些餐馆可能损害了消费者的健康，同时污染了环境，忽略了消费者和社会的长远利益。

讨论题：汉堡包快餐业为何受到消费者的指责？我们能从本案例中得到什么教训？

第四节　市场营销发展的新趋势

随着世界科技的发展和市场环境的变化，市场营销面临着各方面的挑战。企业以自身的实践探索着新的市场营销模式，这些营销模式并不一定是成熟的，有些并不是对所有企业都适用,但它们毕竟代表着未来营销发展的某个方向。

一、关系营销

现代企业用以计算价值的单位已不再是商品,而是客户关系。从美、日等发达国家的经营现状来看,企业在日益严峻的经营环境中,争取顾客满意显得愈加重要。加强与顾客的关系,了解不同客户的需要,分别为客户提供令其满意的方案,做到让顾客满意,让顾客对企业产生依赖感,创造双赢的局面,也是21世纪企业得以生存和发展的关键。忠诚度和关系营销构成了未来市场营销的两大趋势。

关系营销就是企业与顾客、供应商、分销商等所有利益相关者建立、保持和发展关系,通过交换和共同履行诺言来实现各自目标的营销行为。现代营销着重考虑企业与顾客的关系,以顾客需求为核心开展营销活动,实现企业的目标。事实上,企业营销是一个处于社会经济大环境下的活动,是一个除了与消费者还与竞争者、供应商、分销商、政府机构和社会组织发生互动作用的过程。因此,企业必须建立和发展同所有利益相关者之间的关系。

实施关系营销时,首先,必须建立顾客数据库,这是基础的基础。其次,直接、频繁面对顾客的员工,作为最直接、对顾客影响最大的"品牌接触点",必须经过严格的专业培训和标准化管理,而具备高素质及高服务水平。因为,一个顾客如果第一次接触公司或者公司的产品时没有得到足够的满意,那么很可能这第一次也就是最后一次了。

实施关系营销还可以做如下工作:以奖励回头客为目标的常客优惠活动;提供购物折扣、客户交流和特别服务的顾客俱乐部;能以电子邮件回应客户的网上数据库系统;发送商品目录或额外服务的直邮资料;培养忠诚客户的客户杂志。

然而,当营销人员意识到需要对顾客的购买活动进行整合时,全面的关系营销就会变得越来越复杂。这里的关键是我们需要取得长期的结果。一次性或孤立的活动无法获得长期的客户忠诚和坦诚的对话关系。从任何单个的忠诚度营销活动中获得的信息,都必须储存到集中的数据库中,以保证对公司长期有用。与有价值的客户建立有价值的关系是一个长期战略,这是关系营销的关键所在。

二、网络营销

网络营销(Internet Marketing)是建立在互联网基础之上,Internet 为媒介来实现企业营销目标的一种营销过程。

因为使用工具的不同,网络营销的全球性、沟通的互动性、渠道的直接性、服务的大众性都是传统营销无法比拟的。

首先,网络营销更便于企业根据顾客需要设计营销流程:

(1)根据顾客的期望设计企业网站;

(2)以顾客的需求为重；

(3)从顾客角度设计业务流程；

(4)建立公司的网络系统，从整体上满足顾客的需求；

(5)有利于获取和维持顾客忠诚。

其次，网络营销使市场调研更具优势：

(1)互联网不受时间、地域限制，使调研范围更加广泛；

(2)互联网的交互性使网上调研的周期大大缩短；

(3)网络市场调研可减少大量的人力和印刷费用，有利于降低调研成本；

(4)网络调研的参与者均是对调研项目感兴趣的主动回应者，避免了传统调研的"拒访"现象，提高了调研的可信度；

(5)网络调研便于搜集竞争对手的有关信息。

再次，网络"顾客"的细分更加贴切，更加有利于满足消费者的个性化需求。

最后，网络营销有利于消费者需求组合4C向企业营销组合4P的转换。

(1)网络营销更加有利于在产品策略中体现消费者满足的需求；

(2)网络营销更加有利于在价格策略中体现消费者成本的满足；

(3)在渠道策略中以电子商务系统为消费者提供方便、快捷的服务；

(4)网络营销使限时、单向沟通发展为即时、双向沟通。

首先，利用网络企业可以直接地了解消费者的需求，甚至可以根据消费者的要求来设计个性化的产品以满足消费者追求多样性的心理。其次，网络的运用使传统的销售渠道大大缩减，这样，企业可以将在产品流通过程中产生的成本直接让利于消费者，创造更高的顾客价值。最后，网络营销工具的使用使企业的营销活动效率更高。E-mail、搜索引擎、博客运用给企业目标顾客的寻找、定位及实施精准营销都带来了极大的方便。

【背景资料】

网络精准营销，让企业不再远离消费者

一场主题为"精准营销，助力企业取得竞争优势"的2008年网络精准营销研讨会于4月22日在北京隆重召开。互联网协会专家胡延平、网易、国内网络广告代理三强之一的龙拓互动、知名网站悠视网的高层与国美、中关村e世界、雅顿、Vancl公司等近100家国际国内知名企业的领导人一起就"网络时代的精准营销"这一热门营销理念进行了深入讨论。据了解，此次研讨会是由网易、龙拓点睛联合发起的。此次会议选择在北京很受时尚圈人士青睐的茉莉餐厅举行，现场颇为抽象的"红色眼睛"造型的主背板在会议厅浓厚的左岸氛围烘托下，清晰地表明了这次研讨会的格调——有些先锋意义，但又具有基于产业交流的、严谨而不乏幽默的

风格。如来自互联网协会知名专家胡延平的演讲很诙谐地指出:“网络精准营销绝不应是用新概念包装的‘旧酒’,而是积极参与品牌营销的过程,网络时代的精准营销也正在从‘概念’开始进入‘平台化产品’和‘解决方案’的新时代。”

在研讨会上,作为目前已经声名鹊起的“龙拓点睛”精准营销平台的负责人蔡凌云先生也和来宾们分享了“点睛”的成功尝试。他介绍:“点睛这个产品创意主要来自中国的一句成语——画龙点睛,代表化平凡为神奇的力量。在网络上我们把点睛称为如何去寻找网民所关注的焦点,也就是去发现网民的眼球在哪——网民关注的内容是什么?网民的视觉焦点在哪?网民感兴趣的东西是什么?‘点睛’团队发现这三个答案应该分别是新闻网页、热门词汇和逻辑想象。而点睛的开发思路,正是依托上面这三个点,去创造出‘内容精准’、‘关键词精准’和‘行为精准’。比如,当受众对文章的关键词感兴趣时,只要将鼠标移动到关键词上,关键词附近就会出现与关键词相关的形式丰富且表现力强的悬浮广告。受众可以阅读广告内容,还可以点击该广告进入包含广告内容的链接。目前,点睛已经成功投放于网易、中华网、人民网等两千余家媒体,并拥有了宝马、DHL、当当网、阿里巴巴、雪花啤酒、海航、戴尔、雅士利、圣元等众多优秀的品牌客户。”应该说,以“点睛”为代表的精准营销新平台,已经可以真正实现智能表现,同时,广告接触完全由受众主动触发。据蔡凌云先生会上介绍,“点睛”的表现形式不久将有大的突破,它将依托于目前行业中最领先的“行为定向技术”、“网页分析技术”、“泛关键词关键技术”等技术手段,推出更多的广告形式,提高广告的效率。

企业如何在众多的网络精准营销平台中找到最适合自己企业的解决方案已经成了它们最为关注的问题。此次研讨会的主要议题——“传统行业如何看网络广告和精准营销、企业在新的市场态势下如何实现精准营销、网络精准营销的效果分析和计销付费”等正是为企业主答疑解惑而量身定制的,也是时下网络精准营销的热点话题。

针对企业主的这些困惑,位列国内网络广告三强的龙拓互动的总裁苏义与来宾分享了龙拓互动在为客户制定解决方案方面的一些经验。他说:“龙拓互动给自己的定位是‘智能传播、精准营销和效果付费的网络广告公司’,就是以‘精准营销为目的’——因时因地因人的传播方式,以‘智能传播为表现’——依靠点睛、嘀铃铃为代表的智能产品集群去实现,以‘实效付费为承诺’——通过跨平台的立体监测系统进行真正意义上的效果评估”。他表示:“龙拓互动希望能够靠技术的方法去更精准地‘买卖’广告。因此,龙拓互动不仅一直在开发更‘智能化’的传播工具,同时,依托自身的由三大智能产品所建构的技术平台,帮助广告主寻找客户线索,并通过与销售热线电话的结合,直接为客户带来实际销售线索,形成了一个跨互联网、电信、搜索的立体广告效果监测系统,力求为广告主实现‘品牌推广的数据化’。”总而言之,“网络精准营销”正在给社会各个层面带来颠覆性的变革。在这场变革中，广告主如何把握与理解新的网络营销方案，网络广告代理商如何更加有效地选择并使用网络营销新工具，都是新环境下亟待思考的问题。龙拓互动所倡导的“智能传播、精准营销、实效付费”正是顺应了这种新的市场需求，因此也赢得了众多广告主的信赖。

正像网易首席运营官董瑞豹先生在会上的发言中所总结的：“互联网之于品牌的价值在于有效、高效和互动。基于网络的精准营销的发展，正是为了让我们和广告主一起克服对网络营销的畏难或排斥情绪，静下心来去了解它、热爱它、运用它，从而真正努力去实现‘让企业不再远离消费者’的终极目标。”

三、绿色营销

绿色营销是指以促进可持续发展为目标，为实现经济利益、消费者需求和环境利益的统一，市场主体根据科学性和规范性的原则，通过有目的、有计划地开发及同其他市场主体交换产品价值来满足市场需求的一种管理过程。

绿色营销的目标是促进可持续发展。可持续发展是指既满足当代人的需要，又不损害后代人满足需要能力的发展。

绿色营销与传统营销相比，具有如下特点：一是转变忽视环境保护的观念，从以产品为导向发展到以人类社会可持续发展为导向，是营销观念的升华。二是从追求企业自身利润为目标转变为经济发展同生态发展、社会发展相协调，实现社会总体可持续发展战略。三是传统市场营销以研究消费者心理和市场竞争为中心，通过制定正确的市场战略和策略来占领市场，在操作上鼓励人们过度消费；绿色营销主张模仿自然界的协调机制，通过追求人类行为与自然界的融合发展来占领市场，在操作上提倡适度消费、清洁消费。四是传统营销以4P为工具来实现自己的营销目标；而绿色营销强调营销组合中的“绿色因素”，注重绿色消费需求的调查与引导，注重生产、消费及在废物回收过程中降低公害，并在定价、渠道选择、促销、服务、企业形象树立等营销全过程中都考虑以保护生态环境为主要内容。五是在绿色营销观念的指导下，企业提供的产品更符合国际市场的标准，在进入国际市场时比传统营销产品受到的阻力更小。

【核心概念】

市场营销 需要 欲望 需求 产品 价值和满意 交换 交易 市场营销管理 生产观念 产品观念 推销观念 市场营销观念 社会市场营销观念 关系营销 网络营销 绿色营销

【复习思考题】

1. 试比较五种市场营销哲学产生的背景、各自的观点及其区别。

2. 如何更好地理解需要、欲望和需求？试举几个实例说明之。

3. 你认为要形成市场必须具备哪些条件？

4. 在新的竞争环境中，企业为赢得顾客、战胜竞争对手，你认为市场营销管理的重点应该是什么？

【技能训练】

TCL 的营销管理哲学

1998 年，TCL 集团以其总资产 58 亿元、销售额 108 亿元、实现利润 8.2 亿元的业绩，在全国电子行业排行表上跃居前五位。回顾 17 年前由 5000 元财政贷款起家的成长历程，这个地方国有企业集团的高层决策者认识到，建立并贯彻一套适应市场要求的经营理念，是公司生存和发展的关键。TCL 的经营理念包括两个核心观念和四个支持性观念。两个核心观念是：

——为顾客创造价值的观念。他们认为，顾客（消费者）就是市场，只有为顾客创造价值，赢得顾客的信赖和拥戴，企业才有生存和发展的空间。为此，公司明确提出“为顾客创造价值，为员工创造机会，为社会创造效益”的宗旨，将顾客利益摆在首位。每上一个项目，都要求准确把握消费者需求特征及其变化趋势，紧紧抓住四个环节：不断推出适合顾客需要的新款式产品；严格为顾客把好每个部件、每种产品的质量关；建立覆盖全国市场的销售服务网络，为顾客提供产品终身保修；坚持薄利多销，让利于消费者。

——不断变革、创新的观念。他们认为，市场永远在变化，市场面前人人平等，唯有不断变革经营、创新管理、革新技术的企业，才能在竞争中发展壮大。为此，他们根据市场的发展变化不断调整企业的发展战略和产品质量与服务标准，改革经营体制，提高管理水平。近几年来，集团除推出 TCL 致福电脑、手提电话机、锂系列电池、健康型洗衣机和环保型电冰箱等新产品外，对电视机、电话机等老产品每年也各有近 20 种不同型号新产品投放市场，受到消费者的青睐。

在具体的营销管理工作中，集团重点培育和贯彻了四项支持性观念：

1. 品牌形象观念。将品牌视为企业的形象和旗帜、对消费者服务和质量的象征。花大力气创品牌、保品牌，不断使品牌资产增值。

2. 先进质量观念。以追求世界先进水平为目标，实施产品、工艺、技术和管理高水平综合的全面质量管理，保证消费者利益。

3. 捕捉商机贵在神速的观念。他们认为，挑战在市场，商机也在市场，谁及时发现并迅速捕捉了它，谁比竞争对手更好地满足消费者的需要，谁就拥有了发展的先机。

4. 低成本扩张观念。他们认为，在现阶段，我国家电领域生产能力严重过剩，在有条件实行兼并的情况下，企业应以低成本兼并扩大规模，为薄利多销奠定坚实的基础。1996 年，TCL 以 1.5 亿港元兼并香港陆氏集团彩电项目；以 6000 万元人民币与美乐电子公司实现强强联合。仅此两项，就获得需投资 6 亿元才能实现的 200 万台彩电生产能力，年新增利润近 2 亿元。

TCL 集团在上述观念指导下，建立了统一协调、集中高效的领导体制，自主经营、权责一致的产权机制，灵活机动、以一当十的资本营运机制，举贤任能、用人所长的用人机制，统筹运作、快速周转的资金调度机制。依据目标市场的要求，TCL 投入上亿元资金，由近千名科技人员建立了三个层次（TCL 中央研究院、数字技术研究开发中心、基层企业生产技术部）的战略与技术创新体系，努力增强自有核心技术的研发能力，以此抢占制高点，拓展新产品领域。20 世纪 90 年代初，TCL 集团在以通讯终端产品为主拓展到以家电为主导产品的同时，强化了以"主动认识市场、培育市场和占有市场"为基本任务的营销网络建设。集团在国内建立了 7 个大区销售中心、31 家营销分公司、121 家经营部和 1000 多家特约销售商，覆盖了除西藏、台湾之外的所有省份，在俄罗斯、新加坡、越南等国家建立了销售网络。1990 年以来，TCL 集团快速成长，全集团的销售额、实现利税年均增长速度分别为 50% 和 45%。

案例分析与研讨：

1. "为顾客创造价值，赢得顾客，企业才有生存和发展的空间"。结合营销理念和营销任务，对这句话应如何理解？

2. 试举例说明企业老总不同的营销哲学理念是否会影响企业的经营行为。

第二章　市场营销环境

【案例导入】

家乐福败走日本

2005年3月，世界第二大零售商家乐福公司宣布，将在日本的家乐福8个超市全部出售给日本的第一大零售商——AEDN(吉之岛)集团，并从日本全线撤退。4年前登陆日本，决意要做日本零售市场的龙头老大，但最后以亏损约3亿欧元的代价败退。

家乐福在日本的经营缘何受挫？原来，日本人的饮食十分讲究，特别是蔬菜、鱼、肉及其制成品，一般都随买随吃。另外，日本大部分妇女婚后不工作，主要在家料理家务，照看孩子，所以也有时间上附近的超市选购新鲜食品。日本的超市一般都设在交通流量大的车站附近或者居民比较集中的住宅区和闹市区，消费者也喜欢在交通方便的地方就近购物，而家乐福在日本开设的超市全部位于城市的远郊，离东京市区最近的也有20多公里。

家乐福在日本照搬在欧美国家的经验，单纯依靠薄利多销的运营方式，没有根据日本不同的商业文化环境和消费习惯来调整自己的经营策略，导致出现了"水土不服"的现象。

思考题：家乐福为何败走日本？中国企业在开拓国外市场时应从本案例汲取哪些教训？

【学习目标】

1. 知识目标：要求学生明确市场营销环境的含义和特点；了解宏观营销环境和微观营销环境的内容；掌握营销环境变化给企业营销活动带来的市场机会或环境威胁；掌握市场营销环境评价分析的基本方法和基本对策。

2. 能力目标：掌握营销环境构成因素对企业经营活动的影响，依据市场营销环境评价分析原则和环境评价分析基本方法，会使用SWOT分析法来分析市场营销环境。

第一节　市场营销环境

企业作为社会经济组织的重要组成部分，并不是生活在真空中的，它总是在一定的外界环境下开展市场营销活动的。外界环境的变化，一方面给企业带来了发展的机遇，另一方面可能会给企业的发展造成威胁。企业要想在发展中抓住机遇、避开威胁，就必须重视对市场营销环境进行研究和分析，并根据市场环境的变化制定有效的营销战略，充分利用企业内部资源，以适应市场环境的变化发展。

一、市场营销环境概述

(一)市场营销环境的含义

市场营销环境就是影响企业的市场和营销活动的不可控制的参与者和影响力。也就是指与企业营销活动有潜在关系的所有外部力量和相关因素的集合，它是影响企业生存和发展的各种外部条件。

一般来说，市场营销环境主要包括两方面的构成要素，一是微观环境，又叫直接环境，即指与企业紧密联系，直接影响其营销能力的各种参与者，包括企业的供应商、营销中介、最终顾客、竞争者以及社会公众和影响营销管理决策的企业内部各个部门，如图 2－1 所示；二是宏观环境，又叫间接环境，是指政治法律、科学技术、社会文化、经济环境、人口统计和自然生态等对企业具有较大影响的外在环境力量，如图 2－2 所示。

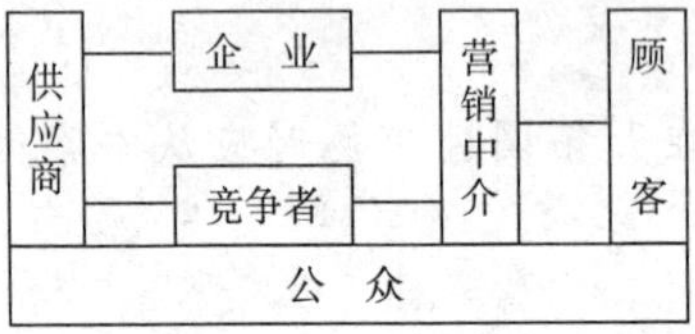

图 2－1　企业微观环境中的主要影响因素

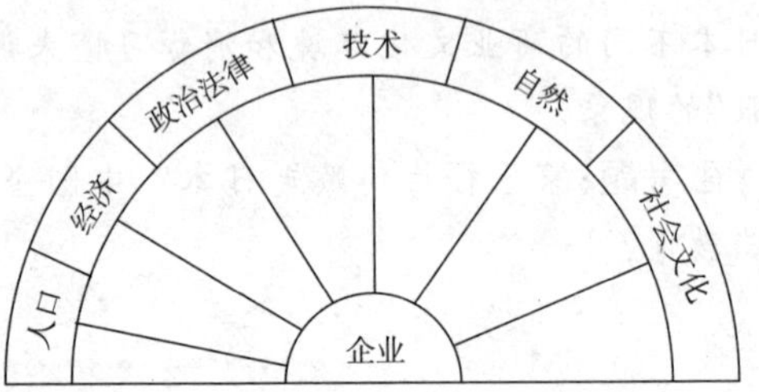

图 2－2　企业宏观环境中的主要影响因素

(二)市场营销环境的特点

市场营销环境的内容广泛，是一个多因素、多层次且不断变化的综合体。一般来说，市场营销环境具有以下特点：

1. 客观性

企业总是在特定的社会经济和其他外在环境条件下生存、发展的。营销环境不以某个营销组织或个人的意志为转移，有自己的运行规律和发展特点。企业的营销活动只能主动地适应和利用客观环境，不能改变或违背环境。只有客观地检测环境因素，才能减少营销决策的盲目和失误，赢得营销活动的成功。

2.差异性

营销环境的差异性，不仅表现为不同的企业受不同环境的影响，而且表现为同一种环境因素的变化对不同企业的影响也是不同的，更表现为同样的环境因素在同一个企业的不同发展阶段，其影响也是不同的。例如，不同的国家、民族地区之间在人口、经济、社会文化、政治、法律、自然地理等各方面存在着广泛的差异。这些差异对企业营销活动的影响显然是不同的，因此，企业应根据自身的行业特点、竞争范围等因素采取相应的对策。

3.相关性

市场营销环境是一个系统，在这个系统中，各个影响因素是相互依存、相互作用和相互制约的。这是由于社会经济现象的出现往往不是由某一单一的因素所能决定的，而是受到一系列相关因素影响的结果。例如，价格不仅受到市场供求关系的影响，还受到科技进步及财政金融政策和税收政策的影响。因此，要充分考虑企业各种因素间的相互作用。

4.动态性

营销环境总是处在一个不断变化的过程中，它是一个动态的概念。当然，市场营销环境的变化是有快慢、大小之分的。例如，科技、经济、政治与法律的变化相对于其他因素的变化要较快一些、强一些，它们对企业市场营销的影响就相对较短而且跳跃性大，特别是科技因素的变化最快、最强，它是促使企业技术改造和产品创新的主要动力之一。而人口、社会文化、自然因素的变化则相对较弱、较慢一些，对企业营销活动的影响相对较长且稳定。

5.不可控性

影响市场营销环境的因素是多方面的，也是复杂的，并表现出企业的不可控性。例如一个国家的政治法律制度、人口增长以及一些风俗习惯等，企业不可能随意改变。而且，这种不可控性对不同企业表现不一，有的因素对某些企业来说是可控的，而对另一些企业则可能是不可控的；有的因素在今天是可控的，而到了明天则可能变为不可控因素。各个环境因素之间也经常存在着矛盾关系。此外，企业的行为还必须与政府及各管理部门的要求相符合。

二、市场营销环境分析

市场营销环境是企业经营活动的约束条件，它对企业的生存和发展有着极其重要的影响。现代营销学认为，企业经营成败的关键，就在于企业能否适应不断变化着的市场营销环境。由于生产力水平的不断提高和科学技术的进步，当代企业的外部环境变化速度远远超过企业内部因素变化的速度，因此，企业的生存和发展愈来愈取决于其适应外界环境变化的能力。“适者生存”既是自然界演化的法则，也是企业营销活动的法则，如果企业不能很好地适应外界环境的变化，则很可能在竞争中失败，从而被市场淘汰。强调企业对所处环境的反应和适应，并不意味着企业对于环境是无能为力或束手无策的，只能消极、被动地改变自己以适应环境，而是要求企业应从积极主动的角度出发，能动地去适应营销环境。

企业在制定营销战略前必须进行环境分析。企业在全面收集有关企业经营的内、外环境信息的基础上，要制定自身的营销战略。企业必须对企业经营的优势与劣势、经营的机会与威胁进行分析。

(一)市场机会分析

所谓市场机会是指环境变化中出现的对企业营销富有吸引力的领域，并且企业在这个领域内拥有竞争优势。市场机会的实质是指市场上存在着“未满足的需求”。消费者需求不断变化和产品寿命周期的缩短导致旧产品的不断被淘汰，要求开发新产品来满足消费者的需求，使市场上出现了许多新机会。机会有来源于宏观环境的，也有来源于微观环境的。企业能否抓住某一特定的机会而取得成功，取决于其业务实力是否与该行业所需要的成功条件相符合。同样的环境对于不同的企业，其市场机会和市场容量往往大小不一，由此带给企业的潜在利润就不一样，当然，其潜在吸引力也就不同。另外，企业在利用各种市场机会时，取得成功的可能也有大小之分。据此，企业可以运用市场机会矩阵图对企业机会进行分析。市场机会分析是指综合市场机会的吸引力及其成功的可能性两个因素对市场机会进行评估，具体方法是按潜在吸引力的大小和成功可能性的大小作出市场机会矩阵，如图 2－3 所示。

		成功的可能性（概率）	
		大	小
潜在吸引力	大	Ⅰ	Ⅱ
	小	Ⅳ	Ⅲ

图 2－3　市场机会矩阵图

在市场机会矩阵图中，横轴代表成功的可能性，一般用概率表示；纵轴表示潜在的吸引力，可以用货币数额表示。按吸引力和成功可能性大小组合，可以分为以下四类：

Ⅰ.吸引力、成功的可能性都大的市场机会。该类市场机会价值最大，其潜力和成功的可能性都比较大。企业营销人员的任务就是要及时、准确地抓住这一机会。该区域的市场机会是企业营销活动最理想的经营内容。

Ⅱ.吸引力大、成功率小的市场机会。一般来说，该类市场机会的价值不是很大，除了少数好冒风险的企业，一般企业不会将主要精力放在此类市场机会上。但是，企业应时刻注意决定其成功可能性大小的内、外环境条件的变动情况，并做好当其出现概率大时迅速反应的准备。

Ⅲ.吸引力、成功率都小的市场机会。通常，企业不会去注意该类价值的市场机会。当然，有可能在极特殊的情况下，该区域的市场机会出现吸引力、成功率突然同时大幅度增加的情况。企业应对这种现象的发生有一定的准备。

Ⅳ.吸引力小、成功可能性大的市场机会。该类市场机会的风险低，但获利能力小。通常，稳定型的企业、实力薄弱的企业以该类市场机会作为其常规营销活动的主要目标。对该区域的市场机会，企业应注意其市场需求规模、发展速度、利润等方面的变化情况，以便在该类市场机会进入区域Ⅱ时，可以立即有效地予以把握。

需要注意的是，该矩阵是针对特定企业的，同一市场机会在不同企业的矩阵中出现的位置是不一样的。这是因为，对不同经营环境条件下的企业，市场机会的利润率、发展潜力等影响吸引力大小的因素状况以及出现的概率均会有所不同。

企业把握市场机会可以采取的对策有：

(1)发展策略，又称为抢先策略，一旦企业认为机会较好，即可以抓住机会开发新产品和服务，抢先进入市场，争取在竞争中处于领先地位。一般来说，这种策略投资较大，并且有一定的风险。

(2)利用策略，又称为跟紧策略，企业经分析后认为经营风险大，但对企业的吸引力也大，此时，在市场上已有企业进入的情况下，采取紧跟方式，既可避免风险，又可较早地进入市场。

(3)维持策略，又称为观望策略，这是一种较为保守的做法，企业对机会采取观望态度，一旦时机成熟再加以利用。采取这一策略使企业往往有较大的回旋余地。

(二)市场环境威胁分析

市场环境威胁是指环境中不利的发展趋势所形成的挑战，如果不采取果断的市场营销行为，这种不利趋势将会影响企业的市场地位。市场环境威胁对于企业来说是客观存在的，其对营销活动的影响程度是不同的，有的严重一些，有的则轻一些，因此，可以按它的潜在严重性和它出现威胁的可能性大小列成环境威胁分析矩阵进行分析，如图2—4所示。

潜在严重性 \ 出现威胁的可能性（概率）	大	小
大	Ⅰ	Ⅱ
小	Ⅳ	Ⅲ

图2—4 市场环境威胁矩阵图

在市场环境威胁矩阵图中，纵轴表示威胁潜在严重性，即环境威胁出现后给企业带来利益损失的大小；横轴表示出现威胁的可能性，一般用概率值表示，数值越大表示出现威胁的可能性越大，数值越小表示出现威胁的可能性越小。在环境威胁矩阵图中，环境威胁的潜在严重性和出现威胁的可能性是不同的。

Ⅰ.可能性及其潜在的严重性都大的威胁。对这种威胁，企业必须高度重视，密切监视和预测其发展变化趋势，及早制定应变策略。

Ⅱ.可能性小、潜在严重性大的威胁。企业对其不能忽视,应随时关注其变化。

Ⅲ.可能性及严重性都小的威胁。它一般不构成对企业的威胁。

Ⅳ.可能性大、潜在严重性小的威胁。企业要高度重视其随时可能发生的变化,以便制定相应的策略。

企业针对环境威胁采取的对策有:

(1)反抗策略,即企业试图限制或者扭转企业面临的环境威胁,如利用各种方式促使政府制定某种政策或法令来改变环境对企业的威胁。

(2)减轻策略,即通过调整营销组合等来改善环境适应性,以减轻环境威胁的严重性。

(3)转移策略,即决定转移到其他盈利更多的行业或市场。

(三)市场机会—威胁矩阵

通过对市场机会与环境威胁的分析,企业可以准确地找到自己面临的市场机会和环境威胁的位置,确定主攻方向。同时,对市场机会和环境威胁进行比较,分析是机会占主导地位还是威胁占主导地位,以明确企业的发展前景。将市场机会矩阵和环境威胁矩阵结合起来分析,就可以得出市场机会—威胁分析矩阵,如图 2—5 所示。

机会水平 \ 出现威胁水平	高	低
高	Ⅰ	Ⅱ
低	Ⅳ	Ⅲ

图 2—5 机会—威胁矩阵图

根据机会—威胁矩阵图,可以归纳出四种不同类型的业务:

Ⅰ.冒险业务(Speculative Business),简称 SB,即高机会水平和高威胁水平的业务。高机会表明企业环境因素的高利润和高风险并存,在调查研究的基础上,企业既不盲目冒进,又要勇于冒险,限制、减轻或者转移危险因素,降低威胁水平,善于在风险中谋求生存和发展。

Ⅱ.理想业务(Ideal Business),简称 IB,即高机会水平和低威胁水平的的业务。企业有非常好的发展前景,应该抓住机遇,充分发挥其优势,密切监视营销环境的威胁因素的变化情况。

Ⅲ.成熟业务(Mature Business),简称 MB,即低机会水平和低威胁水平的业务。成熟业务并不表明企业经营环境处于良好状态,低机会限制企业的发展,企业应当居安思危,发掘有利的市场环境因素,提高企业经营的机会水平。

Ⅳ.困难业务(Troubled Business),简称 TB,即低机会水平和高威胁水平的业务。企业应当因势利导,发挥主观能动性,反抗和扭转不利的威胁因素,或者有计划地实行撤退和转移,调整目标市场或进入新领域,经营对企业有利、威胁程度低的产品。

1. 面临冒险环境应采取的对策

在这种环境下，企业面临的机会水平高，威胁水平也高。因此，企业的领导层应当抓住机会，勇于冒险，果断决策，努力在冒险性环境中捕捉商机，开拓业务。面对威胁，要冷静分析，在慎重调研的基础上弄清企业面临的主要威胁是什么，来自何方，要善于扬长补短，通过调整市场营销组合策略来改善环境，适应环境变化，以减轻环境威胁给企业营销带来的不利影响；或者通过努力限制或扭转企业所面临的环境威胁，争取使企业向理想环境方向转换。

2. 面临理想环境应采取的对策

在这种环境下，企业面临的机会水平高，威胁水平低。因此，企业要不失时机地利用机会，扬长避短，开发新产品和服务，抑或在原有的基础上扩大生产和经营规模，并充分运用4P组合策略，全面提高产品或企业的市场地位，促进产品和企业发展，创造名牌产品和名牌企业。

3. 面临成熟环境应采取的对策

在这种环境下，企业的机会水平低且威胁水平也低。因此，企业一方面可以维持正常的经营，另一方面，应积极、主动地做好应变的准备，因为企业不可能一劳永逸地利用同一市场机会。为了在竞争中取得主动，企业要积极寻找适合自己生存的环境，开拓新的营销领域。在宏观环境一时无法改变的情况下，要努力改善微观环境，拓展新的营销空间，以使企业长盛不衰。

4. 面临困难环境应采取的对策

在这种环境下，企业的机会水平低而威胁水平高。因此，企业要迅速摆脱这种不利局面，尽快开拓新的目标市场，实施新的营销手段及策略，既要减轻、摆脱威胁，又要及时发现机会，将企业的业务尽快转移到盈利水平更高的其他行业或市场，或实行多元化经营，尽快使企业走出困境，以免造成更大的损失。

第二节　企业宏观市场营销环境

宏观环境是指对企业营销活动造成市场机会和环境威胁的主要社会力量，这些影响力既能给企业带来机会，也会形成威胁。它包括人口环境、经济环境、自然环境、技术环境、政治和法律环境以及社会和文化环境。相对于微观环境而言，宏观环境对企业的作用是间接的，是企业难以控制的变量，但是企业必须监视它，能对其变化作出迅速反应。

一、人口环境

人口是构成市场的主要因素。人口的数量、增长趋势、地理分布、结构、教育程度和购买力等对企业市场营销活动具有整体性和长远性的深刻影响。人口的多少不仅直接决定着市场的潜在规模，而人口的地理分布、性别结构、年龄结构和家庭结构会对市场需求格局产生深远影响。因此，各个企业都必须重视对人口环境进行研究。

（一）人口规模

人口规模即总人口的多少，它是影响市场需求的主要因素。在人均消费水平一定的情况下，人口越多，市场需求规模就越大。2000年，我国的人口数量已达13亿，相当于欧洲和北美人口的总和。假如中国每个人一年买一罐可口可乐，一年就将有13亿罐的需求。这一巨大的市场潜力，令许多国外企业看好中国市场。中国已被视为世界上最大的潜在市场。人口多，昭示了我国市场发展潜力极大，企业的营销机会很多。对企业而言，掌握市场人口的数量，有利于对市场潜量进行准确判断。

（二）人口增长

对企业营销来说，不仅要通过了解人口规模来了解现有市场规模，更需要关注人口的发展趋势。因为人口增长与否或者增长速度的快慢，直接影响未来市场需求增长与否或增长的变化方向。目前，发展中国家地区人口平均年增长率达到2.1%，其中，撒哈拉沙漠以南非洲人口年增长率高达3.2%，而发达国家人口增长率则为0.6%，有些西欧、北欧国家人口增长率为负数。这意味着发展中国家或地区的消费需求会不断增长，市场潜力很大；相反，有些西欧、北欧国家人口出生率下降，则可能会造成这些国家儿童用品消费需求总量的相对减少。这对营销儿童用品的企业是一种“环境威胁”，但对另一些行业，如旅游业、交通运输业、餐饮业来说，却是增加了市场机会。

总体来说，世界人口还在不断增长。人口的增长，意味着世界市场将继续发展，市场需求总量将进一步扩大。但是，人口增长在带来需求扩大的同时，也会带来资源短缺、污染加剧、环境恶化的后果。

（三）人口结构

如果说人口规模决定需求水平，那么，人口结构就决定了产品结构和消费结构。这里，我们从年龄结构、性别结构、家庭结构等方面来作一简要分析。

1. 年龄结构

人口年龄结构通常分为六个阶段：学龄前儿童、学龄儿童、青少年、25～40岁的青年人、40～60岁的中年人和60岁以上的老年人。不同年龄人群对商品的需求不一样。目前，世界人口老龄化呈上升趋势，发达国家65岁以上老年人占总人口的比重已经超过13%，预计到2025年将达23.6%。人口的年龄结构发生了较大的变化。2000年，我国0～14岁的人口比例为22.89%，15～64岁的人口比例为70.15%，65岁以上的老年人口比例达到6.96%，我国人口结构已经转变为老年型人口结构。预计到2050年,我国的老年人口比例将达27%,这意味着在今后20年内,世界及我国"银发市场",诸如保健品、营养品、老年医疗卫生将会有很大的发展。我国人口的年龄结构另外一个特点是:青少年比重较大,尤其是独生子女越来越多,正在形成一个"独生子女市场"。这两个特点对企业市场营销决策有着重要的影响。不同年龄阶段的人有不同的消费需求,如青年人多需要体育健身用品,而老年人多需要医疗保健用品。

【情景案例2-1】

老人用品专卖"火"

广州已步入老年型社会,但与此不相适应的是,广州针对老年人的服务几乎是一片空白,在老人用品方面,广州没有商家介入。直到1999年底,气温骤降,保暖用品需求猛增,尤其是老人保暖用品顿时成为大小商店的抢手货,一些形形色色的老人用品专卖店终于开始出现。专卖店出现后,老人们的反响很热烈,他们纷纷到老人专柜或专卖店选购用品。在广州百货大楼,有一个专为老人提供保暖用品及其他用品的柜台。据营业员介绍,老人购物虽然出手没有年轻人大方,对购买的商品总是左挑右拣,但老人往往都是"有备而来",很少空手而归。业内人士认为,老人用品专卖大有可为,前景一片光明。

讨论题:你认为有哪些环境因素的变化会影响保险类产品的销售?

2.性别结构

性别的差异除了使男女在消费需求上表现出明显的不同外,同时也使男女在购买习惯与购买行为上也表现出较大的区别。比如,男性通常表现为理智型,在购买大件物品等方面表现出积极性,购买对象主要是摩托车、体育用品等,购物过程简单迅速。而女性则大多表现为冲动型,女性比男性更喜欢打扮、逛商场,上街采购日用品、化妆品、女性服装、儿童服装等等,购物细致而敏感。企业营销者有必要掌握人口性别的差异,可以根据产品的性别属性制定不同的营销策略,以便顺利地实现营销目标。

3.家庭结构

家庭是市场需求的基本单位,家庭成员人数的多少与许多家庭用品用具的消费形态有直接的关系。家庭模式影响着消费品需求的水平和结构。目前,世界上家庭规模普遍呈现由扩大型向核心型转化的趋势。欧美国家的家庭规模基本上户均3人左右,亚、非、拉等发展中国家户均5人左右。目前,我国的家庭模式具有两个显著特点:一是家庭规模趋于小型化,"三口之家"的家庭模式十分普遍,"独生子女"的小家庭已逐步由城市向乡镇普及发展;二是非家庭住户(单身家庭、集体户)

增加。家庭结构核心型的特点必然导致家庭数量的剧增，刺激家具、住房、家用电器、炊具等需求的快速增长，从而为这些行业带来巨大的商机。

(四)人口的地理分布

受自然地理条件以及经济发展的程度等多方面因素的影响，人口的分布不会是均匀的。世界人口正在加速城市化，在许多国家和地区，人口往往集中在几个大城市里。我国人口主要集中在东南沿海一带，约占全国总人口的94%，而西北地区人口仅占6%，而且人口密度由东南向西北递减。

随着我国经济的发展，我国人口的地理分布呈现出以下特点：一是农村人口流向城市或工矿地区务工经商；二是内地人口迁往沿海经济开放地区经商办企业；三是沿海地区人口流入内地开发第三产业和农业；四是经商、学习、观光、旅游等活动促使人口流动加速。人口的流动，一方面增加了流入地区的市场信息需求量，改变了消费结构，给企业营销带来了机会；另一方面使某些行业的市场竞争加剧。

二、经济环境

经济环境是指企业市场营销活动所面临的社会经济条件以及运行状况和发展趋势，其中最主要的指标是社会购买力，而社会购买力又与居民的收支、储蓄和信贷以及物价等因素密切相关。一个国家社会经济运行状况及其发展变化趋势将直接或间接地对企业市场营销活动产生影响，所以企业不仅要研究消费者的收入状况、支出模式和信贷状况等，还要研究经济的宏观指标，如货币流通、资源、能源等。下面，我们从宏观和微观两方面来对经济环境进行分析。

(一)微观经济环境

市场是由一定的购买力和购买欲望的人构成的。微观经济环境就是从消费者个体出发来考虑消费者购买力的组成，主要包括消费者的收入、支出、储蓄和信贷等内容。

1. 消费者的收入

消费者的收入是指消费者个人从各种来源中所得的全部收入，包括消费者个人的工资、退休金、红利、租金、赠与等收入。只有消费者既有消费欲望又有购买力，企业才具有现实意义。在了解消费者的收入时，还需要了解以下概念：

(1)国民生产总值。它是衡量一个国家经济实力与购买力的重要指标。根据国民生产总值的增长幅度可以了解一个国家的经济实力与购买力。一般来说，工业品的营销与这个指标的关系更加密切。

(2)人均国民收入。即国民收入总量除以总人口的比值。这个指标大体反映了一个国家人民生活水平的高低，也在一定程度上决定了商品需求的构成。一个国家人均国民收入达到5000美元，机动车可以普及，其中小轿车约占一半，其余为摩托车和其他类型车。

(3)个人可支配收入。消费者个人可支配的收入是指在个人收入中扣除税款和非税性负担后所剩下的余额,它是个人收入中可以用于消费支出或储蓄的部分,也是影响消费者购买力和消费者支出的决定性因素。

(4)个人可任意支配收入。消费者个人可随意支配的收入则是指在可支配的收入中减去消费者用于购买生活必需品的支出和固定支出后的余额部分。这部分收入是消费需求变化中最活跃的因素,也是企业开展营销活动时所要考虑的主要对象。从个人可支配的收入中开支的维持生存所必需的基本生活资料部分,一般变动较小,相对稳定,即需求弹性小;而满足人们基本生活需要之外的这部分收入所形成的需求弹性大,它一般被用于购买高档物品、奢侈品、旅游等,因而是影响商品销售的主要因素。这部分收入越多,人们的消费水平就越高,企业营销的机会也就越多。

2.消费者的支出

消费者的支出主要从两个方面来考虑:消费者支出模式和消费结构。收入在很大程度上影响着消费者支出模式与消费结构。随着消费者收入的变化,支出模式与消费结构也会发生相应的变化。1875年,德国统计学家恩斯特·恩格尔根据他对英国、法国、德国、比利时许多工人家庭收入预算的调查研究,发现了关于工人家庭收入变化与各方面支出变化之间比例关系的规律性,即著名的恩格尔定律——用食物支出变动的百分比除以总收入变动的百分比,用公式表示为:

恩格尔系数=食物支出变动百分比/收入变动百分比

这个公式又被称为食物支出的收入弹性定律或恩格尔定律。

恩格尔定律具体包括以下三层含义:

第一,随着家庭收入的增加,用于购买食品的支出占家庭收入的比重下降,即恩格尔系数下降。

第二,随着家庭收入的增加,用于住宅建筑和家务经营的开支占家庭收入的比重大体不变。

第三,随着家庭收入的增加,用于其他方面的开支和储蓄占家庭收入的比重会上升。

恩格尔系数常常被作为衡量家庭、社会、阶层乃至国家富裕程度的一个重要指标。根据联合国公布的数字,如果恩格尔系数在60%以上是绝对贫困;50%～59%为温饱;40%～49%为小康;20%～39%为富裕;20%以下为最富裕。

与恩格尔系数相联系的是消费结构。消费结构是指消费过程中人们所消耗的各种消费资料的构成,即各种消费支出与总支出的比例关系。优化的消费结构是优化产业结构和产品结构的客观依据,也是企业开展市场营销的基本立足点。我国现阶段消费支出模式和消费结构总体呈现出以下特点:支出模式仍然以吃、穿等生活必需品为主;随着住房制度、医疗制度、教育制度和休假制度的进一步改革,用于住房、卫生保健、教育方面的支出将大幅度增加，用于旅游、娱乐、金融投资等方面的开支不断上升。因此，企业在进行市场营销调查分析中应注意消费支出模式和消费结构变化的新情况，适时地为消费者生产和输送适销对路的产品及服务。

【情景材料 2—2】

恩格尔系数失灵

恩格尔系数是衡量一个国家、地区、城市、家庭生活水平高低的重要参数。到2005年，中国农村居民家庭恩格尔系数已经降至45.5%，开始跨入小康阶段；而城镇居民家庭恩格尔系数已经降至36.7%（数据来自《中国统计年鉴—2006》），开始跨入富裕阶段。依据恩格尔系数，中国呈现出一种“富裕幻觉”。

恩格尔定律失灵的原因如下：首先，在我国农产品价格相对偏低、工业品价格相对偏高的现状下，恩格尔系数下降意味着居民收入出现滑坡；其次，居民消费价格指数中住房、教育、医疗等生活成本在不断提高，闲暇消费的支出比重在不断下降。

恩格尔定律为什么以食品支出占总消费支出的比例来判断一个国家或地区的贫富程度？因为人类生存的基本需要是吃、穿、住、行，可见，吃是人类生存的第一需要，在人们收入水平较低时，食品支出在消费支出中必然占有重要地位。随着收入的增加，食物需求基本满足，人们消费的重心才开始向穿、用等转移。因此，生活越贫困，恩格尔系数就越大；生活越富裕，恩格尔系数就越小。

讨论题：如何正确理解恩格尔系数的内涵？目前我国恩格尔系数有什么特点？

3.消费者的储蓄与信贷

消费者的购买力还要受储蓄和信贷的直接影响。在一般情况下，消费者并非将其全部收入完全用于当前消费，而是会把收入中的一部分以各种方式储存起来，如储蓄、购买债券、投资股票等，以求保值增值、积少成多，为今后购置高档消费品、大件耐用消费品或急用作准备。当消费者的收入一定时，储蓄增加，现实购买力就会下降；反之，储蓄减少，现实购买力就会增大。储蓄的增减变动会引发市场需求变动，从而对企业营销产生影响。消费者信贷就是消费者凭信用先取得商品使用权，然后按期归还贷款，以购买商品。随着市场经济的发展和人们消费观念的改变，消费者已不局限于用其货币收入来购买商品，还可通过贷款的方式来购买商品，达到消费目的，这就是消费者信贷。这实际上就是消费者提前支取未来的收入，提前消费。当前，消费者信贷的主要种类有短期赊销、分期付款、信用卡信贷三种。消费者信贷可以增加人们的购买力，满足更多的需求，从而刺激经济的发展。

因此,消费者信贷在欧美等经济发达国家已广泛存在。在我国,消费者信贷刚起步不久,目前主要局限在住宅、教育等较少的几个方面。消费者信贷允许人们购买超过自己现实购买力的商品,从而创造了更多的就业机会、更多的收入以及更多的需求;同时,消费者信贷还是一种经济杠杆,可以调节积累与消费、供给与需求的矛盾。我国现阶段的消费者信贷主要集中在房地产、汽车、教育等大宗消费项目上。在城市,年轻人开始贷款购买电脑、数码产品用品。因此,中国企业必须重视对消费者信贷的研究,为今后的竞争创造更好的条件。

(二)宏观经济环境

除了上述因素直接影响企业的市场营销活动外,还有一些宏观经济因素也会对企业的营销活动产生或多或少的影响。这种影响主要来自以下几个方面:

1.经济发展阶段

企业的市场营销活动要受到一个国家或地区的整个经济发展水平的制约。经济发展阶段不同,居民的收入不同,顾客对于产品的需求也不一样,从而会在一定程度上影响企业的营销。经济发展程度比较高的地区,在生产者市场方面,着重投资于精密、自动化高、性能好的生产设备;在消费者市场上,在重视产品基本功能的同时,强调产品款式、特色。而在经济发展水平低的地区,消费者购买的大多是一些投资少、消耗劳动力多、操作简单、性能较为落后的机器设备,以发展劳动密集型产业为主;侧重于产品的功能及实用性,价格因素比产品品质更为重要。因此,对于经济发展水平不同的地区,企业应采取不同的市场营销策略。

2.经济体制

世界上存在着多种经济体制,典型的有计划经济体制和市场经济体制。不同的经济体制对企业的市场营销活动的制约和影响不同。例如,在计划经济体制下,企业没有生产经营自主权。而在市场经济体制下,企业的一切活动都以市场为中心。现阶段,我国的市场发育不十分完善,还存在着市场秩序混乱、行业垄断和地方保护主义的现象。因此,企业要尽量适应这种局面,注意选择多种营销策略,努力开拓自己的市场。

3.地区与行业发展状况

一个国家在发展过程中常常存在地区和行业发展不平衡的现象。这种经济发展的不平衡对企业的投资方向、目标市场以及营销战略的制定都会带来巨大影响。我国东部沿海、中部、西部发展水平高低不同,但我国正在实施"西部大开发"、"中部崛起"等战略,以促进国民经济协调发展。

4.城市化程度

城市化程度是指城市人口占全国总人口的百分比,它是一个国家或地区经济活动的重要特征之一。城市化是影响营销环境的因素之一。城乡居民之间存在着某种程度的经济和文化上的差别导致产生不同的消费行为。

三、政治与法律环境

政治与法律具有一定的权威性和强制性。不论处于何种社会制度下,企业的营销活动必定受到政治与法律环境的规范、强制和约束,企业总是在一定的政治与法律环境下运行的。

(一)政治环境

政治环境是指企业市场营销活动的外部政治形势和状况。对国内政治环境的分析主要是了解党和政府的各项路线、方针、政策的制定及调整给企业市场营销活动可能带来的影响。

1. 政治局势

政治局势是指企业营销所处的国家或地区的政治稳定状况。一个国家的政局稳定与否会给企业带来重大的影响。如果政治稳定,生产发展,人民安居乐业,就会给企业营造良好的营销环境。相反,政局不稳,社会矛盾尖锐,战争、暴乱、罢工、政权更替等政治事件不断,不仅会影响经济发展和人民的购买力,而且对企业的营销心理也有重大影响。

2. 方针、政策

各个国家在不同时期、根据不同需要颁布一些经济政策,制定经济发展方针,这些方针、政策将不仅影响本国企业的营销活动,而且还会影响外国企业在本国市场的营销活动。在不同时期,特别是加入 WTO 以后,我国政府推出了一系列新的改革措施和方针政策,对企业的营销活动影响很大。所以,企业应密切关注政府颁布的一系列新政策,相应地调整市场营销组合策略和生产经营方向,以更好地占领、转移和开拓新的市场,从而在竞争中占据主动。

3. 国际关系

国际关系包括国家之间的政治、文化、军事等关系。对国际政治环境的分析要着重了解政治权力与政治冲突对企业市场营销活动的影响。政治权力是指一国政府通过正式手段对外来企业的权利予以约束,以保护本国利益,包括进口限制、外汇管制、劳工限制以及国有化等方面。进口限制是指各国政府实行的进口数量限制和其他各种直接或间接限制进口的措施,如许可证制度和配额制度。外汇管制是指一个国家对买卖外汇以及一切外汇经营业务所实行的管制。国有化是指国家将所有外国人投资的企业收归国有,有的给予补偿,有的不给任何补偿。劳工限制是指所在国对劳工来源及使用方面的特殊规定。政治冲突是指国际上重大事件和突发性事件对企业市场营销活动的影响,如战争、暴力及绑架事件、恐怖活动、罢工、动乱等直接冲突,以及不同政治观点在国际事务中产生的摩擦等带来经济制裁或经济政策的改变等间接冲突。

(二)法律环境

法律环境包括一个国家规范人们行为的法律法规、法律得以强制执行的程序以及通过这一程序使受损害者得到补偿的机制。法律是体现统治阶级意志、由国家制定或认可并以国家强制力保证实施的行为规范的总和。世界各国都颁布相关法律法规来规范和制约企业的活动。企业一方面可以凭借这些法律维护自己的正当权益;另一方面也要依法进行生产经营活动。与企业市场营销活动有关的经济立法很多,既有保护竞争、保护消费者利益、维护市场正常秩序的,也有保护社会利益、保护生态平衡、防止环境污染的。近年来,我国颁布了许多法律法规,与企业有关的主要有《产品质量法》、《反不正当竞争法》、《经济合同法》、《专利法》、《商标法》、《广告法》、《环境保护法》、《消费者权益保护法》等等。2001 年 12 月 12 日成为 WTO 的正式成员以后,我国废止了许多与国际法和国际惯例有冲突的法律法规,其目的就是要按照国际法则和惯例办事,使中国企业与外国企业公平竞争,促进中国市场经济的发展。据初步统计,我国在入世时或入世后一段时间即要修改、废止的法律、行政法规达 50 多件,需要停止执行的国务院文件达 40 余件,需要修改或者废止的部门规定和其他政策有 1000 余件。

四、自然环境

自然环境是企业赖以生存的基本环境。自然环境的优劣不仅影响企业的生产经营活动,而且影响一个国家的经济结构和发展水平,进而使经济环境等其他环境受到连带影响。因此,企业要避免受到由自然环境带来的威胁,最大限度地利用环境变化可能带来的市场营销机会,必须不断地分析和认识自然环境变化的趋势。自然环境变化的趋势主要有:

1. 自然资源短缺

一般来说,自然资源可分为三类:一是“无限”的资源,如空气、阳光、水等;二是有限但可以再生的资源,如森林、粮食等;三是有限又不能再生的资源,如石油、天然气、煤炭、锡、铀等矿物,这类资源早已供不应求,许多行业面临严重的原材料短缺局面,生产和经营成本越来越高。资源日益紧缺的自然环境,无疑给那些致力于开发和寻求新资源、研究新型材料或替代品的企业提供了无限商机。

2. 环境污染严重

自然环境的污染已成为举世瞩目的大问题。空气污染、水源污染以及白色垃圾污染呈现出日渐升级的趋势,那些制造了污染的行业、企业成为众矢之的,它们在社会舆论的压力和政府的干预下,不得不采取措施控制污染,从而给那些致力于控制污染设备生产、研究无污染包装新型产品的行业和企业以市场和营销的机会。

3. 政府干预加强

面对地球生态资源日益匮乏以及沙尘暴、海洋赤潮、噪音污染、全球气温升高、水土流失等自然环境不断恶化的状况，人类提高了对环境保护重要性的认识，各国政府也把环境保护视为可持续发展的重要战略。政府对自然资源的管理加强了干预，制定了一系列保护环境的法律法规，并加大了对环境保护的投资力度，鼓励和扶持绿色产业的发展，因此，绿色消费、绿色营销迅速崛起。

据统计，“八五”期间，我国环保投资约为2000亿元，“九五”期间增至3600亿元，“十五”期间这一数字猛增至7000多亿元，2005年国家环保投资将占GDP的1.2%。所以，环保市场被誉为21世纪的“朝阳产业”，有关企业应利用这一机会求得发展。

五、社会文化环境

社会文化是指一个社会的民族特征、价值观念、生活方式、风俗习惯、伦理道德、教育水平、语言文字、社会结构等的总和。社会文化环境是人类在创造物质财富过程中所积累的精神财富的总和，它体现着一个国家或地区的社会文明程度。社会文化环境包括教育水平、价值观念、宗教信仰、消费习惯、审美观念、语言文字等。这些因素影响着消费者的消费需求、消费方式以及购买行为。因此，企业的市场营销人员应认真分析、研究和了解当地的社会文化环境，针对不同状况制定不同的营销策略。

1.教育水平

教育水平是指消费者受教育的程度。教育是按照一定目的要求对受教育者施以影响的一种有计划的活动，是传授生产经验和生活经验的必要手段，反映并影响着一定的社会生产力、生产关系和经济状况。教育水平的高低不仅直接影响着人们的消费行为和消费结构，而且制约着企业的市场营销活动。一个国家的教育水平与经济发展水平往往是一致的。人们具有不同的文化修养会表现出不同的审美观，购买商品的选择原则和方式也不同。一般来说，教育水平高的消费者，购买商品的理性程度高，对新产品的接受能力较强，他们对商品的内在质量、外观形象、技术说明以及服务有着较高的要求；而教育水平低的消费者，对新产品的接受能力弱，他们对操作简单方便的商品、通俗易懂的说明书有着更高的要求。

对于企业来说，在教育水平高的国家或地区，可以雇佣调研人员或委托当地的调研机构完成所需调研的项目，企业的促销宣传要灵活多变，可选择报纸、杂志等媒体；而在教育水平低或文盲率高的国家或地区，企业在开展调研时要有充分的人员准备并运用适当的方法，在开展促销宣传时应更多地选择电视、广播媒体。另外，企业分销机构工作人员和分销人员受教育的程度也会对企业的市场营销产生一定的影响。

2.价值观念

价值观念是指人们对社会生活中各种事物的态度、评价标准和崇尚风气。在不同的文化背景下，人们的价值观念差异很大，而且一旦形成则很难改变。消费者对商品的需求和购买行为受其价值观念的影响。价值观念不同，必然带来消费者对商品需求和购买行为的差异。对于价值观不同的消费者，企业市场营销人员必须采取不同的策略。对于乐于变革、喜欢新奇、富于冒险精神、比较开放的消费者，企业应重点强调商品的新颖和奇特；对于注重传统、比较保守、喜欢沿袭传统消费方式的消费者，企业在制定有关策略时，应把产品与目标市场的文化传统结合起来。

【情景材料 2—3】

身土不二

“身上不二”是韩国人的价值观念的表现之一，对韩国人的消费行为产生了巨大的影响。所谓“身土不二”，就是“生长在这块土地上的人与这块土地不分离，只有吃这块土地上长的粮食才是有益的”。受“身土不二”精神的鼓舞，在韩国，本国货是最吃香的，价格也最贵，而进口的则较便宜。韩国人购买商品时依据的一个原则是：“如果想省钱，买外国货；如果想上档次，买韩国货。”这种观念极有利于本国货的销售，而外国货要想在韩国占有较高的市场份额是非常困难的。又如，在中国，人们长期奉行的“量入为出”及节俭的消费观念，这对人们接受新产品及新的消费方式都具有很大的抑制作用。

讨论题：如何理解韩国人“身土不二”的价值观念？它对外国产品进入韩国会产生什么影响？我国企业应如何应对？

3. 风俗习惯

风俗习惯是人们根据自己的生活内容、生活方式和自然环境，在一定的社会物质生产条件下长期形成，并世代相袭而成的一种风尚和由于重复、练习而巩固下来并变成需要的行动方式等的总称。它在饮食、服饰、居住、婚丧、节日、信仰、人际关系等方面都表现出独特的心理特征、伦理道德、行为方式和生活习惯。不同的国家、不同的民族有不同的风俗习惯，它对消费者的消费嗜好、消费模式、消费行为等具有重要的影响。不同的消费习俗具有不同的商品需要，这会给企业带来营销机会。企业研究消费习俗，不但有利于组织好消费品的生产与销售，而且有利于正确、主动地引导健康的消费。了解目标市场消费者的禁忌、习俗、信仰、伦理、避讳等，做到入乡随俗，是企业有针对性地开展营销活动并取得成功的重要前提。

4. 宗教信仰

从历史上来看，世界各民族消费习俗的产生和发展变化与宗教信仰是息息相关的。不同的宗教信仰者有不同的文化倾向和戒律，而不同的文化倾向和戒律影响着人们认识事物的方式、行为准则和价值观念，影响着人们的消费行为、消费习惯，进而影响市场消费结构。因此，企业应了解各种宗教信仰对企业市场营销和消费者购买行为的影响，尊重各教派的图腾崇拜，针对不同宗教信仰者的追求、偏爱，提供不同的产品，并在产品的设计、制造、包装、促销等方面制定相应的营销策略，否则企业的营销工作就会遭到挫折，甚至造成重大损失。

5. 审美观念

审美观通常是指人们对商品的好坏、美丑、善恶的评价。不同的国家、民族、宗教、阶层和个人往往会有不同的审美标准。从营销的角度来看，企业要了解不同国家和地区人们对产品的颜色、线条、图案、标志与符号的不同偏好，并根据不同的偏好策划不同的产品设计、产品包装及广告宣传。

6. 语言文字

语言文字是人类交流的工具，属于表层文化。不同国家、不同民族往往都有自己独特的语言文字；即使在统一国家，也可能有多种不同的语言文字；即使语言文字相同，也可能表达和交流的方式不同。营销者应注意语言文字因翻译而出现的沟通问题。

六、科学技术环境

科学技术是人类在长期实践活动中所积累的经验、知识和技能的总和，它是社会生产力最活跃的因素。作为营销总体环境的一部分，科技环境不仅影响企业内部的生产和经营，还同时与其他环境因素相互依赖、相互作用，直接影响经济环境和社会文化环境。新技术革命，既给一些企业的市场营销造就了机会，又给一些企业或行业带来威胁，是一种“创造性的毁灭力量”，如果不采用新技术，而是压制它、轻视它，老行业的生产经营必将衰落。

在科学技术迅猛发展的今天，人类已清醒地认识到科学技术是第一生产力。在以电子、光纤、生物工程等为代表的新科技的推动下，人类迎来了知识经济时代和信息网络时代。因此，企业营销者应准确地把握科技革命的发展趋势，密切注意技术环境变化对市场营销活动的影响。新技术革命对营销产生的影响主要有以下几个方面：

1. 科技进步会影响消费者的购买习惯

随着科学技术的不断发展，出现了电视购物、网上购物、电话购物等许多新的购物方式。但是，科技进步在为人们生活带来方便的同时，也会造成一些难以预见的后果。

2. 科技进步使零售商业结构发生变化

随着科技的发展，传统的商业机构将逐渐被新型的商业机构所取代。电子商务、网络营销、邮购、电话订购等新的零售方式层出不穷。特别是近年出现的网络营销，可以使购买者一天24小时无论在什么地方均可订购产品，无须走出办公室或家门，就可找到有关公司、产品、竞争者、价格等方面的对比信息，无须面对推销员可能带来的争吵以及排队等等，因而网上购物的人数将越来越多。可见，新的营销方式不但为顾客带来了极大的方便，也为企业拓展市场空间提供了条件。

3.科技进步引起企业市场营销策略发生变化

新技术革命改变了企业经营的内部因素和外部环境，给企业带来了巨大的压力，给企业产品和目标市场的确定带来了前所未有的困难，从而促使企业不断调整营销策略，以适应市场条件的变化。面对新的技术环境变化，企业应当在产品、价格、分销、促销上及时调整策略。

(1)产品策略的变化。由于科学技术的发展，新技术应用于新产品开发的周期大大缩短，产品的更新换代加快。这一变化要求企业营销人员不断寻找新市场、预测新技术，从而促进企业不断开发新产品，特别是开发个性化产品，努力适应市场消费的需要。

(2)分销策略的变化。新技术的不断应用、技术环境的变化使人们的工作及生活方式发生了重大变化。广大消费者的兴趣、思想等差异很大，自我意识观念增强，引起了分销机构的不断变化。大量的特色商店和自我服务商店不断出现，也引起了分销实体的变化和运输实体的多样化。如超级市场、廉价商店、自动售货机、网络营销的迅速发展等，要求商品配送由传统的以厂商为出发点改为以市场为出发点。

(3)价格策略的变化。科学技术的发展及应用，一方面降低了产品成本，使价格下降；另一方面使企业能够通过信息技术加强信息反馈，正确应用价格规律、供求规律、竞争规律来制定和修改价格策略，使企业定价更加科学、灵活。

(4)促销策略的变化。科学技术的应用引起促销手段的多样化，尤其是广告媒体的多样化和广告宣传形式的复杂化。如何利用新技术提高信息沟通的效率、提高促销组合的效果、降低促销成本，如何采用新的广告手段和方法，将是促销研究的主要内容。在促销方面，要求企业利用各种媒体进行促销，特别是要利用互联网加强与顾客的接触和联系。

4.科技进步引起企业营销管理的进步

目前，许多国家在企业经营管理中使用了现代通讯设备，这对提高企业的管理水平和经济效益具有巨大的推动作用。同时，新技术、新设备的使用，对企业领导素质提出了更高的要求，促使企业领导更新观念，掌握现代管理的理论和方法，不断提高经营管理水平。

第三节　企业微观市场营销环境

微观环境是指对企业营销活动构成直接影响力的外部因素。从严格意义上来说，微观环境包括企业本身、供应商、营销中介、最终顾客、竞争对手和公众。营销活动成功与否，除营销部门本身的因素外，还要受到这些因素的直接影响。微观营销环境所有的因素构成了一个整体，相互作用、相互制约，对任何一部分处理得不好，都会影响到企业对顾客需要的满足和企业目标的实现。因此，企业必须认真研究微观营销环境的各个方面。

一、企业

企业是组织生产和经营的经济单位，是一个复杂的整体。企业内各个部门、各个管理层次之间的分工是否科学、协作是否和谐、配合是否默契、目标是否一致等，都会影响企业的营销管理决策和营销方案的实施。企业本身包括市场营销管理部门、其他职能部门和最高管理层。

1. 企业最高管理层

市场营销目标是从属于企业总目标并为总目标服务的分目标，因此，企业的营销经理只能在最高管理层所规定的范围内进行决策，以最高管理层制定的企业目标、战略和相关政策为依据，制定市场营销计划，并得到最高管理层的批准方可实施。

2. 企业各职能部门

企业各职能部门主要是指诸如财务、采购、研究与开发、制造等与市场营销工作密切相关的部门。营销部门的业务活动是和其他部门的业务活动息息相关的，如图 2－6 所示。营销部门在制定和执行营销计划的过程中，必须与企业的其他职能部门互相配合，共同协作。

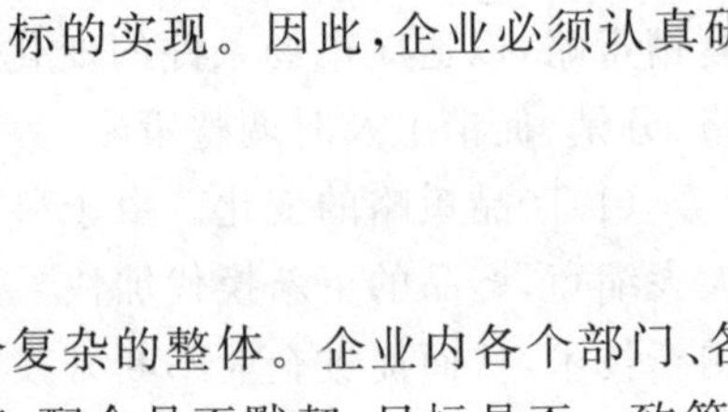

图 2—6　市场营销管理与各部门的关系

二、供应商

供应商是指向企业及其竞争者提供原材料、设备、零部件、能源、劳动力、资金等资源的企业和个人。供应商是对企业的生产经营活动产生巨大影响的力量之一。供应商资源供应的稳定性与及时性、资源供应的价格变动以及供应资源的质量水平，直接影响到企业产品的价格、销量、利润乃至企业的信誉与生存，具体来说有以下三个方面：

1.供货的稳定性和及时性

原材料、零部件、能源及机器设备等货源的稳定与及时，是企业营销活动顺利进行的前提。如果货源不稳定或不及时，会影响企业按期完成交货任务。从短期来看，会损失销售额；从长期来看，则会损害企业在顾客中的信誉。因此，企业必须和供应者保持良好、密切的关系，并且要及时了解和掌握供应者的变化，使货源的供应在数量上、时间上和连续性上得到切实的保证。企业应根据不同的供应商在资源供应中的地位和作用予以区别对待，把那些为企业提供必需资源的少数重点供应商视为合作伙伴加以建设，设法帮助他们提高供货质量和供货的及时性，以保证各类资源的有效供应。

2.供货的价格变动

供货的价格直接影响企业的生产成本。如果供应商提高原材料价格，生产企业将被迫提高其产品价格，这可能影响到企业的销售量和利润。所以，企业在营销活动中，必须密切注意供应者的货物价格变化趋势，特别是对构成产品重要组成部分的原材料和主要零部件的价格现状及变化趋势，要做到心中有数，这样才能使企业应对自如，不致措手不及。

3.供货的质量水平

任何企业生产的产品质量，除了进行严格的管理外，与供应者供应的生产资料本身的质量好坏有密切关系，另外还包括各种售前、售中和售后服务水平。例如，有的机器设备需要有优良的维修服务保障，才能保持机器设备本身具有相应的质量水平，从而保证生产出高质量的产品；有的机器设备中某些零部件容易受损，需要不断地更换质量好的零部件。因此，供应者的货源保证和有效的更换也直接影响到产品的质量。

三、营销中介

营销中介是指直接或间接地参与企业产品分销活动的其他企业或个人，包括中间商、实体分销机构、营销服务机构、金融机构等。任何企业的营销活动都离不开营销中介，有了营销中介所提供的服务才能使企业的产品顺利到达目标消费者手中。随着市场经济的发展，社会分工愈来愈细，这些中介机构的影响和作用也就会愈来愈大。因此，企业在市场营销过程中，必须重视中介组织对企业营销活动的影响，并要处理好同它们的合作关系。

1.中间商

中间商是指把产品从生产者流向消费者的中间环节或渠道，主要包括商人中间商和代理中间商。商人中间商是从事商品购销活动并对所经营的商品拥有所有权的中间商，如批发商、零售商等。代理中间商是推销产品、协助买卖成交但对所经营的产品没有所有权的中间商，如经纪人、制造商代表等。中间商的主要任务是帮助企业寻找顾客，为企业的产品打开销路。除了某些规模较大的企业有自己的销售机构外，一般企业都需要与中间商打交道，通过中间商把自己的产品推向消费者。由于中间商一头连接生产者，一头连接最终消费者和工业用户，所以其服务质量、销售效率、销售速度直接影响到产品的销售。

2. 物流机构

物流机构是指那些协助企业储存产品和把产品从原产地运往销售目的地的单位，包括仓储公司和运输公司。在一般情况下，企业只有在建立自己的销售渠道时才会主要依靠仓储公司；在委托中间商销售产品的时候，仓储服务往往由中间商承担，仓储公司储存并保管要运送到下一站的货物。运输公司包括铁路、公路、航空、货轮等货运公司。生产企业主要通过权衡成本、速度和安全等因素来选择成本效益最佳的货运方式。

3. 营销服务机构

营销服务机构是一个广义的范畴，它涉及的面比较广，包括广告公司、财务公司、营销咨询公司、市场调研公司等等。这些机构提供的专业服务将对企业营销活动产生直接影响，一些大企业通过建立有关的机构来承担营销服务机构的功能，但对于大多数中小企业来说，营销服务机构是企业营销活动不可缺少的。

4. 金融机构

金融机构包括银行、信用公司、保险公司和其他协助融资或保障货物的购买与承担销售风险的公司。在现代经济生活中，企业与金融机构有着不可分割的联系。

四、最终顾客

企业的一切市场营销活动都是为了满足顾客的需求，企业的顾客构成了企业的目标市场，这是企业服务的对象，也是营销活动的出发点和归宿。顾客的范围十分广泛，顾客市场可依据不同标准和特点划分成许多类别，一般可分为以下五类，如图 2－7 所示：

图 2－7　企业所面对的市场

1. 消费者市场

消费者市场是指个人或家庭为了生活消费而购买或租用商品或劳务的市场。

2. 生产者市场

生产者市场是指生产者为了赚取利润或达到其他目的而购买商品和服务来生产其他产品和服务的市场。

3. 转卖者市场

转卖者市场是指批发商、零售商等中间商为了转卖、取得利润而购买商品的市场。

4. 政府市场

政府市场是指政府和非盈利机构为了提供公共服务或将商品与服务转给需要的人而购买的市场。

5. 国际市场

国际市场是指由国外的消费者、生产者、转卖者、政府机构等所组成的市场。

企业要认真研究顾客的类别、需求特点、数量、购买动机等，使企业的营销活动能针对顾客的需要，符合顾客的意愿。

五、竞争者

竞争者是指向企业所服务的市场提供相同或类似产品，并对企业构成威胁的企业或个人。市场经济是竞争经济，企业在目标市场进行营销活动的过程中，不可避免地会遇到竞争对手的挑战。企业为了能在目标市场上取得较高的市场份额，并不被竞争对手击败，就必须准确地分析、深入地了解竞争对手，做到“知己知彼”，扬长避短，主动参与竞争。从消费需求的角度划分，竞争者主要有以下几种：

1. 愿望竞争者

愿望竞争者是指提供不同产品以满足消费者不同需求的竞争者。消费者的需求是多方面的，但很难同时满足，在某一时刻可能只能满足其中的一个需要。它们各自构成相互的愿望竞争者。

2. 平行竞争者

平行竞争者是指提供不同产品以满足同一种需求的竞争者。

3. 产品形式竞争者

产品形式竞争者是指满足同一需要的产品的各种形式间的竞争。同一产品，规格、型号不同，性能、质量、价格各异，消费者将在充分收集信息后作出选择。

4. 品牌竞争者

品牌竞争者是指满足同一需要的同种形式的产品的竞争者。产品相同，规格、型号等也相同，但品牌不同。

六、公众

公众是指对企业实现其市场营销目标构成实际或潜在影响的任何团体和个人。企业在争取满足目标市场时，它的营销活动会影响到公众的利益，因而公众必然会关注、监督、影响和制约企业的营销环境。在通常情况下，企业的公众主要有以下七种类型：

1.融资公众

融资公众是指影响企业获得资金能力的任何团体，如银行、信托投资公司、保险公司等。

2.媒体公众

媒体公众是指报纸、杂志、广播、电视、互联网等具有广泛影响的大众传播媒体。这些团体对企业的声誉起着举足轻重的作用。

3.政府公众

政府公众是指与负责管理企业业务经营活动有关的政府机构，如行业主管部门和工商、税务、物价等部门。

4.团体公众

团体公众是指消费者组织、环境保护组织及其他有影响力的群众团体。

5.地方公众

地方公众是指企业所在地附近的居民和社区组织。企业在营销活动中要避免与周围公众发生利益冲突，应指定专人负责处理这方面的问题，并应对公益事业作出贡献。

6.内部公众

内部公众是指企业内部的全体员工，如董事、经理、职工等。处理好内部公众关系是搞好外部公众关系的前提。

7.一般公众

一般公众是指除地方公众和内部公众以外的居民、员工或组织团体。企业的“公众形象”，即在一般公众心目中的形象，对企业的经营和发展具有十分重要的意义。企业应争取在一般公众心目中树立良好的企业形象。

这些公众力量的存在决定了企业必须处理好与周围公众的关系，即具备较好的公共关系。鉴于此，精明的企业都建立了公共关系部门专门负责处理与公众的关系，公共关系应被看作广义的营销活动。

【核心概念】

市场营销环境 宏观环境 微观环境 恩格尔系数 愿望竞争者 品牌竞争者

【复习思考题】

1. 微观环境包括哪些主要因素?

2. 从消费需求的角度划分,企业竞争者主要包括哪几种类型?

3. 假如有人想在学校附近开设一家小餐馆,请分析它所面临的四种类型的竞争者。

4. 结合实际,分析下列行业的主要环境机会和威胁:

A. 汽车业 B. 房地产业 C. 快餐业

【技能训练】

火烧"温州鞋"

2004年9月17日,"欧洲鞋都"——西班牙东部小城埃尔切的中国鞋城,约400名不明身份的西班牙人聚集街头,烧毁了一辆载有温州鞋集装箱的卡车和一个温州鞋商的仓库,造成约800万元人民币的经济损失。仅仅6天后的9月23日,当地又爆发了一次针对中国商人的示威游行,示威者扬言以后将每周举行一次抗议示威,以抵制中国商人的廉价产品给西班牙本地商人带来的不公平竞争。目前,我国鞋业生产能力过剩,出口企业数量过多,相当一部分制鞋企业,特别是一些规模不大的企业普遍存在着短视行为。一方面,企业不注重科研、开发、设计,多以来样加工或以相互模仿、抄袭为主,很少投入必要的资金研究、开发新产品,很少投入时间和精力去搞系列的市场调查、分析等。这种状况导致企业在国际市场上信息不灵通、产品设计式样滞后、花色品种单一、舒适性差等问题,致使出口档次提不高、价格卖不上去,总在中低档市场徘徊。而中低档市场已面临越南等新兴鞋类生产国的竞争,鞋类出口已经受到严重威胁。对此,一些出口企业不练内功,反而采取降价手段加以应对。一些新的出口企业为挤入国际市场,多以低价策略为先导。而"外商招标"压价成风也使得鞋价无法提高。另一方面,由于企业规模小,不注重产品的开发和质量,最终使中国鞋在国际市场上长期摆脱不了低价路线。如今中国的迅速崛起正给世界利益格局、市场格局和资源格局带来深刻的变化,在这一形势下,也许这个问题更具价值、更值得探讨和反思。因为在很长一段时间里,"我们左右不了国际环境,能够改变的只有自己"。

案例分析与研讨:

1. 你如何理解"我们左右不了国际环境,能够改变的只有自己"?

2. 在反全球化现象存在的今天,对于我国鞋类等劳动密集型产品在海外市场的发展,你有何建议来克服"劳动力优势"可能带来的问题?

第三章　市场营销调查与预测

【案例导入】

常州电子仪器厂成功研发教学型电子琴

常州电子仪器厂原本生产军用和工业用两类电子测量仪器，而这两类产品的社会需要量呈逐年下降的趋势。上什么产品能取得较好的经济效益呢？企业决策者从报纸上获悉我国的教育重点是抓好基础教育，从中受到启发。他们组织人员走访了学校、商店、幼儿园以及文艺团体等几十个单位，了解到用户迫切需要一种音色优于老式风琴且便于携带和维修的电子乐器。接着，他们在广泛调查的基础上，进行了市场需求预测。经过分析，他们发现电子琴存在着一个较大的潜在市场，决定将电子琴作为新产品进行研发。

确定了新产品研发方向后，他们根据不同用户的需求差异，进行了抽样调查。抽样调查的结果显示：文艺团体演奏用电子琴：要求音色美、功能全、质量高，能适应多种乐曲的舞台演奏需要；

中小学、幼儿园教学用电子琴：要求音色优于风琴，质量一般，功能从简，但至少应有一个风琴音色和一个欣赏音色，弹奏方式要与风琴一致，以适应教师的演奏习惯，且售价要低；音乐爱好者欣赏用电子琴：由于音乐爱好者的欣赏水平、经济条件、演奏技巧以及审美观与其他人不同，因而对电子琴的功能、结构、质量、价格、外形等方面的要求有其特色。

根据统计分析，客户分布及各客户群所占比例大体如下：中小学、幼儿园约占70%；文化馆、文化站约占15%；音乐爱好者约占10%；其他约占5%。根据市场需求情况以及竞争对手的情况，常州电子仪器厂决定以中小学、幼儿园为主要销售对象，研发教学型电子琴。经过努力，他们开发出的具有四个音色、四组八度音阶的电子琴在以远低于同类产品的价格投放市场后，受到消费者的广泛认可和欢迎。

常州电子仪器厂经营决策的成功，很大程度上取决于科学的市场营销调查与预测。职工们说，市场营销调查与预测是常州电子仪器厂繁荣兴旺的法宝。

思考题：常州电子仪器厂是如何成功研发教学型电子琴的？

【学习目标】

1. 知识目标：掌握市场营销调查的内容；了解市场营销调查的程序；掌握市场预测的内容；了解市场预测的步骤。

2. 能力目标：运用市场营销调查的方法和技巧开展营销调查工作；能开展市场预测和分析。

第一节　市场营销调查的内容与程序

没有调查研究就没有发言权。市场营销调查是市场营销的起点，始于企业还没有生产任何产品之前。一个企业在其自身的营销活动中需要作出各种不同的决策，需要通过市场营销调查为决策提供依据。正如美国市场营销学家菲利普·科特勒教授所说："真正的市场营销人员所采取的第一个步骤，总是进行市场营销调查。"

一、市场营销调查的概念

美国市场营销协会(AMA)为市场营销调查下的定义是：市场营销调查是把消费者、客户、大众和市场人员通过信息联系起来，而营销者借助这些信息可发现和确定营销机会和营销问题，开展、改善、评估和监控营销活动，并加深对市场营销过程的认识。

市场营销调查是指在市场营销观念的指导下，以满足顾客需求为中心，运用科学的方法系统地、客观地搜集、记录、整理与分析有关市场营销的信息资料，提出解决问题的建议，为企业营销管理者制定正确的营销决策提供依据。

二、市场营销调查的类型

市场营销调查，按其研究的问题、目的、性质和形式的不同一般分为以下四种类型：

1. 探索性调查

探索性调查用于探询企业所要研究的问题的一般性质。企业在研究之初，对所要研究的问题或范围还不很清楚，不能确定到底要研究什么问题。探索性调查主要是发现问题和提出问题，以便确定调查的重点。探索性调查的目的是明确的，但研究的问题和范围比较大。在研究方法上比较灵活，事先不需要进行周密的策划，在研究过程中可根据情况随时进行调整。探索性调查一般都通过搜集第二手资料，或请教一些内行、专家，让他们发表自己的意见，谈出自己的看法，或参照过去类似的实例来进行,多以定性研究为主。

2. 描述性调查

描述性调查是通过详细的调查和分析,对市场营销活动的某个方面进行客观的描述,对已经找出的问题作如实的反映和具体的回答。多数的市场营销调查都是描述性调查。与探索性调查相比,描述性调查的目的更加明确,研究的问题更加具体。在研究之初,通常根据决策的内容,把研究的问题进一步分解。描述性调查需要事先拟定周密的调查方案,并作详细的调查计划和提纲,包括各项准备工作,以确保调查工作的顺利进行。

3. 因果性调查

企业在营销活动过程中,会面临众多的数量关系。这些数量关系中的变量,有的是企业自身可以控制的,有的是企业无法控制的。描述性调查可以说明某些现象或变量之间的相互关系,但要说明某个变量是否影响或决定着其他变量的变化,就要用到因果性调查。因果性调查的目的就是找出关联现象或变量之间的因果关系,它是在描述性调查的基础上进一步分析问题发生的因果关系,弄清原因和结果之间的数量关系,揭示和鉴别某种变量的变化究竟受哪些因素的影响以及各种影响因素的变化对变量产生影响的程度。

因果性调查同样要有详细的计划,要求做好各项准备工作。在调查过程中,实验法是一种主要的研究方法。

4. 预测性调查

市场需求的预测问题是企业制定市场营销方案和市场营销决策的前提。对未来市场的需求进行估计,即预测性调查,它对企业制定有效的营销计划、避免发生较大的风险和损失有着特殊的意义。预测性调查涉及的范围比较大,可采用的研究方法较多,研究的方式较为灵活。

三、市场营销调查的内容

市场变化的因素很多,因而市场营销调查的内容十分广泛。一般来说,涉及企业市场营销活动的方方面面都应调查,其主要内容如下:

1. 市场需求

从市场营销的理念来说,顾客的需求和欲望是企业营销活动的中心和出发点。因此,对市场需求的调查应成为市场营销调查的主要内容之一。

市场需求情况的调查包括:现有顾客需求情况;现有顾客对本企业产品的满意程度;现有顾客对本企业产品的信赖程度,影响需求的各种因素的变化情况;顾客的购买动机和购买行为;潜在顾客需求情况。

2. 产品

产品(包括服务)是企业赖以生存的物质基础。一个企业要想在竞争中求得生存和发展，就必须始终如一地提供顾客需要的产品。

产品调查的内容包括：产品设计；产品系列和产品组合；产品生命周期；老产品改进；新产品开发；如何做好销售技术服务等。

3. 价格

价格对产品的销售和企业的获利情况有着重要的影响，积极开展产品价格的调查，对企业制定正确的价格策略有重要作用。

价格调查的内容包括：市场供求情况及其变化趋势；影响价格变化的各种因素；产品需求价格弹性；替代产品价格；新产品定价策略；目标市场对本企业产品价格水平的反应等。

4. 促销

促销调查的主要内容是企业的各种促销手段、促销政策的可行性。

促销调查包括：广告；人员推销；各种营业推广；公共关系与企业形象。

5. 销售渠道

销售渠道的选择是否合理，产品的储存和运输安排是否恰当，对于提高销售效率、缩短交货期和降低销售费用有重要作用。因此，销售渠道的调查也是市场营销调查的一项重要内容。

销售渠道调查的内容包括：各类中间商应如何选择；仓库地址应如何选择；各种运输工具应如何安排；如何既满足交货期的需要，又降低销售费用等。

6. 竞争

竞争对企业的市场营销活动有重要影响。因此，企业在制定各种市场营销策略之前，必须认真调查市场竞争的动向。

竞争调查的内容包括：竞争对手的数量及其分布、市场营销能力；竞争产品的特性、市场占有率、覆盖率；竞争对手的优势与劣势；竞争对手的市场营销组合策略；竞争对手的实力、市场营销战略及其实际效果；竞争发展的趋势等。

以上各项内容，是就市场营销调查的一般情况来讲的，各个企业所处的市场环境不同，所遇到的问题不同，因而所要调查的问题也不同。

四、市场营销调查的程序

市场营销调查，一般分为调查准备、正式调查和资料处理三个阶段。

(一)调查准备阶段

调查准备阶段又可分为确定调查题目、拟定市场营销调查计划、培训调查人员等阶段。

1. 确定调查题目

要搞好市场营销调查，必须针对本企业的具体情况确立调查题目。选题发生错误，整个调查将注定失败。因此，调查前要在综合分析的基础上，确立调查题目。

调查题目要根据调查目的确定，如调查的目的是为了了解产品销售下降的原因，经过初步分析认为可能是产品质量有问题，就可把调查产品质量问题确定为调查题目。

2. 拟订市场营销调查计划

调查前必须拟订好调查计划。计划要具体、明确。调查计划包括：

(1)明确调查目的；

(2)确定调查对象，即对哪些单位或个人进行调查；

(3)选择调查和收集资料的方法，按不同的调查内容选择不同的调查方法；

(4)明确调查日期，特别是完成时间；

(5)作出调查经费预算及规定作业进度安排。

上述内容要以"调查项目建议书"的形式报主管领导，经批准后方可进行调查。

3. 培训调查人员

调查人员的素质对调查质量有重大影响。因此，必须确定合适的人选并采取有效的方法对其进行培训。

(二)正式调查阶段

市场营销调查计划获准后，市场营销调查就进入正式调查阶段。

1. 组织安排好调查力量

目前，我国的市场营销调查一般还是由本调查单位自己组织人员调查。在有条件的地方，可委托专门的市场营销调查机构进行调查。

2. 设计调查表格

调查表是整个调查工作的一项重要工具。调查表设计得好坏，直接影响调查效果。设计要既具有科学性，又具有艺术性。调查表的提问要避免抽象，尽可能具体，文字要简练，要通俗易懂。

3. 现场调查

现场调查要求把调查人员分好工，并掌握调查进度，保证调查质量。

4. 收集各种资料

市场营销调查需要的各种资料，可分为原始资料和现成资料两大类。原始资料是从现场调查中所得到的第一手资料；现成资料是从他人或其他单位取得的第二手资料。现成资料节省时间和经费，应尽量采用，资料不足时可通过现场调查获取原始资料作补充。

(1)现成资料的收集。这种资料来源于内部资料和外部资料。内部资料是企业内部的市场信息系统所经常收集和记录的资料，如客户订单、销售资料、销售损益、库存情况、产品成本等；外部资料是从统计资料、行业资料、市场营销调查机构资料、科研情报机构资料、金融机构资料、文献报刊杂志等资料中获得的资料。

(2)原始资料的调查。获取原始资料的方法有询问法、观察法、实验法、统计调查法等。每种方法都有自己的优缺点和适用范围,企业可根据自己的情况进行选择。

(三)资料处理阶段

1.编辑整理

在情报资料的编辑整理过程中,要检查调查资料的误差。要对情报资料进行评定,即审核其根据是否充分、推理是否严谨、阐述是否全面、观点是否成熟,以保证情报资料的真实与准确。

2.分类

为了便于查找、归档、统计和分析,必须将经过编辑整理的资料进行分类编号。如果资料采用计算机处理,分类编号尤为重要。

3.统计

将已经分类的资料进行统计,以便利用和分析。

4.分析

运用调查所得出的有用数据和资料,分析情况并得出结论。

5.调查报告

将调查所得出的结果编写成调查报告形式提供给有关部门或领导,以便为作决策提供参考。编写调查报告的原则是:突出调查主题;调查内容要客观、扼要、有重点;方案要简洁易懂;报告结构要合理、严谨、给人以完整的印象。调查报告的结构是:调查的目的和范围、调查所采用的方法、调查的结果、得出的结论、提出的建议、必要的附件。

第二节　市场营销调查方法

市场营销调查方法选择得合理与否,会直接影响调查结果。因此,合理选用调查方法是市场营销调查工作的重要一环。市场营销调查的基本方法可分为如下三类:

一、询问法

该方法是由调查者先拟订出调查提纲,然后向被调查者以提问的方式请他们回答,收集资料。

1.面谈调查

采用这种方法时,可以一个人面谈,也可以几个人集体面谈;可以一次面谈,也可以多次面谈。这种方法能直接与被调查者见面,听取意见并观察其反应;灵活性较大，可以一般地谈，也可以深入详细地谈，并能互相启发，得到的资料也比较真实。但是，这种方式调查的成本高，而且调查结果受调查人员的政治、业务水平的影响较大。

2. 电话调查

电话调查是由调查人员根据抽样的要求，在样本范围内，用电话向被调查者提出询问，听取意见。这种调查方法收集资料快，成本低，并能以统一格式进行询问，所得到的资料便于统一处理。但是，这种方法有一定的局限性，只能对有电话的用户进行询问，不易取得与被调查者的合作，不能询问较为复杂的问题，调查无法深入。

3. 邮寄调查

这种方法又称通讯调查。就是将预先设计好的询问表格邮寄给被调查对象，请他们按表格要求填写后寄回。这种方式调查范围较广，被调查者有充裕的时间来回答问题，不受调查人的影响，收集意见、情况较为真实。但问卷的回收率较低，时间往往拖延较长，被调查者有可能误解问卷的含义，影响调查结果。

4. 留置问卷调查

就是由调查人员将问表、问卷当面交给被调查人，并说明回答要求，由被调查者自行填写，然后由调查人员定期收回。这种方式调查的优缺点介于面谈调查和邮寄调查之间。

二、观察法

调查者通过到现场观察被调查者的行动来收集情报资料，也可以安装仪器进行录音和拍摄。观察的方式有：到顾客购买现场观察，到产品使用单位的使用现场观察。采用这种方式能客观地获得准确性较高的第一手资料，但调查面较窄，花费时间较长。

【情景案例 3－1】

伊维德罗森希尔的公司观察法

美国《读者文摘》曾经报道，专门从事观察业务的商业密探在美国大行其道。帕科·安德希尔成立了一家名为伊维德罗森希尔的公司，它 20 年来一直追踪观察购物者。其客户包括麦当劳、星巴克、雅诗兰黛和百视达。他们研究不同的零售点，并且利用独特的方法记录了购物者的行为。他们还应用剪报板、跟踪单、视像设备以及敏锐的眼睛来描述购物者行为的每个细微差别。

他们的调查结果给很多商店提出了大量实际的改进措施。例如，他们用一卷胶片拍摄了一家主要是青少年光顾的音像商店，发现这家商店把磁带放在孩子们拿不着的很高的货架上。商店根据安德希尔的建议,把商品放低 18 英寸,结果该商店销售量大大增加。

又如一家叫伍尔沃思的公司发现商店的后半部分的销售额远远低于其他部分,安德希尔通过观察和拍摄现场解开了这个谜。在销售高峰期,现金出纳机前的顾客排着长长的队伍,一直延伸到商店的另一端,这实际上妨碍了顾客从商店的前面走到后面。后来商店专门安排了结账区,结果商店后半部分的销售额增加得很快。他们还出过很多点子。如建议商店增加椅子,放一台电视机,让丈夫观看电视,耐心等待妻子逛商店。

讨论题:伊维德罗森希尔的公司观察法作为一种市场营销调查方法,有什么优点和不足?

三、实验法

实验法是指某种产品在大批量生产之前,先生产一小批向市场投放,进行销售试验,通过观察和收集用户有关方面的反映来获得情报资料。

实验法中做实验的目的是:看本企业生产的产品质量、品种、规格、外观是否受欢迎;了解产品的价格是否为用户所接受。目前常采用的产品展销会、新产品试销门市部等都属于实验调查法。

按照调查的范围和调查统计的形式,市场营销调查方法还可分为全面调查和非全面调查。全面调查,又称普查,就是对调查对象的全部单位,都要逐一、毫无遗漏地进行调查统计。很显然,这种调查的好处,就是能够搜集到比较全面、细致、精确的资料。其缺点是工作量大,花费的人力、物力、财力多,时间过长。非全面调查,就是对调查对象的一部分进行调查。这种调查方法,可以节省人力、物力、财力和时间。非全面调查又有重点调查和抽样调查两种形式。重点调查就是在对被调查对象进行全面分析的基础上,有目的、有计划地选择几个具有代表性的典型单位,作系统的、周密的调查。对市场的典型来说,就是通过对具有代表性的用户或地区的调查,以达到对全部用户需求的基本认识,了解市场的大体趋势。这种典型调查的好处是:调查的单位少,情况可以摸得准,情报汇总得快,节省人力、物力和财力。它适用于专业生产比较强、能比较准确掌握供应面、产品供应比较稳定的企业。抽样调查就是从被调查对象的总体中抽取一部分样本单位进行调查,用以推算总体。它适用于一些使用量大、涉及面广的产品。

【情景案例 3—2】

某品牌的洗衣液

上海某市场研究公司为了深入了解中国居民的洗衣习惯，曾展开了一次全国性的市场调查。调查在六大城市进行，其选点具有明显的中国东、西、南、北、中的不同地域特征。在实际调查中，该公司从每个城市选择了数百户居民进行入户访问，要求被访者在试用洗衣液新品的同时，详细描述洗衣过程。为了不遗漏最小的细节，调查人员还实地观察被访者的洗衣方法。在样本选择时，要求居民分布于平房、多层、高层等不同居住环境，以全面了解因不同居住环境采用不同洗衣设备而导致洗衣习惯的差异。根据调查结果，有关公司摄制了广告片，在画面上再现了不同地区居民洗衣的实景，令每一位家庭主妇倍感亲切，产生对新品洗衣液的认同和好感。该品牌的洗衣液终于在市场上获得了巨大成功。

讨论题：案例中的抽样调查工作做了哪些精心的安排？

第三节　市场预测的内容和步骤

一、市场预测的内容

（一）市场预测的意义

所谓预测，就是根据过去和现在的实际资料，运用科学的理论和方法，探索人们所关心的事物在今后的可能发展趋势，并作出估计和评价，以调节自己的行动方向，减少对未来事件认知的不确定性。简言之，预测就是根据过去和现在推断未来，根据已知推断未知。预测对象的未来情况是不确定的，存在着多种可能性，预测把认知未来事件发生的不确定性极小化，并作出关于这一事件发展的设想。

预测可用于社会现象和自然现象的各个方面，如社会预测、科学技术预测、军事预测、气象预测和经济预测等。

市场预测，简单地说，就是对市场商品供需未来发展的预计。研究市场预测，首先要了解什么是市场。市场是商品经济的产物，是商品生产者和消费者进行商品交换的场所。它反映了生产与消费的状况和经济联系。

随着商品经济的发展，市场不断地扩大，商品生产者和消费者之间隔着一个流通过程，存在着时间和空间上的矛盾。社会分工越发展，商品生产越发达，市场也就越扩大，市场预测就显得越重要。

(二)市场预测的内容

市场预测探讨的是市场发展的未来状况。由于市场状况的发展变化会受到多方面因素的影响,并且是这些因素共同作用的结果,所以,市场预测的内容是相当广泛的。一般来讲,可以将其归结为以下六个方面:

1. 市场供给状况的发展变化

这就是预测未来的市场上有多少可供用户选择使用的工业产品。

(1)预测生产企业的数量及生产能力的发挥状况。这是产品供给量的决定因素。为此,需要了解生产企业及其所属行业或部门的发展规划,国家、地方及企业在扩大再生产方面投资的情况和从投资到发挥生产能力的时间长短等一系列的因素。

(2)预测宏观决策对供给的影响。各级经济领导部门为了保证市场供需的平衡和经济结构的合理,需要不断地制定控制经济发展的决策。这些决策对产品未来的供给会产生什么样的影响,需要用预测的手段去探讨。

2. 市场需求的发展变化

市场需求的发展变化是市场预测的最主要内容。对于各级经济领导部门,是预测它们所管辖范围内总体需求的变化趋势或需求量;对于生产企业,是预测本企业产品的销售变化趋势或销售量。由于影响市场需求变化的许多因素本身也处于不断发展变化之中,因此,为预测市场需求的变化常常需要对一些影响因素的变化也加以预测。经常需要用预测手段探讨的影响因素有以下三个方面:

(1)社会商品购买力的变化。购买能力是决定用户实际购买的主要因素,对其预测应注意三点。

- 社会集团购买力。社会集团可用于生产或工作上资金的数量变化会影响它们对生产资料的需求。社会集团购买力一方面取决于它们拥有资金的数量,另一方面还取决于国家政策对使用资金的控制程度,这在目前是决定性的因素。

- 城乡居民的购买力。居民购买力的变化,直接影响他们对消费品需求的数量,也直接影响对一部分生产资料的需求数量。城乡居民的购买力对于那些为生产消费品企业提供原材料、元件、配件、生产设备和工具等生产资料的行业、部门和企业同样具有重要的意义。

- 购买力的转移。购买力的转移是影响局部地区或部门产品市场需求变化不可忽视的因素。企业将逐渐摆脱硬性分配的框框,并采用择优进货的方式购买生产资料,从而使它们的购买力从一些地区和生产企业转向另外一些地区和生产企业。这种转向,会随着生产企业的供货质量和数量的变化而变化。

(2)产品销售领域的变化。用户状况的变化和企业推销工作的开展,会使产品的销售领域发生变化。这种变化常常会使市场需求发生较大的变化。

- 用户构成的变化。用户构成是指使用产品的用户种类,由于受到各种因素的影响，产品的用户构成会发生变化。

● 市场区域的变化。我国通过经济体制改革取消了行政区划对产品流通的限制，企业产品的销路不再受人为划分的地域限制；对外开放政策，为企业开辟国外市场创造了条件，也为国外一些先进产品进入我国市场开了绿灯。因此，企业产品的市场区域有可能扩大，也有可能缩小。

● 试用到普及的变化。绝大多数产品的销售发展过程都有一个从试用到普及的扩大过程。当新产品刚投入市场或产品进入新地区市场时，由于它的“新”，用户对它不熟悉，大多数用户会采取“看”的态度，但总有少数用户会采取试一试的行动。经过试用，一旦发现该产品具有优越性之后，用户数量就会增加，产品的销售便从试用进入普及阶段。

(3)社会的消费结构与用户消费倾向的变化：

● 消费结构。社会的消费结构，即社会购买力投向的比例变化。它可以反映社会总体需求的变化趋势，对有关经济领导部门进行宏观经济控制决策具有重要的参考价值。

● 用户消费倾向的变化。用户消费倾向的变化，直接影响企业产品的生产。影响用户消费倾向变化的因素还有用户单位生产或工作性质的改变、社会风气的变化、消费心理的变化等等。

3.产品生命周期发展阶段的变化与更新换代

(1)销售生命周期发展阶段的变化。预测产品销售生命周期发展的变化，不论是对各级经济领导部门从宏观角度控制生产与需求，还是对企业制定生产与销售决策，都有着重要的参考价值。

(2)产品的更新换代。社会的发展，要求工业企业提供性能更好、结构更合理、与社会进步相适应的产品。

(3)预测产品更新换代应包括换代产品的品种和进行更新换代的时机。影响前者的因素主要是科学技术水平的发展、社会需求的发展趋向以及先进国家和地区产品的先例，影响后者的因素主要是新产品的试销效果、与老产品的竞争能力，还有用户需求的状况等等。

4.竞争发展趋势

预测竞争发展趋势必须同时考虑如下两方面的情况：

(1)本企业的竞争能力，包括产品的质量、价格、外观，也包括产品售前售后服务、推销措施所能收到的竞争效果；企业及产品在用户中的信誉等；同时也要考虑上述各种因素的改进与变化情况。

(2)竞争企业的竞争能力，包括竞争企业数量与产量的变化，主要指产品质量、价格、外观以及产品服务、竞争策略的变化。

(3)国家或有关部门组织的产品评比活动对竞争的发展趋势会起举足轻重的

影响，在评比中获奖或名列前茅的产品无疑会在竞争中处于优势。

5. 价格变动及其影响

预测价格变动对国民经济的影响有助于国家进行合理的价格决策。对企业来说，价格变动会影响产品成本、销售量和经济收益，也是企业进行市场竞争的一种方法。因此，预测价格变动及其影响对企业进行市场决策同样是重要的。

6. 意外事件的影响

意外事件是指有关经济领导部门或企业在制定市场决策、计划过程中不能预料到或难以想到的事件。这些事件的发生会打乱正常的经济秩序，使市场的发展脱离原来所预测的轨道。能影响宏观市场的意外事件主要是国际事件和天灾人祸。

（三）市场预测的要求

市场预测的根本要求就是预测的准确性。预测愈接近实际，准确程度就愈高，预测的效果就愈好。然而，受各种主客观因素的影响，预测不可能百分之百正确。但是，为了提高预测的准确程度，应尽量减少预测的误差。为此，必须做到：

1. 确保原始资料的可靠性和完整性

资料的搜集必须真实、无误，同时要符合预测目标的要求。对影响预测目标的各种因素，要通过分析对比，进行筛选，去粗取精，去伪存真，并找出主要因素，以提高预测资料的真实性和可靠性。

2. 正确确定预测项目的数目和预测时间

样本愈多，愈有代表性；时间愈短，不能预料的因素就愈少，误差就小。但也不是预测项目数愈多和预测时间愈短就愈好，这要根据预测目标和预测项目因素多少和难易程度来定，在预测目标和预测项目因素已定和人力、时间允许的范围内，要尽量做到预测项目多、预测时间短。

3. 适当选择预测方法

每一项预测，都可以采用多种预测方法，但用不同方法预测的准确度是不一样的。为了减少预测误差，对预测方法要在使用前先行试验，精心挑选，以便使用最简便、最准确的预测方法。对于复杂的预测项目，最好同时使用几种预测方法进行综合性预测，或者将定量方法和定性方法结合起来进行预测，使预测结果更符合实际。

4. 确定预测权重

根据近期影响大、远期影响小的法则，愈是接近预测期，对预测值的影响就愈大，因此，应在预测时给予较大的权数。相反，远离预测期，对预测值影响小，在预测时，则应给予较小权数。

5. 估计可能发生的误差

任何预测都会产生一定的误差，应通过计算标准误差，来调整预测结果，尽可能把误差减少到最低程度。

6.进行预测期实际值的比较

通过对照、反馈修正预测结果，并对预测期发生的偶然因素给预测值带来的影响进行跟踪，纠正预测误差。

(四)市场预测的种类

市场预测的种类很多，可以从不同的角度划分。

1.按预测的范围划分

(1)宏观市场预测。它涉及的范围大、牵涉面广，是从总体上对投放市场的商品供求情况进行预测，它为国家制定方针、计划、政策提供依据。

(2)微观市场预测。它是对某一工业部门、某一公司、某一企业的产品市场潜在需求量以及未来供应情况和发展趋势进行预测。在市场预测中，宏观预测与微观预测的关系是：微观预测是宏观预测的基础，宏观预测是微观预测的前提条件。

2.按预测的时间划分

(1)长期预测是指企业对5年或5年以上市场变化及其趋势的预测，是企业制定长远规划的科学依据。

(2)中期预测是指对1～4年内市场变化及其趋势的预测，是为实现五年计划或长远规划编制的实施方案。商业企业购进耐用商品、工业企业购进原料或企业从事季节性及周期性生产经营时，应进行中期预测。

(3)短期预测是指企业安排年度内市场营销计划的预测。

(4)近期预测。近期预测是指对季度、月、旬、周以至日的市场需求及变化的预测，以便选择最佳的时间、地点、价格等投放商品，拓展市场，扩大销售量。

3.按预测的对象划分

(1)所有商品预测，通常是由经济管理综合部门或市场主管部门进行预测，把所有产品及其产业作为预测的目标。

(2)商品群预测，即由商品的主管部门或某一专业公司对某一类商品进行预测。

(3)个别商品预测，即由专业公司或生产经营企业进行预测。

4.按预测方法的性质划分

(1)定性预测，即表示事物性质或规定性的预测。

(2)定量预测，即通过预测表示事物量的规定性。按数值的表现形式还可以分为点值预测和间隔预测。点值预测即预测的变数值表现为单个数值。间隔预测即预测的变数值处在一个间隔之内，表现为上下限两个数值所规定的区间。

定量预测结果的表达方式一般是采用期望值加误差幅度的形式，即给出一个数量的范围。如预测销售量、预测市场占有率等均为定量预测。

二、市场预测的步骤

市场预测的全过程是调查研究、综合分析和计算推断的过程。一个完整的市场预测,一般都要经过以下几个步骤:

(一)确定预测目标

进行一项预测,首先必须明确:为什么要进行这项预测?它是为解决什么问题的?预测的目的关系到预测的一系列问题,目标明确,才能使预测工作有的放矢,按照要求进行。

(二)搜集、整理资料

资料是预测的基础,必须做好资料的搜集工作。搜集什么资料,是由预测的目标所决定的。对所搜集到的资料要进行认真的审核,对不完整和不适用的资料要进行必要的推算和调整,以保证资料的准确性、系统性、完整性和可比性。对经过审核和整理的资料还要进行初步分析,观察资料结构的性质,作为选择适当预测方法的依据。

(三)选择预测方法

市场预测的方法很多,各种方法都有自己的适应范围和局限性。要取得较为正确的预测值,必须正确选择预测方法。其选择的原则,主要考虑以下几个方面:

1. 预测的目的

针对不同的预测目的,要选择不同的方法,例如相关分析法、从上往下或市场因子推演法。

2. 预测时间的长短

短期的销售预测一般采用各种平均法、平滑法;中、长期预测一般要采用直线或曲线趋势法。

3. 占有历史统计资料的多少及完整程度

中、长期预测一般要有3年以上的统计资料,如果历史统计资料比较丰富和完整,可以运用各种统计方法进行预测;如果历史统计资料不完整,一般只适宜采用主观经验判断法、销售人员集合意见法、德尔菲法等。

4. 产品寿命周期

产品寿命周期的不同阶段有不同的市场特性,市场经营决策的目标也不同,因此,要采用不同的预测方法。要根据产品寿命周期和更新换代的特点,选择不同的预测方法。

(四)提出预测模型

预测模型是对预测对象发展规律的近似模拟。因此,在资料的搜集和处理阶段,应搜集到足够多的、可供建立模型的资料,并采用一定的方法加以处理,尽量使它们能够反映出预测对象未来发展的规律性,然后利用选定的预测技术确定或建立可用于预测的模型。

(五)评价和修正预测结果

市场预测毕竟只是对未来市场供需情况及变化趋势的一种估计和设想,由于存在市场需求变化的动态性和多变性,预测值同未来的实际值总是有差距的。

(1)预测方法选择不当,建立的预测模型与产品实际需求规律不符合。

(2)历史统计资料不完整,或有虚假因素。

(3)外部政治、经济、技术条件发生了重大变化,致使市场需求发生了重大变动。

(4)预测人员在经验、分析、判断能力方面存在局限性。

(六)编写预测报告

经过预测之后,要及时写出预测结果报告。报告要把历史和现状结合起来进行比较,既要进行定性分析,又要进行定量分析,应尽可能利用统计图表及数学方法予以精确表述。要做到数据真实准确、论证充分可靠、建议切实可行。然后,还要对预测的结果进行判断、评价,重点要进行预测误差分析。预测是一种预计,很难与实际情况百分之百吻合。但是,预测的误差不能过大,否则,就失去了预测的意义。一旦发现误差过大,就要找出原因。如果引起误差的原因是选择的预测方法不当,就应该重新选择预测方法,以求得正确的结果。预测报告是对预测工作的总结,用以向预测信息的使用者汇报预测结果。除了应列出预测结果之外,一般还应包括资料搜集与处理过程、选用的预测技术、建立的预测模型及对模型的评价与检验、对未来条件的分析、对预测结果的分析与评价(包括对利用模型得到的结果进行修正的理由和修正方法)以及其他需要说明的问题等等。

第四节　市场预测的基本方法

一、德尔菲法

德尔菲法,又称专家意见法,是由美国兰德公司在20世纪50年代初创造的一种预测方法。它是充分发挥专家们的知识、经验和判断力,并按规定的工作程序来进行的一种预测方法。其主要特色在于:整个预测过程是背靠背进行的,即任何专家之间都不发生直接联系,一切活动都由工作人员与专家单独打交道来进行,从而使预测具有很强的独立性和较高的准确性。

采用这种方法,企业首先必须拟定预测提纲,明确预测目标,并准备好有关的信息资料及征询表格;还要选择既熟悉业务又善于与专家打交道且责任心强的工作人员来专门负责预测工作。然后,由工作人员将预测提纲及有关信息资料、征询表格送交专家们，专家们按照提纲要求作出自己的主观估计，填好征询表格，定期交给工作人员汇总整理。由于第一轮专家们的估计差异较大，由工作人员整理加工以后，把修改后的预测提纲及相关资料第二次送交专家们，进入第二轮循环。专家们根据新的提纲和资料，对原来的估计予以修改，提出新的判断估计，并说明修改的理由，再交给工作人员集中整理。一般来说，这一轮专家们的意见还不能趋于一致，需提出新的预测提纲，进入第三轮循环。在第三轮，由工作人员提供新提纲和新信息，要求专家们进一步作出分析判断。专家们经过两轮的情况交流，对前两次预测中产生过高或过低估计的原因逐渐清楚，至此，预测意见一般可基本趋于一致。如果预测的问题非常复杂，也可能需要进行第四轮或第五轮的循环。这就是德尔菲法的一般工作程序。企业在具体运用中，还应掌握和控制好时间，每一轮循环的时间以 1 周至 10 天为宜，否则易影响分析判断的效果。

二、集中意见法

集中意见法是将有关业务、销售、计划等相关人员集中起来，交换意见，共同讨论市场变化趋势，提出预测方案的一种预测方法。许多企业为了避免依靠某一个人的经验进行预测而产生偏差，于是集合有关人员共同研究进行预测。它的优点是，在市场的各种因素变动剧烈时，能够考虑到各种非定量因素的作用，从而使预测结果更接近现实。它可以与其他定量预测方法配合使用，取长补短，以达到预测值的可靠性和准确性。集中意见法是面对面讨论的办法，能够相互启发，互为补充，简便易行，在缺少历史资料或对其他预测方法缺乏经验的情况下，是一种可行的办法。

三、时间序列分析法

很多企业以过去的资料为基础，利用统计分析和数学分析来预测未来需求。采用这种方法的依据是：过去的统计数据之间存在着一定的关系，而且这种关系利用统计方法可以揭示出来；过去的销售状况对未来的销售趋势有决定性影响，销售额只是时间的函数。因此，企业可以利用这种方法预测未来的销售趋势。

时间序列分析法的主要特点是：以时间推移研究和预测市场需求趋势，不受其他外界因素的影响。不过，在遇到外界发生较大变化，如国家政策发生变化时，根据过去已发生的数据进行预测往往会有比较大的偏差。

产品销售的时间序列，可以分成如下四个组成部分：

1. 趋势

它是人口、资本积累、技术发展等方面共同作用的结果。利用过去有关的销售资料描绘出销售曲线就可以看出某种趋势来。

2. 周期

企业销售额往往呈现出某种波状运动的特点，因为企业销售一般都受到宏观经济活动的影响，而宏观经济活动总呈现出某种周期性波动的特点。周期因素在中期预测中显得尤其重要。

3. 季节

季节是指一年内销售量变动的形式。“季节”一词在这里可以指任何按小时、月份或季度周期发生的销售量变动形式。这个组成部分一般同气候条件、假日、商业习惯等有关。季节形式为预测短期销售提供了基础。

4. 不确定事件

不确定事件包括自然灾害、突发疫情、战争恐慌、流行风尚、恐怖袭击和其他一些干扰因素。这些因素属不正常因素，一般无法预测。应当从过去的数据中剔除这些因素的影响，考察较为正常的销售活动。

时间序列分析就是把过去的销售序列 Y 分解成趋势(T)、周期(C)、季节(S)和不确定因素(E)等组成部分，通过对未来这几个因素综合考虑，进行销售预测。这些因素可构成线性模型，即 $Y=T+C+S+E$，也可构成乘数模型，即 $Y=T\times C\times S\times E$，还可以构成混合模型，如 $Y=T\times(C+S+E)$。

四、回归分析法

回归分析法是建立在大量实际数据的基础上，寻求随机性背后的统计规律性的一种方法。客观事物或经济活动中的许多因素是相互联系、相互制约的。也就是说，它们的变量之间客观上存在着一定的关系。通过对所占有的大量实际数据进行分析，可以发现数据变化的规律，找出其变量之间的关系，这种关系叫回归关系。我们将回归关系的计算方法和理论称为回归分析法。

回归分析研究的内容是：从一组数据出发，确定变量间的定量关系，对这些关系式的可信程度进行统计检验；从影响着某一个量的许多变量中，判断哪些变量的影响是显著的，哪些是不显著的；利用所得的关系式对设计、生产和市场需求进行预测。

运用回归法进行定量预测，必须满足以下三个条件：

(1)预测对象与影响因素之间必须存在因果关系，数据点宜在 20 个以上；

(2)过去和现在的数据规律，能够反映未来；

(3)数据的分布确有线性趋势，可采用线性解；如不是线性趋势，则可用非线性解。

回归分析法，根据其自变因素的多少可划分为：一元线性回归法、二元线性回归法、多元线性回归法、非线性回归法等。下面对上述方法作一简要的介绍。

1. 一元线性回归法

一元线性回归法就是处理自变量(X)和因变量(Y)两者之间线性关系的一种方法。其基本公式是:$Y=a+bX$。式中:Y——因变量,a,b——回归系数,X——自变量。

X,Y 这两个变量之间的关系,将在 a,b 这两个回归系数的范围内,展开有规律的演变。

(1)根据 X,Y 等现有的实验数据或统计数据,寻求合理的 a,b 等回归系数来确定回归方程,是运用回归分析的关键。

(2)利用已求出的回归方程中 a,b 等回归系数的经验值再去确定 X,Y 等值的未来演变,并与具体条件相结合,是运用回归分析的目的。

求出回归系数 a,b 的方法:

$$b=\frac{\sum_{i=1}^{n}X_iY_i-n\overline{X}\,\overline{Y}}{\sum_{i=1}^{n}X_i^2Y_i-n\overline{X}^2}$$

$$a=\overline{Y}-b\overline{X}$$

2. 多元线性回归分析法

两个或两个以上自变量的多元线性回归方法,是一元线性回归理论与技术的重要延伸,也是数据处理与预测的迫切需要。多元线性回归分析法可以同时研究多个影响因素($X_1,X_2,\cdots,X_m$)对预测值(Y)的影响。

设影响因变量 Y 的自变量有 m 个:$X_1,X_2,\cdots,X_m$,记 n 次观察的结果为:

$(x_{1j},x_{2j},\cdots,x_{mj},x_j)$,其中 $j=1,2,\cdots,n$

则多元回归方程为:

$$Y=a+b_1X_1+b_2X_2+b_3X_3+\cdots+b_mX_m$$

3. 非线性回归法

在现实经济环境中,各因素对产品需求量或销售量的影响不一定呈线性关系,因此,有时就需要采用非线性回归预测方法。常用的非线性回归模型有指数模型、幂函数模型、对数模型、倒数模型等。

五、试销法

市场试销法又称为销售实验法,即指通过向某一特定的地区或对象,采用试销手段向该实验市场投放新产品或改进的老产品,在新的分销途径中取得销售情况的资料,用其进行销售预测。这是市场预测行之有效的方法之一。因为市场试销要求顾客和用户直接付款进行购买,所以能够真实地反映出市场需求情况,其结果比较准确。

预测模型如下：

$$Y_t = Q \times N \times D\%$$

式中：Y_t——下期的预测销售量

Q——每单位用户平均消费量

N——总用户数

$D\%$——重复购买的比重

【情景案例】

某公司试制了一种新型洗衣粉，他们选择了一个较为典型的地区推销这种新产品。试销结果表明，这个地区中有40%的家庭试用过这种去污能力强的洗衣粉，其中有30%的用户重复购买。即整个试销地区中约有40%×30%=12%的家庭重复购买这种产品。12%为稳定比率，即保险系数，而一般家庭每年平均消费量为2公斤。若把这个试销结果推广到用户总数为500万户的地区中去，就可利用上面公式推测出该企业生产的洗衣粉在这个大区（市场）内比较稳定和可能的销售量预测值。下一年度的销售量的预测值为：

$$Y_t = Q \times N \times D\% = 2 \times 5000000 \times 12\% = 1200000（公斤）$$

这个年度需要量120万公斤的数字，非常可观，足以使该企业下决心扩大这种泡沫丰富、去污力强的新型洗衣粉的生产和销售。

【核心概念】

市场营销调查 探索性调查 描述性调查 因果关系调查 预测性调查 市场预测 德尔菲法 集中意见法 时间序列法 回归分析法 试销法

【复习思考题】

1. 市场营销调查的内容有哪些？各有什么要求？
2. 市场营销调查的方法主要有哪几种？
3. 市场预测的内容与要求有哪些？
4. 市场预测的工作一般要经过哪几个步骤？
5. 市场预测的方法主要有哪些？

【技能训练】

“肯氏”鸡飞进北京城

1986年暑假，我们一行三人旅游来到北京城。一天，骄阳似火，几乎快将整个京城烤焦。在北海公园的树荫下，我们准备休息片刻。不一会，一位衣着典雅脱俗，看上去文静、清秀的小姐微笑着朝我们走来，开始了自己的推销工作："我是北京商学院的学生，暑假里被美国肯德基炸鸡公司聘为临时职员。公司为了征求中国顾客对肯德基炸鸡的意见，在公园设置了免费品尝点，还准备了一些免费饮料。"说着那小姐指着公园东南边的小餐厅，"希望各位能帮助我的工作。谢谢。"

我们随着这位小姐走进了餐厅。餐厅内，大理石地面，奶白色的墙纸，粉红色的窗帘，两边墙上各有一排古铜色、方形的鸿运扇，正面墙上挂着巨大的迎客松图，20 多张大圆桌上铺着洁白的桌布，宽大明亮的窗户外是翠绿婆娑的修竹……这儿的一切使人感到仿佛身处春天。

待我们盥洗完毕，一位男士彬彬有礼地请我们就座，并在每个人面前摆放好以塑料袋盛装的白毛巾，随之送上苏打饼干和白开水，以消除口中异味，片刻又送上油亮嫩黄的鸡块。

稍作品尝后，一位女士开始发问："您觉得这鸡快做得老了还是嫩了？""鸡块外表是否酥软？""鸡块水分多了还是少了？""胡椒味重了还是轻了？""是否应加点辣椒？""味精用量如何？""还应加点什么佐料？""鸡块大小是否合适？""这块鸡卖 0.9 元是贵还是便宜？"……其项目十分详细，令人赞叹。"那么，您对餐厅设计有什么建议呢？"她边说边拿出一大本彩色画册，显示了各种风格、色调和座位布置的店堂设计。她一边翻着画册，一边比划着这个餐厅的设计、问我们一些问题，诸如墙壁、窗户的色调和图案，座椅靠背的高低，座次排列的疏密，室内光线的明暗等等。

为了使气氛更加轻松愉快，她随便地聊起北京的天气和名胜古迹。尔后，谈话很自然地又被引到她感兴趣的方面。"您认为快餐店设在北京哪儿最好？""像您这样经济状况的人每周可能光顾几次？""您是否愿意携带家人一齐来？"……最后，她询问了我们的地址、职业、收入、婚姻和家庭状况等。

整个询问过程不到 20 分种。那位女士几乎收集到了我们能够给予的全部信息。临行前，引我们入座的那位男士又给我们每人送上一袋热腾腾的炸鸡，纸袋上"肯德基"的字样分外醒目。"请带给您的家人品尝，谢谢您的帮助。"他轻声说道。

1987 年，我们听说美国肯德基炸鸡公司在北京前门开业，靠着鲜嫩香酥的炸鸡，纤尘不染的餐具，纯朴洁雅的美国乡村风格的店容，加上悦耳动听的钢琴曲，赢得了来往客人的声声赞许。这时，我们才意识到当初肯德基公司设置品尝点的良苦用心及其价值。

案例分析与研讨：

国内的企业是否也应像肯德基公司那样，进入某一市场前先进行深入细致的调查？为什么？

第四章　消费者购买行为与过程

【案例导入】

果汁饮料的兴起

近几年，果汁饮料在中国的发展比较快，无论是100%果汁，还是非100%果汁(含果粒果汁)，都有了较快的增长，甚至规模较小的混合果汁(含果蔬汁)也得到了一定的发展。但果汁饮料在进入市场之时却面临着各种商品的竞争：包装水卖安全、可乐卖“解渴＋口味”，茶饮料卖健康等等。果汁饮料能用什么来征服消费者呢？现实是，我们看到市面上，“酷儿”受到了儿童的追捧，水溶C100受到广大女士消费者的青睐，蜂蜜柚子茶热销，是什么让果汁火了起来？

思考题：

1. 广大女士消费者为什么青睐水溶C100？
2. 可乐消费者在购买可乐的时候有什么样的心理行为？

【学习目标】

1. 知识目标：通过本章的学习，了解消费者市场的概念，掌握消费者市场的特点，熟悉消费者市场的购买对象；了解消费者购买行为过程；理解影响消费者购买行为的因素。

2. 能力目标：能准确判断消费者的需求和购买动机并有针对性地采取营销措施。

市场是指某种商品购买者的集合。按照购买目的和用途划分，市场可以被分为消费者市场和组织市场。消费者市场是指个人或家庭为了生活消费而购买商品和劳务的市场。组织市场是指购买产品和劳务用于进一步加工制造、租赁或出售、转售或完成其自身职能的组织所构成的市场。在本书中，我们主要考察消费者市场的特征和消费者的购买行为与过程，对组织市场的购买行为不作详细介绍。

市场营销的基本特征是强调企业的经营活动应以消费者的需求为出发点和落

脚点。而对营销者而言，核心的问题是：消费者对营销者采取的不同营销努力如何作出反应？消费者的行为是怎样产生的？它会受到哪些因素的影响？这些都是我们在本章所要重点学习的内容。

第一节　消费者市场的特点

一、消费者市场的概念

消费者市场也称消费品市场，它是组织市场乃至整个经济活动所服务的最终市场。企业为消费者市场服务并顺利地实现其营销计划的过程，就是最终实现商品价值和使用价值的过程。

二、消费者市场的特点

1. 多样性

消费品种类繁多，加之消费者的收入水平、文化程度、职业、性别、年龄、民族和生活习惯的不同，自然会有不同的爱好和兴趣，对消费品的需求也是千差万别的，由此必然产生消费者需求的多样性。

2. 发展性

随着生产力的发展和消费者个人收入的提高，人们对商品和服务的需要也在不断地发展。过去未曾消费过的高档商品进入了消费领域；过去消费少的高档耐用品现在大量被消费；过去消费讲求价廉、实惠，现在消费追求美观、舒适等。

3. 伸缩性

消费者购买商品，在数量、质量等方面均会随购买水平的变化而变化，随商品价格的高低而转移。其中，基本的日常消费品需求的伸缩性比较小，而中高档商品、耐用消费品、穿着用品和装饰品等选择性强，消费需求的伸缩性比较大。

4. 层次性

如前所述，人们的需求是有层次的，各个层次之间虽然难以截然分开，但是大体上还是有次序的。一般说来，总是先满足最基本的生活需要（生理需要），即满足“生存资料”的需要，然后再满足社会交往需要和精神生活需要，即满足“享受资料”和“发展资料”的需要。也就是说，消费需求是逐层上升的，首先是满足低层次的需要，然后再满足较高层次的需要。随着生产的发展和消费水平的提高以及社会活动的扩大，人们消费需求的层次必然逐渐向上移动，由低层向高层倾斜，购买的商品越来越多地是为了满足社会性、精神性（“享受资料”、“发展资料”）要求。

5. 时代性

消费需求常常受到时代精神、风尚、环境等的影响。时代不同，消费需求和爱好也会不同。例如，随着我国人民文化水平的提高，人们对文化用品的需求日益增多。这就是消费需求的时代性。

6. 可诱导性

消费需求是可以引导和调节的。这就是说，通过企业进行营销活动的努力，人们的消费需求可以发生变化和转移，潜在的欲望可以变为明显的行动，未来的需求可以变成现实的消费。

7. 联系性和替代性

消费需求在有些商品上具有关联性，消费者往往会顺便购买。所以经营有联系的商品，不仅会给消费者带来方便，而且能扩大商品销售额。有些商品有替代性，即某种商品销售量增加，另一种商品销售量则减少。

【情景案例 4—1】

我国消费者时尚需求的特点

零点研究咨询集团董事长袁岳在出席“2008 中国化妆品零售行业高峰论坛”时表示，对于时尚品的需求，中国的消费者总体上呈现出四个特点：

一是趋优性。从理论上来讲，消费的需求和供应是对应的，但在实际消费活动中，消费者不是寻找对应级别的消费品，而是消费档次高一点的，同时要求价钱又在自己所能负担范围内的，甚至有时候稍微超出点也没关系。

二是年轻化。在今天的市场上，人们的流行意识和时尚标准不是由 40 岁以上的人主导的，而是由年轻人主导的。

三是多元化。今天消费者接受时尚品，包括化妆品和非化妆品，其实不存在所谓的“中国标准”。中国消费者的兴趣、所欣赏的东西是多元化的。这个多元化意味着中国消费者对产品的评价标准高度“动态”，经常受新鲜事物影响。这种多元化就是本质意义上的中国化。

四是短周期化。消费者接受一样东西非常快，抛弃它也很快。这种消费行为从手机、服装到化妆品都有表现，除非因为功能不可替代，否则仅仅因为风格本身产品就很容易被消费者所替换。

讨论题：分析我国消费者时尚需求的主要特点及其对消费行为的影响。

第二节 消费者购买行为

一、消费者购买行为模式

消费者购买行为的内容主要涉及以下问题：

消费者市场由谁构成？(Who)	购买者(Occupants)
他们要购买什么商品？(What)	购买对象(Objects)
他们为什么要购买这些商品？(Why)	购买目的(Objectives)
整个购买活动有哪些人参与了？(Who)	购买组织(Organizations)
他们怎样购买？(How)	购买方式(Operations)
他们何时购买？(When)	购买时间(Occasions)
他们在哪里购买？(Where)	购买地点(Outlets)

购买行为所涉及的内容往往需要企业通过广泛深入的市场调研来获得答案，而企业则必须在此基础上去找寻消费者的购买行为和规律，并有的放矢地开展营销活动。

【情景案例 4—2】

啤酒和尿布的故事

在一家超市里，有一个有趣的现象：尿布和啤酒赫然摆在一起出售！但是，这个奇怪的举措，却使尿布和啤酒的销量双双增加了。这不是一个笑话，而是发生在美国沃尔玛连锁超市的真实案例，并一直为商家所津津乐道。

是什么让沃尔玛发现了尿布和啤酒之间的关系呢？正是通过对超市一年多的原始交易数据进行详细分析，他们发现了这一神奇组合。

总部位于美国阿肯色州的世界著名商业零售连锁企业沃尔玛，拥有世界上最大的数据仓库系统。为了了解顾客在其门店的购物习惯，沃尔玛对其顾客的购物行为进行购物篮分析，以便摸清顾客经常一起购买的商品有哪些。

数据仓库里集中了各门店的详细原始交易数据，沃尔玛利用 NCR 数据挖掘工具对这些数据进行分析和挖掘，得到了一个意外的发现：跟尿布一起购买最多的商品竟是啤酒！

这个结果符合真实情况吗？是否有利用价值？沃尔玛派出市场调查人员和分析师对此进行调查分析。

调查结果揭示了一种隐藏在“尿布与啤酒”背后的美国人的行为模式：在美国，

一些年轻的父亲下班后经常要到超市去买婴儿尿布，而他们中有30%～40%的人同时也为自己买一些啤酒。产生这一现象的原因是：美国的太太们常叮嘱丈夫下班后为小孩买尿布，而丈夫们在买尿布后又随手带回了他们喜欢的啤酒。

从此，沃尔玛各门店都将尿布与啤酒并排摆放在同一个货架上，尿布与啤酒的销售量双双增长。

讨论题：美国沃尔玛连锁超市为什么要把尿布与啤酒并排摆放在同一个货架上销售？请分析其中原因。

消费者购买行为模式可以帮助我们分析和预测消费者的行为。目前来讲，消费者行为模式主要有经济学的效用模式、社会学的群体模式、心理学的学习模式和营销学的"黑箱"模式。

1. 经济学效用模式

这个模式的代表人物为马歇尔，他认为消费者的购买行为主要受产品或服务的使用价值对消费者效用的满足程度的影响。产品或服务越能满足消费者效用，消费者越趋向于购买此种产品。但是，产品对消费者而言其效用是递减的，并且消费者效用会受产品价格和消费者收入的影响。

经济学模式存在的假设条件有：

(1)价格越低，商品销售量越大；

(2)本品价格越低，替代品越难销售；

(3)某种商品价格下降，其互补品销售看涨；

(4)推销费用越高，销售量越大。

用经济学模式分析购买行为，注重产品的价格和性能因素，强调的是消费者购买的经济动机对购买行为的影响。但是，单纯的经济因素不能解释清楚消费者行为的发生及其变化。

2. 社会学群体模式

消费者的购买行为既受到相关群体的影响，同时，消费者个体作为群体的一员，购买行为必然受到其自身角色地位的影响。因此，消费者购买模式的分析涉及对相关群体的研究，包括群体的类别、群体的规范、群体的压力和集群行为等，此外还涉及社会学的角色理论。社会学模式对营销人员的活动具有指导意义。但我们应该认识到，个人的行为要受到社会的影响是肯定的，并且这种影响在个人很多行为上起作用，但不是全部。

3. 传统心理学模式

传统心理学模式的代表人物巴甫洛夫认为，可以通过各种各样的强化力量加强诱因，借助强大的驱策力来建立消费者的购买行为，而需求是由驱策力引起的。驱策力分为原始驱策力和学习驱策力两种。原始驱策力是指人的生理方面的需求，是非理性因素的行为。学习驱策力是指心理的需求，是理性因素的行为。

传统心理学模式被营销人员所接受，并广泛应用于企业实践活动，尤其是应用于有关促销策略，收到了较好的效果。但这种理论对人们对商品及促销活动的感受以及人际之间的影响在购买行为中的作用，不能作出让人满意的答复。

4. 营销学“黑箱”模式

企业的营销努力和消费者自身所处的环境会对消费者产生刺激，在一定的情景下不同的消费者会作出相同的或者不同的反应（图 4—1）。企业的营销活动能否取得成功，关键看这些活动是否对消费者产生预期的影响。在相同的营销刺激下，消费者最终的购买行为还受到消费者个人特征和决策方式的影响，而这些正是企业在实施营销活动前必须了解的。只有这样，企业的营销活动才能做到有的放矢。

外部刺激	
营销	环境
产品	经济的
价格	技术的
渠道	政治的
促销	文化的

→

购买者“黑箱”	
购买者特征	购买决策过程
文化	确认问题
社会	收集信息
个人	评 估
心理	购买决策
	购后行为

→

购买者的决策
产品选择
品牌选择
买主选择
购买时机
购买数量

图 4—1 营销学“黑箱”模式

所谓“黑箱”即指购买者如何根据外部的刺激进行判断和决策的过程是看不见的，而营销刺激和各种其他刺激都能看得到，消费者的最终购买决策和行为也能看得到。企业营销的前提就是要对这一“黑箱”进行分析，认识消费者购买决策过程，了解影响这一决策过程的各个因素及不同条件下各因素的作用。只有这样，企业的营销活动才能取得事半功倍的效果。

二、消费者购买行为类型

根据消费者购买产品的品牌差异程度和消费者的介入程度，我们将消费者的购买行为分成四种类型（表 4—1）。

表 4—1 消费者购买行为类型

		参与程度	
		高	低
品牌	大	复杂性购买行为	为寻求多样化的购买行为
差异	小	减少失调性购买行为	习惯性购买行为

1.复杂性购买行为

消费者既认识到品牌之间存在较大的差异，又属于高介入度的类型，消费者对购买具有很大的风险感，因此一般要经过收集信息、产品评估和购买决策等阶段。营销者必须注意到高度介入的消费者的信息渠道和评估行为，制定各种策略帮助消费者认识产品的属性、各属性的重要性、企业产品属性的功能效用，使企业品牌明显区别于竞争对手的品牌。

2.减少失调性购买行为

在消费者认为品牌差异不大时，其购买前一般不进行仔细的评估，购买过程简单迅速。但在购买某产品后，心理上容易觉得自己所购买的产品有缺陷或其他产品拥有更多的优点，又由于消费者是高度介入，对购买的结果很在乎，所以极易产生失调感。产生失调感的消费者总是努力降低失调感，营销者应经常通过各种途径宣传企业产品的优点，提供有利于企业的信息，使顾客相信自己的购买是正确的。

3.习惯性购买行为

消费者对购买行为的自我卷入程度低，并认为品牌之间没有什么显著差异，就会形成习惯性购买行为。对于已是企业产品的习惯购买者，企业应尽可能将他们转化成品牌的忠诚者。对于尚不是企业产品的习惯购买者，企业主要的营销策略有：一是利用价格与销售促进作为诱因，促使消费者试用产品；二是通过大量的重复广告使消费者加深对企业品牌的印象，增加消费者选择的可能性；三是将低介入产品转化成高介入产品，将差异小的产品转换成差异大的产品。

寻求多样性购买行为。这类消费者介入度低，并了解各品牌之间存在显著的差异，则会产生寻求多样性购买行为。市场领先者应力图通过占有货架、避免脱销和提醒广告来鼓励消费者形成习惯性购买行为，其他类型的公司则可以以较低的价格、折扣、赠券、免费试用和强调试用新产品的广告来鼓励消费者购买不同种类的产品，增加企业产品的被选择机会。

三、影响消费者购买行为的因素

影响消费者购买行为的因素包括文化因素、社会因素、个人因素、心理因素四大类（见表4—2）。

表4—2　消费者购买行为影响因素

文化因素	社会因素	个人因素	心理因素
文化 亚文化 社会阶层	相关群体 家庭	经济状况 年龄与家庭生命周期 性别、职业与受教育程度 生活方式 个性及自我观念	动机与需求 知觉 学习 信念和态度

(一)文化因素

从广义上来讲,文化是指人类在社会实践中创造的物质财富与精神财富的总和;从狭义上来讲,是指社会的意识形态及与之相适应的制度和结构。在这里我们主要看文化、亚文化和社会阶层等因素对消费者行为的影响。

1. 文化

文化是引发人类愿望和行为的最根本的因素。文化作为一种社会氛围和意识形态,无时无刻不在影响着人们的思维和行动,显然对人们对商品的选择和购买也起着关键的作用。文化对人类行为的影响具有以下特征:

(1)明显的区域属性。生活在不同的地理区域的人们,文化特征会有较大差异,这是由于文化本身也是一定生产方式和生活方式的产物。同一区域的人们具有基本相同的生产方式和生活方式,能进行较为频繁的交流,故能形成基本相同的文化特征。而不同区域的人们由于生产和生活方式的差异,交流的机会也比较少,文化特征的差异就比较大。

(2)具有很强的传统属性。文化的传承使得人们的行为方式在一定程度上具有纵向的一致性,但文化的创新性也使得人们在某些产品的消费上具有突破性。文化传统属性的两面性为企业的营销活动提供了不同的视角。一方面,我们可以通过顺应消费者在传统行为上的传承性来寻找市场机会;另一方面,我们也能利用人们的求新求异心理另辟蹊径,挖掘市场潜力。

(3)具有间接的作用。文化并不直接作用于人们的行为,而是先影响人们的生活或工作环境,进而再影响人们的行为。

2. 亚文化

亚文化是指存在于一个较大的社会群体中的一些较小的社会群体所具有的特色文化。亚文化的形成能为其成员带来更明确的认同感和集体感。人类社会的亚文化主要有四类:民族亚文化、宗教亚文化、种族亚文化和地理亚文化。

【情景案例 4-3】

营销"宅人族"

"钥匙挂腰带皮夹插后面口袋/黑框的眼镜有几千度/来海边穿西装裤/有点无助/他的样子像刚出土的文物……"如果不是周杰伦的一首《阳光宅男》,恐怕还有很多人无法想象,当今的社会有这样一帮"藏在深闺人未识"的"宅人族"。

喜欢独处、足不出户、听一整天音乐、热衷于玩游戏、依赖网络,这种生活习惯实际上是与这个迅速发展的时代及有着一些特殊的人群密切相关的,对于这样一批常年或者说终日习惯于在家中"沉寂",习惯于大门不出、二门不迈的年轻人,网络将其定义为"宅人族"。

事实上,伴随着中国市场经济的发展,从最初的SOHO族,到现在已经逐渐被接受的"宅人族",社会分工的不同给人们带来生活习惯和工作方式的不同。人们不仅仅是整日在家中上网聊天、听歌、玩游戏,还有相当一部分人也在家中利用电脑进行创意设计、文稿撰写、策划方案等工作,甚至有媒体分析认为,宅居生活预示的是一些群体未来5到10年的生活方式、文化品位和消费形态,虽然他们的需求与普通消费者有明显区别,但其数量及消费能力已经成为能够影响社会的消费群。

可以想象,伴随着"宅居时代"的愈演愈烈,针对这个群体提供有针对性的营销和服务将是一个利基,当企业真正把握好这个利基,在日趋激烈的市场竞争中,或许企业就将获得另一片"蓝海"。

与曾一度备受关注的SOHO族一样,"宅人族"与普通人士的最大分野是,工作、生活、玩乐,甚至与人交流都不再切割,办公室与居家合而为一,网络和电话则成为他们接触社会、获取信息的主要来源,甚至连用餐、买衣服这类基本的生活需求,都通过网络邮购或电话定货搞定,这种生活方式与大多数人的不同,注定了他们接受信息的方式、理解信息的角度与多数人存在差异。

在生活方式方面,个性和时尚是"宅人族"对自己的基本要求。有自己独特风格、思维方式,以及具备新奇性、可以相互追随仿效的,是对个性和时尚的统一要求,这与近几年出现的"非主流"有着异曲同工之处。当然,与备受指责的"非主流"不同,"宅人族"的时尚和个性涉及面不仅局限于着装打扮,而是在其为人处事、与人交流、思考方式上都有自己的一些独特的东西,是属于自己的一种生活方式。

在接受信息方面,生活轨迹型媒体是"宅人族"最常见的媒体。如果按照媒体接触率排序,网络、电视应该首当其冲,其中,网络还可细化为论坛、社区、聊天室、游戏、博客等多种平台,而电视则主要以娱乐节目、肥皂剧、综艺报道等为主。在"宅人族"看来,主流的官方媒体反倒是被抵触和反感的对象,因此,进行全面的品牌传播具备一定的局限性。

而在心理需求方面,渴望被关注几乎是所有"宅人族"的心愿。不要以为不喜欢社交的"宅人族"就不喜欢热闹与喧嚣,事实上,"宅人族"的安静只是体现在网络之外,在网络这个虚拟世界里,"宅人族"会肆无忌惮地发表感言、提出看法,甚至语不惊人死不休,以此达到被关注乃至被推崇的目的,这与一些热衷于通过玩网络游戏达到更高级别以吸引其他人关注、通过不断更新个人网页以获得更多人浏览和点击率一样,其目的都是冀望以此获得在虚拟世界里的被认可、被注目。

总之,"宅人族"可能是最安静的一个群体,也可能是最热闹的一个群体;可能是最时尚的一个群体,也可能是最落后的一个群体。不同的环境、个性、思维和处事方式,是造就这种生活"矛盾"的主要因素。

根据"宅人族"的特性,我们完全可以将这块市场称之为"利基市场"。在市场经济发达的国家,企业在确定利基市场后,往往是用更加专业化的经营来获取最大限度的收益，并以此为手段在强大的市场夹缝中寻求自己的出路；而在人口庞大、市场竞争越来越激烈的中国市场，围绕"宅人族"进行利基市场的有效开发和挖掘，或许真会给企业带来意想不到的收获。

在现实生活中，多数人购买生活用品的习惯是去大商场、超市或者专卖店，到这些地方购物的好处是基本能满足自己的需求，一些生活用品基本可以在这些地方购买。而对于足不出户的"宅人族"来说，选择一个类似"一站式"的购物网站，不仅方便，同时也更安全。所以，对于"宅人族"而言，便捷才是硬道理，不仅仅是网上交易、货物配送的便捷，在一个网站能够满足多项产品购买需求，同样是决定其是否在该网站购物的重要因素。

除了便捷，产品的质量同样是"宅人族"看重的因素。对于"宅人族"而言，网络的便捷和方便的在线交流是货比三家的基础，某个品牌产品质量如果不那么好，很快就会通过网络瞬间传递，反之，质量好、信誉好的商家，也会被"宅人族"们免费宣传，对于"宅人族"而言，动动鼠标、打打键盘，某款产品的好坏便一目了然了。

当然，除了网络营销，除了购买上的便捷、配送速度、质量、信誉等因素外，产品的价格、售后保障等都是"宅人族"网上购物的关注要素，而除了实物产品外，针对"宅人族"的喜好开发虚拟产品，同样可以获得极高的利润，著名的BMW瞄准爱好在线网络游戏的"宅人族"，特意在一款名为"跑跑卡丁车"的游戏里，卖起了虚拟的Mini Cooper，同样受到了欢迎，而在我们身边，一些热爱QQ游戏的"宅人族"，对虚拟的QQ游戏币、人物装饰同样有浓厚的兴趣，这些都是营销"宅人族"的典型案例。

值得注意的是，尽管"宅人族"具备了巨大的消费潜力，但同时，"宅人族"也是"最挑剔的买家"，现实生活中的硬性广告和传统的营销方式未必会对"宅人族"产生多大的作用；而基于搜索引擎的网络营销，以及在网络游戏中的隐性营销，则是一种能有效获取"宅人族"信任并形成购买行为的方法。

讨论题：分析"宅人族"的消费行为和购买习惯。

3. 社会阶层

社会阶层是指在一个社会中具有相对的同质性和持久性的群体，它们是按等级排列的，每一阶层成员具有类似的价值观、兴趣爱好和行为方式。

一般来说，同一社会阶层内的人，其行为要比来自两个不同社会阶层的人的行为更加相似；人们以自己所处的社会阶层来判断各自在社会中地位的高低；某人所处的社会阶层并非由一个变量决定，而是受到职业、所得、财富、教育和价值观等多种变量的制约。个人能够在一生中改变自己所处的阶层，既可以向高阶层迈进，也可以跌至低阶层。但是，这种变化的变动程度因某一社会的层次森严程度不同而不同。

社会阶层对人们行为产生影响的心理基础在于人们的等级观和身份观,人们一般会采取同自己的等级、身份相吻合的行为。等级观和身份观又会转化为更具有指导意义的价值观、消费观和审美观,从而影响人们的消费特征和购买行为。在企业的营销活动中,社会阶层既为企业产品的定位提供了依据,又使企业能针对不同阶层对产品的偏好来设计产品、制定营销策略。

(二)社会因素

1. 相关群体

相关群体是指对个人的态度、意见偏好和行为有直接或间接影响的群体。对其按消费者接触方式的不同,可分为直接相关群体和间接相关群体两大类。

直接相关群体是指消费者具有成员资格,对消费者产生面对面影响的群体。直接相关群体包括成员资格型相关群体和接触型相关群体。成员资格型相关群体是指人们因职业、信仰、兴趣和爱好等因素而聚集起来所形成的社会团体。由于社会团体需要协同行为,作为团体成员的行为就必须同团体的行为目标相一致。各种团体具有不同的性质,因此它们对其成员的影响也是不同的。接触型相关群体是指在日常工作、生活中因相互接触而形成的群体。人们能够参加的社会团体数目总是有限的,但是人们接触各种团体的机会却是很多的,人们都有父母、亲戚、朋友、同事、老师、邻居,这些人分属于各种社会团体,人们可以通过他们对各种社会团体有所接触,并且这些人对消费者的决策和行为也会产生一定的影响。

间接相关群体是指不具有成员资格、不是面对面影响,而是期望成为其中一员的群体。当人们对某一群体的向往不能成为现实时,人们往往通过模仿来满足这一心理需求。

相关群体对消费者的影响是十分显著的,特别是在企业推出新产品、树立品牌形象等营销活动时,可以利用相关群体的影响来促成活动取得成功。在这个过程中,企业关键是要找到这些群体中的意见领袖,即找到那些在群体里对别人具有示范影响的人,通过他们来影响群体成员的态度和行为。争取了这些人,营销活动往往会达到事半功倍的效果。

【情景案例 4-4】

南山奶粉:瞄准意见领袖

一直以锐意创新著称的南山奶粉继与腾讯网合力打造金牌一级新频道——南山腾讯育儿进行网络宣传之后,再次将宣传推广触角伸向了网络最前沿——博客领域。

此次,南山奶粉通过博客营销专家博拉网的博客评论赞助计划,旨在让不同网站的妈咪博客交流育儿经验的同时，也让这些妈咪博客获得收益。品牌价值获得了极大的提升。“直接让终端用户进行育儿经验的交流，了解南山奶粉的优秀品质是这次活动的初衷”，南山奶粉相关负责人如是说。现代社会营销无处不在，报纸、杂志、电视、互联网自不必说，如今，商场、电梯间、小区、停车场，甚至是洗手间……几乎在任何公共场合你都将遭遇广告对感官的轮番轰炸。作为24小时全天候服务的重要途径，网络营销正成为传统企业宣传产品的重要渠道。而南山奶粉更是将目标瞄准了网络的意见领袖——博客。

据了解，该活动面向的妈咪均是具有高学历、高收入的群体，在缺乏育儿经验的情况下，喜欢借助网络来搜寻相关知识并交流育儿经验。举办活动的信息一经发布，妈咪博客们十分踊跃地加入好产品分享行列，她们纷纷将自己的育儿感受写在博客上，从而在更大范围提升了妈咪们对南山产品的关注度。

讨论题：南山奶粉运用博客营销的理论依据是什么？

2. 家庭

家庭是消费者活动的重要场所，家庭成员是最具影响力的相关群体。在某些产品的购买过程中，由家庭成员中某一位担任就行了，如洗漱用品一般都由妈妈购买。而在一些较大宗的商品购买中，有时所有的家庭成员都得参与，并担任着不同的购买角色。这些角色通常会涉及倡议者、影响者、决策者、购买者、使用者。

倡议者：即购买行为的建议人，首先提出要购买某种产品的人。

影响者：对倡议者的建议表示支持或者反对的人，这些人不能对购买行为本身进行最终的决策，但他们的意见会对购买决策者产生影响。

决策者：对是否购买、怎样购买有权进行最终决策的人。

购买者：执行具体购买任务的人。其会对产品的价格、质量、购买地点进行比较选择，并同卖主进行谈判和成交。

使用者：产品的实际使用人。其对产品的满意程度，会影响购后行为和再次购买的决策。

购买行为中所涉及的五种角色，并不是说每次购买都必须有五个人以上参加，在实际的购买行为中，有些角色可由一个人兼任，甚至五种角色完全由一人担任。对购买行为中各种角色的辨认，是营销人员必须掌握的一项基本技能，在现代社会并不只是购买者决定购买行为是否发生。有时候我们从购买的倡议者或者影响者入手会更快地促成交易。研究表明，小孩在购买决策中的角色地位越来越重要，同时女性的意见在购买行为中的决定作用也越来越强。

(三)个人因素

1. 经济状况

消费者的经济状况是指个人或家庭的可支配收入、储蓄、资产和信贷能力。经济状况是影响消费者购买行为的基本因素，在很大程度上决定了消费者购买的规模和品类。不同经济状况的人在购买行为上具有很大的差异。但人的经济状况是一个变化的指标，有些人现在经济状况不太理想，但他们可能是未来消费的主力军，企业应该注重对这些人群进行购买意向的培养。

2. 年龄和家庭生命周期

处于不同年龄阶段的消费者，其欲望、兴趣和爱好有所不同，他们对企业广告信息的反应和消费商品的种类、方式也有差异。

个人所处的家庭生命周期不同，表现出的购买行为也会有很大的差异。一般来说，家庭生命周期可划分为单身、新婚、满巢Ⅰ、满巢Ⅱ、满巢Ⅲ、空巢、鳏寡等七个阶段，每个阶段有不同的消费特点。

3. 性别、职业和受教育程度

男性和女性在生理和心理上存在差异，导致他们在消费方面有明显不同。在消费购买中，受教育程度高的消费者比受教育程度低的消费者理性程度高，受外界信息干扰程度小，决策能力较强。此外，职业不同的消费者因其所处的工作环境、收入、职业特点不同，消费构成和消费习惯也有区别。

4. 生活方式

从社会学的观点看，生活方式是指人们在一定的社会条件制约和在一定的价值观念指导下所形成的满足生活需要的生活活动形式和行为特征的总和。生活方式的不同，消费者所表现出的消费习惯也不一样。如中国传统观念中有追求过稳定的生活的愿望，因此表现出对安全、健康的重视，在这些方面的投资也比较多。

5. 个性和自我观念

个性对购买行为的影响是明显的，如具有胆汁质气质的消费者，其购买可能易于冲动，而抑郁质气质的消费者可能表现得优柔寡断。不同自我形象的消费者有不同的购买行为，并认为购买行为是表现自我形象的重要方式。按照消费者在购买时的情感表现，我们可以把消费者分为沉着型、温顺型、健谈型、反感型、激动型等几类。

(四)心理因素

消费者在寻找、购买和使用商品和劳务的过程中，随时随地会受到各种心理要素的支配。市场营销活动的有效开展必须遵循消费者的消费心理活动规律，这是保证企业产品适销对路的前提条件。影响消费者购买行为的心理因素主要有动机和需求、知觉、学习、信念和态度等。

1. 动机和需求

动机是一种无法直观的内在力量，它是人们因为某种需要产生的具有明确目标指向和即时实现愿望的欲求，是购买行为的原动力。需求是产生动机的基本原因，但需求并不等于动机，动机有其固有的表现形式。

动机是指一种可以及时引导人们去探求满足需要目标的一种需求。在日常生活中,人们会产生各种各样的需求,但并不是每一种需求都会引起人们的积极行动,当这种未满足的需求达到一定程度,或者在某些特定的情景中,会引起人们内心的紧张或不适,这时就会形成一种强烈的驱策力,把消费者引向某刺激物,到这时我们才说消费者产生了动机。因此,我们称动机是一种积极行动的需求,是人的行为的驱使力。

关于需求—动机理论,目前最为流行的主要有三种,最著名的是马斯洛的需求层次理论。马斯洛认为,人是有欲望的动物,只有尚未满足的需要才影响人们的行为。人们的需要按重要程度的不同可以分为五个层次,一般是由低级需要向高级需要发展,依次为生理需要、安全需要、社会需要、尊重需要和自我实现需要(见图4—2),人通常只有在低层次需要得到满足后,才会去追求高层次需要的满足。

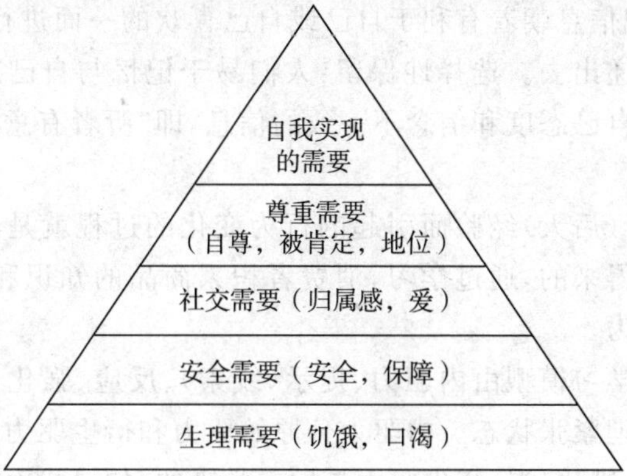

图 4—2　马斯洛需求层次理论

其次是弗洛伊德的精神分析论。弗洛伊德认为,人类行为形成的过程中,大部分心理活动是无意识的,意识领域只是冰山一角,无意识由冲动、热情、被压抑的愿望和情感构成,无意识动机由本我、自我和超我三个体系构成。本我是心理体系中最原始、与生俱来、无意识的结构部分,是所有心理动力的来源。自我则是从本我中分化并发展的部分,它可以实现本我的意图,会遵循“现实原则”,找到实现本我的条件,即有条件时实现本我。超我是道德化的人格,它控制本我,使人的行为符合社会各项准则。

最后是赫茨博格的双因素理论。双因素理论又称动机保健理论,由赫茨博格于 1959 年提出。双因素是指激励因素和保健因素。激励因素包括职工的挑战性工作、成就、晋升等,这些因素可使员工产生满意或尚未达到满意,但没有激励因素不会产生不满。而保健因素是指工作条件、薪水、职业安全等,这些因素的存在不会使员工感到满意,但没有则会产生不满。也就是说,保健因素是员工满意的必要条件,激励因素是员工满意的充分条件。

消费者的购买动机一般有感情动机、理智动机、惠顾动机等几种类型。

2.知觉

知觉是人们的一种基本心理现象，是人们对外界刺激产生反应的首要过程。人们不会去注意没有知觉的事物，不可能去购买没有认知的商品。只有觉察和注意到某一商品的存在，并与自身需要相联系，购买决策才有可能产生。

知觉是一种人的内外因素共同作用的过程，取决于两个方面：一是外界的刺激，没有刺激，知觉就没有对象；二是人们的反应，没有反应，刺激就不能发挥作用。然而在实际生活中，真正能使两者结合的并不多，原因是人们的认知能力有限，对外界刺激的接受只能是选择性的。具体而言，其表现在三个方面，即选择性注意、选择性扭曲和选择性保留。选择性注意：在众多信息中，人们易于注意与自己关系密切的信息以及与正常信息有明显差别的信息。选择性扭曲：人们在接受信息的过程中，总是有意把信息朝着有利于自己或自己喜欢的一面进行扭曲，然后再按自己的意图将信息传递出去。选择性保留：人们易于记忆与自己态度和信念相一致的信息而不保留与自己态度和信念不一致的信息，即“听者有意”。

3.学习

通过实践，由于(后天)经验而引起的行为变化的过程就是学习。消费者大多数的行为都是学习得来的，通过学习，消费者积累商品的知识和购买经验，并将之用于未来的购买行为。

消费者的基本学习模型由内驱力、提示(线索)、反应、强化四个部分组成。内驱力是指人们的心理紧张状态。内驱力分原始驱力和衍生驱力。原始驱力是由生理需求造成的，如饥饿、口渴；衍生驱力是后天学来的，如寻找面包是因为面包能充饥，购买饮料是因为饮料能够解渴。提示又称为线索，是引导人们寻求满足方式的一种启示。如人们饥饿的时候常会被饭店的招牌、食物的香味所吸引，因为以往学习的知识和经验告诉人们那里是解决饥饿的去处，而且一些著名的饭店的招牌或广告更能给人们以美味佳肴的提示。反应就是对提示采取行动。反应有不同的层次，如婴儿对饥饿的反应是啼哭或做吸奶的动作，成年人饥饿时会买各种自己所喜欢的食品。强化就是使某种反应强化并稳定下来。强化的结果是对某种行为加以肯定，并能不断重复这一行为。

消费者学习的结果会对其未来行为产生影响，具体表现为：加强：购后非常满意，会加强信念，以至重复购买。保留：称心如意或非常不满，会念念不忘。概括：感到满意会爱屋及乌，对有关的一切也产生好感；反之，则会殃及池鱼。辨别：一旦形成偏好，需要时便会百般寻求。

4.信念和态度

消费者的态度是消费者对有关事物的概括性评估，是以持续的赞成或不赞成的方法表现出来的对客观事物的倾向。态度带有浓厚的感情色彩，它往往是考核判断的结果。信念是在态度得到不断强化的基础上所产生的对客观事物的稳定认识和倾向性评价。在信念指导下的行为往往不再需要进行认真的思考,而成为一种惯性。

相对于态度而言,信念更为稳定。使消费者建立对自身产品的积极信念应当是营销活动的主要目标。而消费者如果对竞争对手的产品建立了信念,则会对企业构成很大的威胁。从某种程度上讲,建立和改变消费者的信念就是对市场的直接争夺。

营销人员主要可以采取以下措施来引导消费者建立或改变态度和信念:

(1)适应策略。适应策略是指通过适应消费者的需要来建立消费者的态度和信念,这种策略可以从四个方面来加以实现:一是通过提高产品质量,改进款式,完善售后服务,不间断地做广告,增强现有消费者的积极态度;二是不断创新,为现有消费者提供新产品、新品牌来满足他们新的需求,增加现有消费者对企业的好感;三是强调现有产品具有竞争力的属性,吸引新顾客;四是及时了解市场新动向,为新的消费者提供新的产品。

(2)改变策略。改变消费者的态度和信念远比适应消费者的态度和信念困难。要改变消费者的态度和信念,企业可以通过比较示范突出强调产品的优点;正视产品的弱点,并将弱点转化为优点;企业也可以通过一些必要的补偿措施,如降低价格、实行质量保证等来平衡消费者心理;另外,强大的广告攻势也是企业重塑形象的重要手段之一。

【情景案例 4—5】

“万宝路”的成功转型

“万宝路”最初定位于女性用烟,其广告口号为“像五月的天气一样温和”。“万宝路”渴望做女性烟民的“红颜知己”。由于女性烟民远不及男性烟民对香烟钟爱,“万宝路”从 20 世纪 20 年代创牌到 50 年代还默默无闻。为求得发展,广告公司重塑了万宝路的品牌形象。在广告公司的策划下,一个目光深沉、皮肤粗糙,浑身散发着粗犷、豪气的美国西部牛仔,在广告中袖管高高卷起、露出多毛的手臂,指间夹着冉冉冒烟的“万宝路”香烟。从此,“万宝路——带你走进男人的世界!”(MAN ALWAYS REMENBER LOVE BECAUSE OF ROMENTIC ONLY),响彻了美国乃至全世界。毫无疑问,“万宝路”香烟的市场占有率也随之节节攀升。现在,世界上每抽掉的 4 支烟中,其中有 1 支就是“万宝路”香烟。

讨论题:分析万宝路是如何成功转型的。

消费者的购买行为是诸多因素共同作用的结果，其中很多因素是营销人员无法控制的，但这些因素在识别潜在消费者方面却是很有用的；另外的一些因素则是营销人员可以通过营销努力来加以影响的。经常总结消费者的消费习惯和消费规律对于提高企业和营销人员的工作效率是至关重要的。

第三节　消费者购买决策过程

消费者的购买决策是一个极为复杂的过程，存在着众多的可变因素和随机因素，只有进行全面的分析才有可能把握其中的规律。在这一节里，我们将重点从各个阶段来分析消费者的购买过程。

1. 确认需要

任何购买行为都是由动机支配的，而动机又是由需要激发的，所以需要是购买过程的起点。人们的需要可以由内在或外在的刺激引起，如饥、渴可以驱使人去寻找可供吃、喝的东西，而饮食店里色香宜人的鲜美食品、饮料，也会刺激人的饥饿感与渴饮感。

在这一阶段，营销人员有两个主要任务：一是了解与本企业产品有关的现实的和潜在的需求；二是了解消费者需求强度随时间的推移及外界刺激而波动的情况，并据此波动规律设计传播策略，加强或激活消费者现实的或潜在的需求。

2. 信息收集

如果引起的需要很强烈，可满足需要的物品又易于得到，消费者就会希望马上满足自己的需要。在多数情况下，被引起的需要不是马上就能满足的，这种需要必然先进入人们的记忆中，成为满足未来需要的必要资料。由于需要会使人产生注意力，因此，可能促使消费者积极寻找或接受资料，也就是使消费者借助于对产品所积累的认识不断收集有关产品的情报资料，完成从知觉到坚信的心理程序，作出购买决策。

在这一阶段，营销人员的主要任务是了解消费者信息的来源，评估其影响力，并有针对性地设计信息传播策略。

3. 备选方案评估

消费者利用从各种来源得到的资料，进行分析、对比，评价商品，作出选择。不同消费者评价商品的标准和方法有很大差别。如评价牙膏这种商品，有牙病者希望能防蛀，有的人喜欢香味，则会选择芳香的味道。

4. 购买决策

并非所有感到需要的人都会进行购买。有些人的需要在购买前的活动过程中，会逐渐衰退，或徘徊于“不确定”之中。消费者在采取购买行为前，须作出购买决策。购买决策是许多项目的总抉择，包括购买何种商品、何种牌号、何种款式、多少数量、何处购买、以何价格购买、以何方式付款等等。消费者对某一项目作抉择时，又会受到许多因素的影响与制约。因此，在消费者的购买决策阶段，一方面要向消费者提供更多详细的有关产品的情报，便于消费者比较优缺点；另一方面，则应通过各种销售服务，造成方便顾客的条件，加深其对企业及商品的良好印象，促使其作出购买本企业商品的决策。

5.购后行为

消费者购买商品后，往往会通过使用、与他人交换意见，对自己的购买选择进行检验，重新考虑购买这种商品是否明智、是否合算、是否理想等，这就形成了购买后的感受。由于有的消费者过高地估计了商品的质量，购买后对这种看法又产生了疑虑，即产生了认识上的不和谐性。这种不和谐性的强度，随着使用中预期效果的实现程度和需要的满足程度而发生变化。买后感受是一种重要的反馈作用。行为会影响态度，态度又会影响以后的行为，所以，如果已购买的产品不能给消费者以预期的满足而使其产生失望或使用中遇到困难，消费者就会改变其对这种商品的态度，并在今后的购买行为中予以否定，不仅自己不会重复购买，而且还影响他人的购买行为。

【核心概念】

消费者需求 需求识别 需求层次理论 购买动机 购后行为

【复习思考题】

1.为什么说购买者行为模式从根本上讲是一种“认识—刺激—反应”模式？
2.影响消费者购买行为的主要因素有哪些？
3.举例分析购买决策的过程和购后感受。
4.简述马斯洛的需求层次理论的内容及其研究消费者消费行为的意义。

【技能训练】

老品牌月月舒痛经宝“变身”记

有点烦，有点痛，这就是痛经。在年轻女孩子看来，它并不是大病。小痛，老妈的一杯红糖水就搞定了；大痛，吃点止痛药了事。有常识，没知识！她们对于痛经药一直关注度不高。至于妇女痛经颗粒、调经止痛片、妇康宁片，也压根没兴趣。她们觉得那是中年妇女吃的药。

可是，月月舒痛经宝颠覆了这一切。

“月月舒痛经宝”变了！

粉红色时尚的包装，伴着 S. H. E 爽朗率真的笑声，月月舒痛经宝颗粒一下子成了 80 后女孩儿的“好朋友”。

看来，痛经药不一定要板着脸卖。谁说中药不能流行！谁说时尚不功效！喝月月舒痛经宝已成为一种新时尚。伴随着月月舒痛经宝广告的播出，“那个来了”成为女孩儿们的流行语。

16 年物是人非　老品牌遭遇新问题

月月舒痛经宝 1991 年在央视做广告，1997 年销售额达到 7600 万元，开创并登上该品类的第一个高峰。之后由于假货扰乱市场，销售量迅速下滑。虽然人们对“服月月舒，月月舒服”的广告语仍耳熟能详，但曾经辉煌的月月舒痛经宝已逐渐淡出消费者的视线。

16 年，物是人非。

产品品质、品牌形象没有变，可时间在变，消费者也在变——16 年前的消费者已为人母，月月舒痛经宝已成回忆。如今，本应成为产品消费中坚的 80 后、90 后，却对月月舒痛经宝认知模糊。忠诚的消费者，老的已去，新的没来，月月舒断代了。

作为目标消费市场新的中坚力量，80 后与“妈妈们”的生活方式和消费习惯迥异。月月舒痛经宝要想进入她们的生活，品牌年轻化是必须解决的问题。如何解决？有三个问题不容回避：

个性化。80 后是独生子女的第一代，从小处于家庭核心，早就养成了独立、自我的个性。她们不喜欢标准化、模式化，而是标榜“我就喜欢”，崇尚“我有我风格”，喜欢“率真、简单”，讨厌理性说教，追求感性沟通与理解。月月舒痛经宝要想抓住她们，必须在品牌诉求上与其产生共鸣。

时尚化。80 后有自己的审美观，喜欢颠覆传统，追新求异，乐于引领时尚。选择痛经药物也是如此。因此，功效时尚化对月月舒痛经宝也非常重要。

快消化。80 后有自己的生活方式和消费观。她们感性，喜欢高曝光率的产品。购物“随心所欲”，“不讲道理”，连买药也是跟着感觉走，有点像选择快消品。所以，严谨沉重的老包装药“味”十足，令她们避之唯恐不及。包装必须快消化！让它成为女孩儿们愉快的选择。

把完月月舒的脉搏，接下来要做的第一步就是找对人、表对情。品牌年轻化，成为攻坚的大课题。

青春组合 S. H. E 代言　让品牌年轻化

在 80 后眼里，品牌只有两种：“我喜欢的”和“我不喜欢的”。因此，不妨抓住这个群体对于偶像的痴迷，靠偶像强力拉动品牌。

“超女”这几年很火爆，有人建议选择她们做代言。但是，这些草根明星和宛西制药厚重的中医药传统文化不匹配。有人力推“小龙女”刘亦菲，可项目组认为她太内向，不够活泼。还有人提到张韶涵，一个凭着多首热门歌曲当红的“亚洲百变天后”。但考虑到她曾代言苏菲卫生巾，总感觉该产品是与月月舒有关联的产品，这很容易让消费者产生混淆，冲淡代言效果。

一轮轮头脑风暴过去，项目组的会议仍没有取得什么进展。倒是会议休息空档，有人聊起春晚，聊到了S.H.E组合和《中国话》。这个台湾女子组合，青春、可爱、有活力，再加上难得的童趣，让人觉得形象很健康。近年来，她们的知名度和影响力很高。“三个人，品牌正好三个字，”有同事顺口说道，“难得她们还没代言过药品，也许是最合适的人选。”

但是，仍有三点顾虑，让福来月月舒项目组心存忐忑。

一向谨慎的S.H.E会不会代言药品？如果她们不接招，那我们再说合适也没用。在随后的接洽中，台湾公司认真审阅了月月舒的相关材料和证书，在网上查看了各界对宛西制药和产品的报道，甚至找消费者咨询验证产品功效……各方考查没有任何问题。三天后，项目组接到台湾公司同意S.H.E代言的电话时，所有人都长舒了一口气。

接踵而来的问题是，S.H.E高额的代言费企业能不能接受？这是个很敏感的实际问题。有着几十亿、上百亿销售支撑的快消品和时尚品企业，动辄耗资上千万元地请明星，而制药企业没这么财大气粗，作出这样的决定需要很大的魄力。宛西制药的孙董事长幽默地表态，让大家的眉头舒展了：“我看好月月舒痛经宝这个品种，能做大，如确实需要请大明星可以考虑。但是，说实话我还真不知道S.H.E是谁！”50多岁的孙董事长这样说，既认可了月月舒品牌年轻化的策略方向，也接受了请“大牌”明星代言的建议。

最后的问题是，目标消费者会接受S.H.E的代言吗？经考察了解到，S.H.E成名比较早，“粉丝”兼容性好——从中学生、大学生到年轻职场女性。逆向反推，还真少有某个女明星能具有如此广泛的受众好感度。

2008年3月10日，正式确定由S.H.E代言，3月12日开始谈判签约，4月12日广告片拍摄，一切顺利。

案例分析与研讨：月月舒为什么要改变形象？月月舒是怎样成功改变形象的？从这个案例中你得到了哪些启示？

第五章　市场营销战略

【案例导读】

日本资生堂的经营之道

日本的资生堂公司为了更好地推销化妆品，从 1987 年开始组织专门机构对 17、18 至 40 岁左右的妇女进行调查分析，将被调查的妇女按年龄分成四种类型。第一类是 17、18 岁的女学生，她们正处于“青春好时机”，注重打扮，追求时髦，但由于财力有限，常常购买单一的、装饰较强的化妆品。第二类是 20 多岁的女青年，她们对化妆品的要求很强烈，正处于“谈情说爱好时机”，由于自己有收入，因此只要对商品中意，价格高些也无妨，喜欢购买整套的化妆品。第三类是 30 岁左右的妇女，已处于“美满小家庭时期”，化妆已成为她们日常生活的习惯，但由于开始当家，对价格敏感，同时年龄又不大，因此喜欢价格合适、质量好的化妆品。第四类是 40 岁左右的中年妇女，她们对化妆品的需求心理差距很大，但大多喜欢保护皮肤、抗衰老和遮盖效果好的化妆品，一般购买单一的化妆品以“填平补齐”，很少再去买成套的化妆品。这一“年龄分类”的市场细分，就把妇女化妆品市场分为四个子市场。根据不同细分市场的特点，资生堂公司分别采取了不同的销售策略，力求使化妆品的样式、包装、价格、数量和质量都能适应不同类型的消费者特点和需要；同时还专门设立了各种年龄段的化妆品专柜，积极推销宣传，受到了消费者的欢迎，取得了很好的效果。

思考题：日本资生堂的经营之道对你有什么启示？

【学习目标】

1. 知识目标：了解市场营销战略的含义、市场营销战略的内容和步骤；理解市场细分的概念、作用和条件；掌握市场细分的依据和方法；分析目标市场战略的选择与策略；掌握市场定位的含义、步骤与策略；明确竞争者分析方法和竞争策略内容。

2. 能力目标：通过对本章内容的学习，能系统掌握“STP”营销的基本原理和基本方法，并能结合案例进行分析，具有从事“STP”营销策划的能力。

第一节　市场营销战略概述

一、市场营销战略的概念、种类和特点

1. 市场营销战略的概念

“战略”(Strategy)一词源于希腊语，意为“将军的艺术”，原指军事方面事关全局的重大部署。现已广泛应用于社会、经济、管理各个领域。在商品经济高度发达的条件下，市场犹如战场，是商品生产者和经营者们激烈竞争的场所。因此，在经营管理学中常借用“战略”这一术语进行论述，泛指企业为实现自己的总任务和目标所制定的全局性规划。它主要解决企业营销中的总体发展问题，是企业开展市场营销的总体设计；也是实施各项具体营销策略的基本前提。营销战略对一个企业的生存和发展具有决定性的作用。

市场营销战略是指企业从长远利益出发，在分析外部环境和内部条件的基础上，确定企业营销活动目标，对营销活动进行总体的、长远的谋划，以及制定为实现这样的谋划所应采取的重大行动措施。

2. 市场营销战略的种类

市场营销战略按照不同的分类标准可以有不同的种类。常用的是按照其用途来进行分类，可以分为以下三类：

(1)市场竞争战略。市场竞争战略包括市场进入战略、市场渗透战略、市场进攻战略和市场防御战略。

(2)市场细分化战略。市场细分化战略是选择目标市场的战略，包括目标市场范围战略、目标市场战略和市场定位战略。

(3)市场营销组合战略。市场营销组合战略就是对产品战略、定价战略、分销渠道战略和促销战略的综合运用。

3. 市场营销战略的特点

(1)全局性。营销战略是以企业全局为对象、根据企业总体发展的需要而制定的，它规定了企业未来一段时间内发展方向和发展目标。

(2)长远性。营销战略既是一个企业谋取长远发展要求的反映，又往往是该企业对未来较长时期内如何生存和发展的通盘筹划，因此，它考虑的因素是长远的而不是短期的。

(3)方向性。营销战略对企业未来的发展具有指导作用，它虽然不是具体的实施方案和措施，但是方案和措施的规划都必须依照战略思想来制定。

(4)稳定性。营销战略不同于灵活的规划和计划，可以随时作出修改。如果变

动过于频繁就失去了指导作用,它应该具有相对的稳定性。

由于营销战略是为企业发展的未来远景和使命服务的,它在企业的发展中起到了指导性的作用,所以企业在不同的发展时期都非常重视战略的制定、实施和控制工作。

二、市场营销战略的主要内容

1. 确定企业的经营方向

市场营销战略的首要问题是确定企业的经营方向。一个企业如果没有正确的经营方向,就会造成营销战略上的失误。如美国克莱斯勒汽车公司的盛衰就充分说明这个问题。面对 20 世纪 70 年代石油危机对汽车工业的沉重打击,美国通用、福特汽车公司迅速改变了经营方向,由生产耗油量多的小型汽车转向生产耗油量少的小型汽车。而克莱斯勒这个与通用、福特并驾齐驱的美国第三大汽车公司却毫无反应,仍坚持原来的经营方向,结果汽车销路阻塞,公司存货堆积如山,财务亏损达数十亿美元,几乎遭到灭顶之灾。值此危难之际,该公司聘请了原福特汽车公司总经理李·艾科卡。艾科卡上任后,经过认真、仔细的调研后,迅速作出正确的经营决策,改变了企业原有的经营方向。他主持设计制造普通型、微型和超微型等多种型号、多种价格的新产品,并集中力量发展 K 型车。新产品投入市场深受喜爱。随着销路的不断扩大,克莱斯勒公司迅速扭亏为盈,不但偿还了全部债务,而且很快重返与通用、福特相抗衡的行列,恢复了美国汽车工业的"三足鼎立"局面,艾科卡也因此成为世界闻名的传奇式企业家。

随着我国目前市场经济体制的逐步完善和 WTO 后时代的到来、经济全球化的迅速发展,我国的企业也要随之进行经营方向的改变和经营结构的调整。是继续坚持按原来的经营方向发展,还是改变方向或在原方向的基础上选择新的方向?是面向国内市场还是面向国际市场?这些都直接关系到企业的生存和发展。

2. 选择企业的经营结构

企业除了确定经营方向外,还要考虑在一定时期内的产品经营结构。要根据市场需求变化的趋势,通过认真分析各种产品在市场中的生命周期及特点,决定经营品种的对象和范围。哪些品种应该增加?哪些品种应该淘汰?哪些将继续经营,维持一段时间后再作调整?哪些是最有前途的产品,是企业经营的主要发展对象?对此企业都应在营销战略中作出安排。

美国管理学家杜拉克(Druker)提出的"六种层次"的产品处境分析法,在企业研究产品经营结构时可供借鉴。这"六种层次"是:

(1)未来的主要产品,可能由今天的主要产品改进形成。

(2)今天的主要产品,多为昨天的创新产品。

(3)在剧烈的竞争中,经过重大的革新可能成为主要盈利的产品。

(4)尚未完全丧失销路,可继续经营的过去的主要产品。

(5)过去的主要产品产销量大,但销路日渐萎缩,效益甚微。

(6)完全失去销路的过时产品,未打开销路的失败产品。

企业对于第1、2种产品,应全力巩固或发展其市场地位,以稳定收入;对于第3种产品应设法加以改进,争取成为今天或明天的主要产品;第4种产品对企业不无小补,但不宜花较大代价,只应以最低限度的精力去扶持;第5、6种产品,已成为企业的累赘,宜适时淘汰。

3.确定企业的发展速度和规模

企业发展速度和规模是确定企业经营目标的基本指标之一,也是营销战略的重要内容。企业的发展受到多种因素的影响,企业应根据自身的条件和经营环境的变化,确定在一定时期内的发展速度和经营规模。速度不一定是越快越好,企业规模也不是越大越好。企业应根据市场变化和自身条件,灵活地进行改变和调整。

三、制定市场营销战略的步骤

1.分析市场营销机会

按照市场营销学的观点,只要市场上存在着未满足的需求,客观上就存在着市场机会。所谓市场机会是指对企业的发展有利的机会或偶然事件。但市场机会并不等于企业营销机会,只有当企业具备某些必要的成功条件,市场机会才能变成企业营销机会,才能为企业创造竞争优势和相对的差别利益。企业决策者最重要的职责,就在于发现市场机会、选择市场机会。分析市场机会时必须注意,消费者的需求是不断变化的,因此未满足的需求会经常出现,新的市场机会也就会不断产生。作为一个企业的决策者,最重要的是要善于发现新的市场机会,在国内外开辟新的市场。

2.对主客观条件进行科学的分析

客观条件即市场环境的分析,是企业制定市场营销战略的前提条件。制定市场营销战略,实际上就是把企业外部的条件和企业自身的条件相互协调起来,并从中选择一个最佳的行动方案。所以,除对市场环境进行分析以外,还要对企业的自身条件进行分析。

企业在对主客观条件进行分析时,必须注意以下两个问题:

(1)要用发展、动态的营销观念看待企业的生存条件。狭隘的营销观念妨碍企业利用一切可能利用的机会完成战略目标,它必然导致以“生产为中心”而不是以“市场为中心”。企业如果把眼光放在生产上而不是放在市场需求上,必然会产生短期的经营行为,而忽略企业的长远发展。

(2)要用好用足企业现有资源。企业的战略目标最好是在有效利用现有资源的情况下来完成。换句话说,就是尽量使用过去同样数量和同样类型的资源完成新的战略目标。这样,增加产品的销售量却并不相应增加成本,有利于增强产品的竞争能力、增加企业成功的机会,避免由于不熟悉和不肯定的情况所带来的风险。

3. 确定企业的营销目标

企业的营销目标是指在一定时期内企业营销活动要达到的目的。企业主要的营销目标有销售额、利润、市场占有率、销售增长率等。企业在制定营销战略目标时,要注意目标必须具体,要能用数量指标表达,符合企业资源情况,切实可行。

4. 选择实现营销目标的方案

营销目标确定以后,企业就要制定出几套可供选择的实现营销目标的方案,对方案进行比较、研究,从中选出一个最优方案。在选择最优方案时,可以采取列出每个方案优缺点的方法,对每个方案进行评价。选择方案是否合理,要以未来结果的预测和判断作为先决条件。而对未来结果的预测和判断,可能会出现以下情况:一是方案中的各项指标都能达到预期目标,方案是正确的;二是方案中的一部分指标不能达到预期目标,方案就存在着一定的风险性;三是方案的目标如果是个未知数,这种方案就是不正确的。在确定目标时,要尽量减少未知数。

5. 营销方案的实施与控制

营销方案一旦确定,就要尽力去组织实施并落实。市场营销战略方案的制定,只是企业整个市场营销活动的开始,再好的方案,不很好地组织实施,等于是"纸上谈兵"。企业营销中的大量工作,就是要尽一切努力,来解决战略方案实施过程中遇到的问题,保证营销战略方案的顺利实现。

【情景案例 5－1】

海尔的营销战略方案

● 新产品开发策略——海尔集团的各个产品线都建有一套市场需求信息反馈系统,努力挖掘和发现每个消费阶层和消费主体的潜在需求,并通过科技投入把消费者的潜在需求转化为现实需求。

在努力开发新产品的同时,海尔还不断完善每个产品线上不同产品的规格。海尔冰柜小到 62 立升,大到 535 立升,大小规格一应俱全;海尔冰箱从最小的"小小王子"BC－550E 到最大的"大王子"BCD－268,应有尽有,由此形成"范围经济模式"的思路,基本上构成了一个满足不同细分市场和不同消费层次的产品品种结构,创造出了市场有效需求。

● 产品定位策略——技术先进、优质优价。海尔集团先后引进了德国利勃海尔电冰箱技术、日本三菱空调器技术和意大利梅洛尼洗衣机技术;海尔电冰箱在实现全无氟的基础上,还实现了超节能和无霜技术;海尔空调已实现国际最先进水准的"一拖多频"技术;海尔洗衣机拥有欧、日、美三种洗涤方式的技术。

“优质优价”是海尔产品最基本的市场定位策略。海尔人的质量意识可以上溯到创业初期的“砸冰箱事件”。海尔的主导产品全部通过ISO9001质量认证，海尔电冰箱通过ISO1400质量认证，优质的产品取得了通向世界各国市场的通行证。正是基于其先进的技术和优异的产品质量，海尔产品定价一般高于国产同类产品500～1000元。海尔集团的这种“高价”策略强化了其产品在消费者心目中质量、性能卓越的形象。

● 服务营销策略——海尔冰箱遵循“用户永远是对的”经营观念，在电冰箱行业率先推出海尔冰箱一条龙星级服务，即用户参与设计、电脑演示咨询、送货上门、24小时服务和用户回访。

海尔空调一条龙星级服务的内容包括：电话咨询上门设计、免费送货、免收材料费、24小时服务到位、用户跟踪回访。

● 品牌营销策略——为了树立名牌形象，海尔集团除了狠抓产品质量、强化服务意识之外，还进行了大量的广告宣传活动。自1985年开始，海尔就在中央电视台、中央人民广播电台和其他各大报纸上频繁展开广告攻势。为了增强宣传效果，海尔还先后选用霓虹灯、路牌、招贴画、POP系列媒体做广告宣传。在围绕企业与产品进行立体宣传的同时，海尔从广告语到宣传主体、从商标造型到吉祥物图案等都予以统一，从而向消费者展示了一个完整、独特、新颖、统一而又有竞争力的企业与商标形象。几年来，海尔用于品牌广告的费用已逾8000万元，有效的广告宣传收到了良好的经济效益。海尔的产品得到了全社会的认同，“海尔”品牌的无形资产价值1995年已达到42.61亿元，2004年为600多亿元，成为中国的第一品牌。

● 国际化营销战略——海尔提出了市场国际化的“三个1/3”战略，即国内生产销售1/3，国内生产国外销售1/3，国外生产国外销售1/3。在出口及国际化方面，海尔一反常规，先在发达国家创出名牌，将自己置身于与强手的竞争环境之中。

为了实现1/3产品的直接出口，海尔十分注重国际营销体系的建立。目前，海尔已分别在北美、欧盟、中东等市场发展了30多个海尔专营点、5500多个经销点，在国际市场上的份额和声誉都在不断提高。1996年，海尔冰箱亚洲出口德国第一，海尔洗衣机中国出口日本第一，海尔空调器中国出口欧盟第一。

海尔实施1/3国外生产国外销售战略，则是为了有效克服高关税壁垒和区域经济贸易保护而采取的一种营销策略。目前，海尔在印度尼西亚建立起控股51%的合资工厂，在波兰、墨西哥、沙特阿拉伯和南非等地合作建厂的计划也正在紧锣密鼓地实施。

此外，海尔还积极参与在德国科隆举行的两年一届的国际家电博览会，为海尔产品打入国际市场开拓空间。

讨论题：海尔的营销战略方案有什么特点？

第二节 市场细分

企业为了实现市场营销战略，必须按照一定的标准对市场进行细分，在细分的基础上，选择对企业最有吸引力的子市场作为自己的目标市场，并在这个目标市场上为自己的产品确定适当的竞争地位。

市场细分是选择目标市场和市场定位的前提和基础，也是企业制定营销战略的前提和基础。实行市场细分化、目标化和市场定位是企业营销战略的核心，是决定企业成功的关键。

一、市场细分的含义和作用

(一)市场细分的含义

市场细分的观念是由美国市场营销学家温德尔·史密斯于20世纪50年代中期首先提出的。它一问世，立即被企业家所认可，并被誉为创造性的新概念。它的理论依据是消费需求的绝对差异性和相对同质性。

市场细分是指营销者通过市场调研，根据消费者对商品的不同欲望与需求、不同的购买行为和购买习惯，把消费者整体市场划分为具有某种相似特点的若干顾客群，即子市场，使企业可以从中认定其目标市场的过程和策略。不同的消费者可以归入不同的细分市场，而且通常可以根据多个条件进行更为深入的细分，那样企业会更容易满足消费者的需求。

(二)市场细分的意义

市场细分是为了使企业能更好地营销、更好地满足顾客的需要。一般说来，它对企业营销具有以下几个方面的意义：

1.市场细分有利于企业发掘新的市场营销机会

通过市场细分，企业可以有效地分析和了解各个消费群体的需求特征、需求的满足程度和市场上的竞争状况，并能从中发现哪类消费需求已经满足，哪类满足不够，哪类尚无适销产品去满足；哪些细分市场竞争激烈，哪些较少竞争，哪些尚待开发。满足水平低的市场，通常存在着极好的市场机会，不仅销售潜力大，竞争者也较少。这些市场将为企业提供一个新的极好的开拓机会。企业抓住这样的市场机会，结合自身的资源状况，从而形成并确立宜于自身发展的目标市场，并以此为出发点设计出适宜的营销战略，就有可能迅速取得市场优势地位，提高市场占有率。

2.市场细分有利于企业合理地利用资源，提高竞争能力

一方面，市场细分能够增强企业的适应能力。企业在较小的细分市场即子市场上开展营销活动，增强了市场调研的针对性。市场信息反馈较快，企业易于掌握

消费需求的特点及其变化，这就有利于及时、正确地规划和调整产品结构、销售渠道和促销活动，使产品保持适销对路，并迅速送达目标市场，扩大销售。另一方面，建立在市场细分化基础上的企业营销，避免了在整个市场上分散使用力量的弊端。企业有限的人力、财力、物力资源能够集中使用于一个或几个细分市场，扬长避短、有的放矢地开展针对性经营，不仅费用低，竞争能力也会因此得到提高。最后，进行市场细分，易于看清楚每一个细分市场上各个竞争者的优势和弱点，有利于企业避实就虚地确立自己的目标市场，从而增强企业竞争能力，提高经济效益。

【情景案例 5－2】

宝洁公司的市场细分

宝洁公司在洗衣粉市场上，通过市场细分，划分出 11 个不同的细分市场，运用自身的技术优势，研制出若干种适应不同细分市场的产品配方，并采用多品牌策略，形成了对洗衣粉市场的全面控制，市场份额一度达到 50% 以上。各品牌针对的不同细分市场如下：

- “汰渍”是针对洗衣格外费力的使用环境，是一种强效、能洗净纤维内层的全能家庭洗衣粉；
- “快乐”适用于热水、温水和冷水，且不含刺激性香味；
- “博德”是带有织物柔顺剂的洗衣粉，使衣服清洁、柔顺且没有静电；
- “索罗”是带有织物柔顺剂的液态洗衣粉；
- “埃拉”水刷是“天生的去污手”，能洗去各种污渍；
- “德洗”可洗去各种污渍而且价格低廉；
- “奥克雪”含有漂白剂，使衬衫更加亮白；
- “醉肤特”含有天然的清洁剂，适于洗涤内衣及婴儿衣物；
- “象牙雪”是高纯度的中性肥皂，洗衣后不会留下任何不良的化学成分；
- “碧浪”是针对西班牙语系消费者的高效清洁剂；
- “甘原”是含酶洗衣粉，洗衣后不但干净，还有怡人的清香。

讨论题：宝洁公司在洗衣粉市场上是如何进行市场细分的？对你有什么启示？

3. 市场细分有利于最大限度地满足社会各类消费的需要

众多的企业奉行市场细分策略，尚未满足的消费需求就会逐一成为不同企业的一个又一个的市场营销机会。这样，新产品就会层出不穷，同类产品的花色品种就会丰富繁多，消费者或用户就有可能在市场上购买到各自称心如意的商品。

市场细分作为企业的一种营销策略和思路，它不只是满足于在整体市场上占有一席之地，而是追求在较小的细分市场上占有较大的市场份额。这样一种价值取向，不仅对大、中型企业开发市场具有重要意义，对小型企业的生存与发展尤为重要。小企业资金有限、技术力量薄弱，在整体市场或较大的细分市场上缺乏核心竞争能力，而通过市场细分，往往能够发现大企业未曾顾及的某些尚未满足的市场需求，进而在这些力所能及的较小或很小的细分市场上推出适销的产品或服务，取得较好的经济效益。

二、市场细分的方法和步骤

1. 市场细分方法

一般来说，企业可采用单一变量因素法、多个变量因素组合法和系列变量因素法三种方法对市场进行细分。多个变量因素组合法就是根据影响消费者需求的两种或两种以上的因素进行市场细分。系列变量因素法就是根据企业经营的特点并按照影响消费者需求的诸因素，由粗到细地进行市场细分。这种方法可使目标市场更加明确而具体，有利于企业更好地制定相应的市场营销策略。

2. 市场细分的步骤

市场细分的步骤因市场的类型不同而有一定的差异。根据美国市场学家麦卡锡(E. J. Mccarthy)关于市场细分的步骤，可以分为：

(1)选定产品市场范围。当企业确定市场细分的基础之后，必须确定进入什么行业，生产什么产品。产品市场范围应当以顾客的需求，而不是产品本身的特性来确定。

(2)列出所有潜在顾客的所有需求。在企业所选定产品市场范围内，根据人口、经济、地理、心理等因素列出市场上所有顾客的现实需求和潜在需求。

(3)选出市场细分的标准。企业将所列出的各种需求，交由各种不同类型的顾客挑选他们最迫切的需求，然后集中起来，选出两三个作为市场细分的标准。

(4)检验市场细分的标准。检验每一个细分市场的需求，抽掉各细分市场中的共同需求，尽管它们是细分市场的重要的共同标准，但可省略，转而寻求具有特征的需求作为细分标准。

(5)根据不同消费者的特征，划分为相应的市场群。

(6)进一步分析每一个细分市场的不同需求与购买行为，并了解影响细分市场的新因素，以适应不断变化的市场。

(7)决定市场细分的大小及市场群的潜力，从中选择有企业机会的目标市场。

三、消费者市场细分的依据

影响消费者市场的因素主要有地理环境、人口统计、消费心理、消费行为和消费受益等。以这些变量为依据来细分市场，其细分形式为：

1. 地理细分

按消费者所处的地理位置、自然环境来细分市场，称为“地理细分”。具体变量包括国家、地区、城市、乡村、城市规模、人口密度、气候、地形、资源等。地理细分之所以可行，主要是由于处于不同地理环境下的消费者，对同一类产品可能会有不同的需要和偏好。他们对企业产品的价格、销售渠道、广告宣传等营销措施的反应也常常存在差别。按照地理因素细分市场，对于分析、研究不同地区消费者的需求特点、需求总量及发展变化趋势具有一定意义，有利于企业开拓区域市场。通过这种市场细分，企业应考虑将自己有限的资源尽可能投向力所能及的、最能发挥自身优势的地区市场。

2. 人口细分

按人口因素来细分市场称为“人口细分”。其变量主要包括年龄、性别、职业、收入、教育、家庭人数、家庭生命周期、国籍、民族、宗教、社会阶层等。企业应深入细致地了解人口因素的发展变化，从而确定适合企业特点的细分市场。

【情景案例 5—3】

性别细分

妇女社会地位的提高，使各行各业越来越关注妇女在商品的选购决策中所起的巨大作用。以汽车行业为例，未来 10 年，预计约 6% 的新车由妇女购买。如何面对汽车市场的这一变化呢？汽车厂商的营销人员分析指出：“卖给女人跟男人的汽车，本质上讲应没有什么区别，只是一些男女间的微妙差别导致了不同。与男人相比，女人更注意安全。”根据这些情况，汽车制造商设计出了更适于妇女驾驶的车型，具体表现为行李箱更容易开启、座位更容易调整、安全带更舒适。同时，他们还加强了汽车的安全设施，如气袋和遥控门锁等。

讨论题：汽车制造商如何根据性别细分来进行设计上的改进，以更好迎合妇女购车的需求？

3. 心理细分

按照消费者的心理特征来细分市场称为“心理细分”。心理因素十分复杂，主要包括购买动机、购买习惯、生活方式、性格、价值取向以及对商品供求局势和销售方式的感应程度等变量。

按购买动机细分市场是心理细分的常用方法。购买动机既然是一种引起购买行为的内心推动力，喜、厌、好、恶等心理因素必然会增强或削弱购买动机，从而产生不同的需求偏好和购买行为。在购买动机中普遍存在的心理现象主要有求实心理、求安(全)心理、喜新心理、爱美心理、趋时(仿效)心理、地位(成就)心理、名牌

(慕名)心理、友谊心理等。所有这些心理因素都可以作为细分市场的参数。企业面对的是具有不同购买动机的顾客,在产品中突出能满足他们某种心理需要的特征或特性,并相应设计不同的营销组合方案,往往能取得良好的经营效果。

服装、化妆品、餐饮、娱乐等行业的企业,越来越重视按照人们的生活方式来细分市场。生活方式是指人们对工作、消费、娱乐的特定的习惯和倾向性。不同的生活方式会产生不同的需求偏好。虽然不同生活方式的形成源于物质世界(环境和条件等),但直接的成因与人们的主张、个性、兴趣、人生价值取向等心理特点密切相关。把具有共同主张、个性、兴趣、价值取向的消费者集合成群,并联系他们的行为方式,就可以划分出不同生活方式的群体,诸如"传统型"、"新潮型"、"节俭型"、"严肃型"、"活泼型"、"乐于社交型"、"爱好家庭生活型"等消费者群。显然,这种细分方法往往能够显示出不同群体对同种商品在心理需求方面的差异性。美国有的服装公司把妇女分成"朴素型妇女"、"时髦型妇女"、"男子气质型妇女"三种类型,分别为她们设计制作不同款式、颜色和面料的服装,这就是按生活方式细分市场的典型例子。

4.行为细分

行为细分是根据消费者不同的消费行为进行细分市场的。消费行为的变量包括消费者进入市场的程度、购买或使用产品的频率、消费的数量规模、对品牌的忠诚程度等。

按消费者进入市场的程度,可将一种产品的消费者区分为经常购买者、初次购买者、潜在购买者等不同群体。一般说来,大企业实力雄厚,市场占有率较高,因而特别注重吸引潜在消费者,使他们成为本企业产品的初次购买者,进而成为经常购买者,以不断扩大市场阵地;而小企业资源有限,无力开展大规模的促销活动,以吸引、保持住一部分经常购买者为上策。

按消费数量进行细分市场的称为"数量细分",这是"行为细分"的一种主要形式。许多产品的经常购买者都可以进一步细分为大量用户、中量用户、少量用户这样几个消费者群。大量用户的人数不一定多,但他们的购买量占较大或很大的比重,因此,许多企业自然想以大量用户作为自己的目标市场。当然,反其道而行之以取得经营上的成功,也是极有可能的。关键在于对大量、中量、少量用户的消费特点和购买行为要有透彻了解,不仅要推出适宜的产品,而且在价格、包装、销售渠道、销售形式、广告宣传等方面要区别对待,精心安排。

消费者对许多产品都存在着"品牌偏好"这样一种购买行为。根据对品牌的偏好状况,可将一种产品的消费者划分为下列几个主要群体:①单一品牌忠诚者。这类消费者一贯忠诚于某一种品牌,任何时候、任何场合都购买该牌号的产品。②几种品牌忠诚者。这类消费者的购买总是限于很少几种品牌。③无品牌爱好者。这类消费者对何种品牌无所谓,购买具有很大的随意性。前两类品牌忠诚者占较大或很大比重的市场，其他企业很难进入，即便进入也难以提高市场占有率；如果情况相反，则有利于其他企业进入市场，并逐步扩大市场份额；而对非品牌偏好者，企业宜在促销方面多下工夫，尽力吸引他们以扩大销售。

5.受益细分

根据消费者追求的利益不同来细分市场称为“受益细分”。由于消费者各自追求的具体利益不同，可能会被某种产品所具有的不同特性或特征所吸引，因而可以细分为不同的消费者群。也就是说，这里的一个个细分市场不是根据消费者的各种特点，而是在一种产品能够提供什么特殊效用、给购买者带来什么特定利益的基础上开发出来的。

受益细分关键在于市场的调查和调研，掌握消费者在某一类产品上追求的多种多样的预期利益。为此，市场细分活动要从调查一种产品的现有用户和潜在用户开始。调查的方向是他们使用各种品牌的这种产品得到了哪些益处，现有产品还欠缺哪些益处，什么样的产品特性可能被认为最密切地和一种益处或一组连带的益处联系起来。然后，使自己生产的产品相应地突出紧密联系着某种（组）益处的某一特性，或者生产不同型号的一组产品，每种突出一种特性，并借助适当的广告宣传手段，反复宣传这些特性，最大限度地吸引某一消费者群，或几个不同的消费者群。可见，这种调查分析不仅是企业进行受益细分的基础，对于以这种细分为起点制定整个市场营销方案也是极为重要的。

细分消费者市场虽然有上述五种基本形式，但这并不意味着企业应当一一单独地加以应用。在实际的营销活动中，用作细分市场的依据往往是上述各类因素中一连串具体变量的组合。一个企业究竟选用哪些变量作为细分市场的依据，应当仔细分析，匠心独运，视具体情况而定，切忌生搬硬套，人云亦云。同时，用作市场细分的变量也要适时调整，不能一成不变，以便寻找新的、能够提供更好机会的细分市场。

四、产业市场细分的依据

在消费者市场的细分变量中，除人口因素、心理因素中的某些具体变量如生活格调等以外，相当一部分可以用作细分产业市场的依据。但是，由于产业市场具有不同于消费者市场的若干特点，因而有必要对细分产业市场的主要依据进一步明确。

细分产业市场的主要依据有三个：一是用户（客户）行业，二是用户规模，三是用户地点。

1.用户行业

产品最终用户的行业是细分产业市场最为通用的依据。在产业市场，不同行业用户采购一种产品的使用目的往往互不相同。同是钢材，有的用于生产机器，有的用于造船，有的用于建筑；同是载重汽车，有的用作货物运输车，有的用作工程车，有的成为军用车。不同行业的最终用户通常会在产品的规格、型号、品质、功能、价格等方面提出不同的要求，寻求不同的利益，据此来细分产业市场以便于企业开展针对性经营，设计不同的市场营销组合方案，如开发出不同的变异产品等等。

2. 用户规模

用户或客户的规模也是细分产业市场的重要依据。在产业市场，大量用户与中量用户、少量用户的区别要比消费者市场更为明显。大客户虽少，但采购额很大，它们的采购量往往会占到营销者销售额的30%～50%，有的甚至高达80%以上；小客户则相反，户数虽多，但采购量并不大。用户或客户的规模不同，企业的营销组合方案也应不同。例如，对于最终用户中的大客户，宜于直接联系，直接供应，由销售经理亲自负责，并在价格、信用等方面给予更多优惠；而对于众多小客户，则宜于使产品进入商业渠道，由批发商甚至零售商去组织供应。这样的思路对于生产企业、商业企业都是适用的。

3. 用户地点

任何一个国家或地区，由于自然资源、气候条件、社会环境、历史继承等方面的原因，以及生产的相关性和连续性的不断加深而要求的生产力合理布局，都会形成若干产业地区，如我国的山西煤田、武汉—鄂州—大冶冶金工业区、江浙丝绸工业区、辽南苹果集中产区，等等。这就决定了产业市场比消费者市场更容易集中。企业按用户的地理位置来细分市场，选择用户较为集中的地区作为自己的目标市场，不仅联系方便，信息反馈较快，而且可以更有效地规划运输路线，节省运力与运费，同时也有利于更加充分地利用销售力量，降低销售成本。

五、市场有效细分的条件

细分一个市场有许多方法，然而并不是所有的细分都是有效的，如按购买者的年龄对食盐市场进行细分并无现实意义。形成有效的细分市场必须具备以下条件：

1. 可衡量性

可衡量性是指细分的市场的购买力和规模大小是能被识别和衡量的。细分出来的市场不仅范围比较明晰，也能大致判断该市场规模的大小，而且细分市场的各种特征应是可以量化的。

2. 可占领性

可占领性是指企业能有效地到达、占领细分市场并进行市场营销活动。有效到达是指企业能通过一定的媒体把信息传递到该市场的消费者，而且企业的产品或服务能够经过一定的渠道抵达该市场。考虑细分市场的可进入性，实际上就是考虑企业营销活动的可行性。对于不能进入或难以进入的市场进行细分是没有意义的。

3. 可盈利性

可盈利性是指细分市场的规模大到足以使企业有利可图的程度。在进行市场细分时，企业必须考虑细分市场目标顾客的数量、购买能力和产品的使用频率。一个细分市场应是一个拥有足够的潜在购买者的市场，又有一定货币支付能力，值得企业为之设计的一套营销规划方案得以实施。

4. 有稳定性

市场细分的目的在于正确选择目标市场，集中力量开拓营销空间，实现企业经营目标。这就要求细分的市场不但要有一定的市场容量和发展潜力，而且要有一定程度的稳定性，即企业进入的细分市场不能在短期内随意地改变经营目标和营销策略，而这种变动过快必然会给企业带来巨大的风险和损失。因此，一般来说，目标市场越稳定，越有利于企业制定长期的营销战略和策略，越有利于企业的稳定发展。

第三节　目标市场的选择

一、目标市场的含义

目标市场是企业为满足现实或潜在的消费需求而开拓的特定市场。目标市场是在市场细分和确定企业机会的基础上形成的。企业通过市场细分，会发现不同欲望的消费者群，发现市场上未得到满足的需求。不论在什么市场上，都经常存在一些“未满足的需求”，这种“未满足的需求”就是市场机会。但并不是所有的市场机会都能成为企业机会。一种市场机会是否能成为企业机会，不仅取决于这种市场机会是否与该企业的任务和目标相一致，而且还取决于该企业是否具备利用这种市场机会的条件，取决于该企业在利用这种市场机会时是否具有比其他竞争者更大的优势。一般来说，只有与企业的任务、目标、资源条件相一致并且比竞争者有更大优势的市场机会才是企业机会。企业机会事实上是对满足市场上哪一类消费者需求所作的选择，确定了企业机会，也就基本上确定了企业的目标市场。

“目标市场”与“市场细分”是两个既有区别又有联系的概念。市场细分是发现市场上未满足的需求以及按不同的购买欲望和需求划分消费者群的过程；而确定目标市场则是企业根据自身条件和特点选择某一个或几个细分市场作为营销对象的过程。因此，市场细分是选择目标市场的前提和条件；而目标市场的选择则是市场细分的目的和归宿。

二、选择目标市场的条件

企业通过市场细分后，可依据一定条件选择一个或几个子市场作为自己的目标市场。一个有效的目标市场在一般情况下要满足下列条件：

1.市场要有一定规模和广阔的发展前景

一定规模是指适度规模，是一个相对概念，即大公司适合于选择市场容量大的细分市场，相反，小企业适于进入规模较小的细分市场。但是，不论规模大小，该市场都必须有广阔的发展前景。

2.市场要有一定的盈利潜力

市场有规模、前景看好，但是，企业选择这一市场并不意味着能够长期盈利。每个市场都会有竞争者、新加入者和来自新产品的威胁。市场的进入壁垒，会导致竞争对手的增多，激化市场竞争，降低盈利水平。新的替代产品上市，会影响本企业产品的市场需求。此外，消费者和原材料供应商的议价能力，也会影响市场的未来盈利水平。

3.市场要与企业的目标、资源和优势相吻合

有吸引力的细分市场并不一定是最好的，只有符合企业长远发展目标的、能充分利用企业资源条件并能发挥企业优势的细分市场才是良好的目标市场。只要企业在这一市场占有相当优势，就能挖掘出市场的盈利潜质。

【情景案例 5－4】

麦当劳的主要目标市场

● 小孩和家庭，这是麦当劳所设定的首要目标顾客群，是公司"欢乐餐"与特别促销活动的焦点。

● 青少年，具有反叛或反传统的思想倾向，不希望受约束，渴望被理解，希望人们能坦诚以待。对于这一顾客群，公司制作了专门的广告片，片中邀请青少年的偶像做一些青少年们喜欢做的事情。

● 青年，多指年龄在18～34岁之间的人。这些人正处在开创自己的事业或建立家庭的人生阶段。公司为这些人提供快速高效的餐饮服务。

● 少数民族，在美洲大陆主要是指亚裔、非裔及西班牙语系的消费者。公司投入大量资金，通过有线电视网播放带有浓重民族性的广告片。

● 年长者，多指年龄在54岁以上的人。公司针对这一顾客群，主要推销其餐饮的经济性，同时也鼓励年长者参与餐饮工作。

讨论题：麦当劳是如何迎合目标市场的需求的？

三、目标市场的选择模式

企业通过市场细分和综合评价后，就应决定进入某个或某几个细分市场。一般情况下有五种目标市场模式可供考虑(见图 5—1)

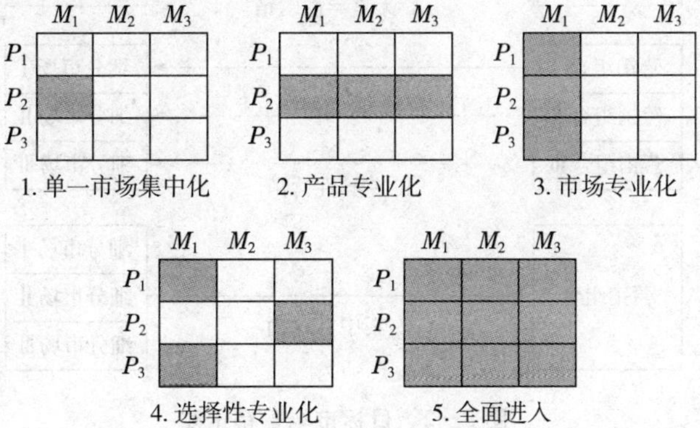

图 5—1 目标市场的选择模式

(1)单一市场集中化，即企业只生产某一种产品，并向某一特定的顾客群提供该产品。中小企业大多采用这一模式，它有利于清楚地了解细分市场的需求，树立良好的美誉度，容易被市场接受，较快地在市场站稳脚跟。但是集中营销较易受到个别细分市场不景气的影响，风险比较大。

(2)产品专业化，即企业向几个细分市场提供同一种产品。这种模式可以分散风险，利于企业发挥生产、技术潜能。

(3)市场专业化，即企业面对某一特定的顾客群，生产他们所需的多种产品。

(4)选择性专业化，即企业有选择地进入几个不同的细分市场，其中每个细分市场都可提供有吸引力的市场机会，但彼此之间很少或根本没有任何联系。这种多细分市场模式通常优于单细分市场模式，因而可以较好地分散企业风险。

(5)全面进入，即企业生产多种产品，满足市场上所有顾客群的要求，以期覆盖整个市场。这一模式通常适用有较大的规模和足够的实力的特大型企业。

四、目标市场营销策略

企业选择的目标市场不同，提供的商品和劳务就不同，进入目标市场的营销策略也就不一样。概括起来，企业进入目标市场的主要营销策略有以下三种(图 5—2)：

1. 无差异性营销策略

无差异性营销策略是指企业只推出一种产品，运用一种营销组合策略，试图吸引尽可能多的客户。采取这种策略是把市场看作一个整体，不需要进行市场细分。

这种策略的优点是：成本的经济性。由于大批量生产、运输和销售，平均成本比较低。无差异的广告宣传等促销活动可以节省促销费用。由于不需要细分市场，也相应减少了大量市场调研、产品研制、制定多种市场营销组合方案等所要耗费的人力、财力与物力。

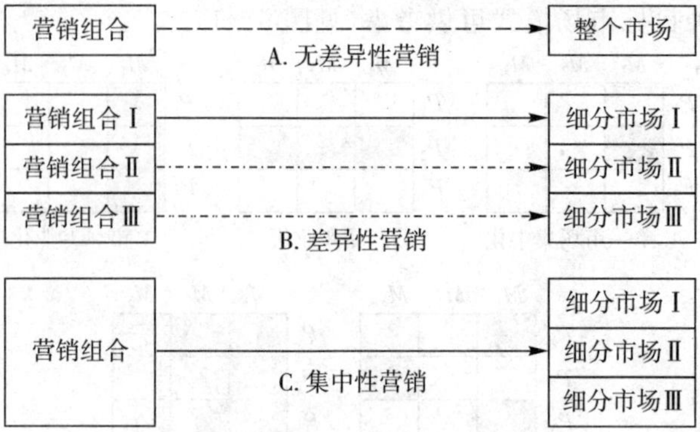

图 5－2　目标市场营销策略

采用这种策略对大多数产品来说并不适用，对一个企业来说一般也不宜长期采用。这种策略的主要缺点是：①企业产品和营销策略的针对性不强，不易发挥竞争优势，因而不能充分满足市场的各种需求。②当同类企业都采用这一策略时，市场竞争必然激烈，某些特定市场部分的消费者需求就得不到满足，容易使企业失去市场机会。③容易受到其他企业的各种竞争的伤害。所以，这种策略只适用于与消费者具有共同需求特征的同质性产品市场，而对大多数消费者需求具有差异性的异质产品市场就不适用。如 20 世纪 20 年代后期，无论老福特如何坚持向世界销售他所爱的黑色 T 型车，但需求趋向多元化的汽车市场最终还是拒绝了这种单一的车型。

2. 差异性营销策略

差异性营销策略是指企业同时对不同的细分市场，设计生产或经营不同的产品，并且根据每种产品分别制定独立的营销策略。

这种营销策略的优点是：采用小批量、多品种生产与营销方式，机动灵活，能更好满足各类消费者的不同需求；企业生产经营针对性强，风险分散，有利于提高市场占有率，增强企业的竞争能力。

这种营销策略缺点是：由于采取这种策略势必增加企业的生产品种，要求具有多种销售渠道和推销方法，广告宣传也要多样化；生产成本和销售费用也会大量增加。因此，在决定采取差异性营销策略以前，要对细分的市场进行认真评价，以确保每一细分市场有一定容量。最好是力图发展少量品种，但又能满足较大范围的消费者需求。

【情景案例 5—5】

假日酒店的差异化策略

假日酒店集团(Holiday Inn),在半个世纪的成长过程中,创造了酒店业的神话,成就了世界第一家达 10 亿美元规模的酒店集团。该集团在为旅客提供“假日标准”的服务和设施的基础上,针对不同目标市场,推出不同的服务项目或强调不同的服务重点。

- “皇冠度假酒店”位于世界各大主要城市,为旅客提供更为舒适的服务和设施;
- “假日快捷酒店”不设餐厅、酒吧和大型会议设施,但提供“假日标准”的舒适和价值;
- “庭院假日酒店”在提供“假日标准”的同时更体现了酒店所在地的特色和风情;
- “阳光度假村”重视为旅行者提供较长时间的休闲、较齐备的娱乐设施,强调舒适的享受和全面的酒店服务;
- “假日精选酒店”专为喜爱传统的商务客人而设计,以提供全面、快速的商务服务为特点;
- “假日套房酒店”是专为长久居住的旅客和追求宽敞工作及休闲空间的客人准备的。

讨论题:分析假日酒店的差异化策略。

3.集中性营销策略

集中性营销策略是指以一个或少数几个细分市场为目标市场,集中企业营销力量,进行专门化的生产和销售。采取这种策略的企业,追求的不是在较大市场上占有较小份额,而是在较小的市场上占有相对较大的份额。企业面对若干细分市场,无不希望尽量网罗市场的大部分以至全部,但如果企业资源条件有限,过高的希望将成为不切实际的空想。明智的企业家宁可集中全力去争取一个或几个细分市场,而不是将有限的人力、物力、财力分散用在广大的市场上,在部分市场如能拥有较高的占有率,远胜于在所有市场上都获得微不足道的份额。这种策略的优点是:营销对象集中,企业能充分发挥优势,降低成本,提高盈利水平。这种营销策略的缺点是:市场区域相对较小,企业发展受到限制,潜伏着较大的经营风险。

上述三种目标市场策略各有优缺点。企业选择哪一种策略,必须从本企业的特点和条件出发,并充分考虑产品条件、产品的生命周期、市场竞争状况和企业资源情况等因素。

【情景案例 5－6】

“稀世宝”的市场选择

瓶装水市场是一个高度同质化的市场。市场如何细分？企业如何立足？中原大地崛起的水族新星——“稀世宝”选择了矿泉水市场。

“稀世宝”矿泉水含稀有元素硒。硒有很多功效，如抗癌、改善心脑血管功能、保护视力等。保护、提升视力可以较好地迎合广大饮用者的消费心理。“稀世宝”的核心产品可分为三个层次：第一解渴；第二改善视力；第三提供人体所需的多种微量元素。

从市场竞争来看，矿泉水市场前景广阔，潜力巨大。国内的瓶装水市场的强势品牌有乐百氏、娃哈哈、康师傅，此外，在不同区域市场还有众多的地方品牌，市场竞争激烈。但是，这些品牌多只生产纯净水，或纯净水的产量远远高于矿泉水。消费者已逐渐认识到常饮纯净水无益，开始留意选择优质的矿泉水了。因此，随着人们消费观念日趋成熟，不难看出，纯净水的霸主地位会“禅让”给矿泉水。

从企业资源情况来看，“稀世宝”矿泉水是我国硒含量唯一达标的天然矿泉水，是国内仅有的硒、锶、低钠重碳酸钙三项矿物质同时达标的优质矿泉水。企业占据这一稀缺水资源，是实现价值垄断、竞争制胜的立足点。

讨论题：“稀世宝”是如何选择了矿泉水市场的？它有哪些竞争优势？

第四节　市场定位

企业在选定目标市场之后，还要决定怎样占领市场。企业为了能与竞争产品有所区别，进一步开拓和抢占目标市场，取得产品在市场上的竞争地位和优势，更好地为目标市场服务，需要在目标市场上给本企业产品作出一个适当的市场定位。

一、市场定位的含义与意义

“市场定位”是20世纪70年代，由美国两位资深的广告和营销策划专家阿尔·赖斯和杰克·特鲁塔在《广告攻心战略——品牌定位》一书中提出的新概念。他们所提出的“市场定位”这一概念及其战略思想，很快被世界各地的营销学家和管理者所接受，成为企业营销战略中的一个重要环节。

市场定位是指根据企业现有产品在市场上所处的位置，以及消费者或用户对该种产品的某种特征或属性的重视程度，强有力地塑造出本企业产品与众不同的、印象鲜明的个性或形象,并通过一套特定的营销组合把这种形象生动地传递给顾客,影响顾客对该产品的总体感觉。简言之,市场定位就是塑造一种产品或品牌在目标市场上的适当位置。这种位置取决于与竞争者的产品相比,消费者或用户怎样认识这种产品。市场定位的实质在于取得目标市场的竞争优势,确定产品在目标顾客心目中的适当位置并留下值得购买的印象,以便吸引更多的顾客。

市场竞争要求企业为其产品确定准确的市场定位。企业准确地为自己的产品即品牌定位,使自己的品牌获得市场有利的认知和认同,提升了产品的价值,使品牌形象深入人心,令人持久不忘。

市场定位是企业通过为自己的产品创立鲜明的特色或个性,从而塑造出独特的市场形象来实现的。产品的特色或个性,有的可以从产品实体上表现出来,如形状、成分、构造、性能等;有的可以从消费者心理上反映出来,如豪华、朴素、时尚、典雅等;有的表现为价格水平;有的表现为质量差异等等。企业在进行市场定位时,一方面要了解竞争对手的产品具有何种特色,另一方面要研究顾客对该产品的各种属性的重视程度。然后根据以上两方面的分析,再选定本企业产品的特色和独特形象。至此,就可以塑造出一种消费者或用户将之与别的同类产品联系起来而按一定方式去看待的产品,从而完成产品的市场定位。

市场定位的意义在于设法建立某种竞争优势,以争取在目标市场上占有更大的市场份额。

二、市场定位的步骤

市场定位的主要任务就是通过集中企业的若干竞争优势将自己与其他竞争对手区别开来。这可看作一个为企业明确其潜在的竞争优势,选择相对的竞争优势以显示其独特竞争优势的过程。

1. 识别潜在的竞争优势

对产品的市场进行定位的依据很多,企业可以根据产品、服务、人员或形象来使其所提供的价值区别于其他竞争者,以使消费者获得更为深刻的印象。

(1)产品差异:一个企业可以根据产品的质量、性能、外观、价格、耐用性、可靠性、安全性、一致性、易维护性等方面的因素,设计并向消费者提供高度差异化的产品,使自己的产品本身具有其他竞争者所没有的优势和特色。

(2)服务差异:除了对有形产品实行差异化外,企业还可以对服务实行差异化。尤其是在难以突出有形产品的差别时,竞争成功的关键常取决于服务的数量和质量。区分服务水平的因素有送货、安装、咨询、培训、维修等。

(3)人员差异:在获得竞争优势的方法中,雇佣并培训比竞争者素质更好的员工也是其中之一。

(4)形象差异:即使是相同的产品和服务,但由于企业或品牌的形象不同,购买者也会作出不同的反应,因此,企业必须建立与竞争者不同的品牌形象。企业的品牌形象是企业有意识创造的结果。创造形象的工具有名称、标识、标语、环境、赞助活动等。鲜明的企业或品牌形象首先应包括一个或多个易于识别的标识及口号,并通过各种可能的媒体及生产或服务的有形空间来宣传和塑造自己的形象。如农夫山泉矿泉水强调“有点甜”。

2. 选择合适的竞争优势

并非所有的品牌差异都有意义或价值,也不是每一种差异都能成为很好的区别因素,而且每一种差异都有可能在给顾客带来利益的同时增加企业成本,因此,企业必须在若干个潜在的竞争优势中作出选择,以此建立市场定位战略。

一个差异是否值得选择应看它是否符合下列标准:

(1)重要性:该差异能给目标顾客带来高价值的利益。

(2)独特性:竞争者无法提供该差异,或不能以一种更加与众不同的方法来提供。

(3)优越性:该差异优于其他可使顾客获得同样利益的方法。

(4)感知性:顾客能了解到、看到该差异的存在。

(5)先占性:竞争者不能轻易复制该差异。

(6)可支付性:购买者有能力支付由于这一差异而增加的成本。

(7)可盈利性:企业可从该差异中获利。

实际上,有不少企业因为选择差异不当而使企业蒙受了巨大损失。如新加坡的弗斯汀·斯坦福宾馆宣称自己的旅馆是世界上最高的旅馆,但这种差异对许多旅客而言毫不重要,反而使其他特点无法表现出来。因此,选择可用来为产品或服务定位的竞争优势是很困难的,但是这些选择对企业的成败与否是至关重要的。

3. 传达选定的竞争优势

企业确立市场定位后,就要采取有力的步骤把理想的市场定位传达给目标市场的顾客,而且企业的市场营销组合必须支持这一定位战略。定位要的是具体行动,而不是纸上谈兵。如果决定选择较占优势的品质和服务作为定位,首先要传达定位,然后设计由产品、价格、渠道、促销组成的营销组合,使消费者不仅仅是通过企业宣传,更重要的是通过实实在在的行动了解并强化企业及产品的形象。

总之,在确定产品的市场定位时,首先要调查了解目标顾客的需求和爱好,研究目标顾客对于产品的实物属性和心理方面的要求和重视程度;其次,研究竞争者产品的属性和特色,以及市场满足程度。在此分析研究的基础上,企业可根据产品的属性、用途、质量、顾客心理满足程度、产品在市场上的满足程度等因素,作出产品的市场定位决策,对本企业产品进行市场定位。

三、市场定位的策略与重新定位

1. 市场定位策略

一般情况下，产品市场定位策略有以下三种：

(1)抢占或填补市场空位策略：这种策略是将企业产品的位置定位在目标市场的空白处，不与目标市场上的竞争者直接对抗，而在目标市场的空隙或空白领域开拓新的市场和新的产品，以便更好地发挥企业的竞争优势，获取较好的经济效益。

(2)与竞争者并存和对峙的市场定位策略：这种策略是将企业产品的位置定位在目标市场上现有竞争者的产品旁，相互并存和对峙着。对一些实力不太强的中小企业来说，大多采用此种策略。采用这种策略对企业的好处有：企业可仿制竞争者的产品，向市场销售自己品牌的产品；企业可以节约大量研究开发费用，降低成本；同时还可以节省产品推销费用，减少风险。企业采用这种策略的条件是：该市场的需求潜力还很大，还有很大的未被满足的市场，并足以吸纳新进入的产品；其次是企业推出的产品要有自己的特色，能与竞争者的产品媲美。只有这样，才能立足于该市场。

(3)取代竞争者的市场定位策略：这种策略就是将竞争者挤出该市场，并取而代之。对一些实力强大的大企业，为扩大自己的市场范围，提高市场占有率，往往会采用这种策略。企业要使用这种策略，必须比竞争对手有明显的优势，提供比竞争者更好更有特色的产品，并做好大量的推广宣传工作，提高本企业产品的形象和知名度，淡化顾客对竞争者产品的印象和好感。

2. 产品重新定位

企业产品的市场定位，不是一成不变、一劳永逸的，随着市场情况的变化，产品需要重新定位。在发生以下几种情况时，企业必须对产品进行重新定位：当本企业产品定位附近出现了强大的竞争者，导致本企业的产品销量和市场占有率明显下降；消费者的消费观念、消费偏好发生变化，由喜爱本企业产品转向竞争者产品；发现本企业的新产品在目标市场的定位不准确；本企业的产品在目标市场逐步走向衰退期，为了延长产品生命周期，需要重新定位。

第五节　市场竞争战略

市场竞争是指具有同质目标的两个或更多的对手，为争夺某种共同感兴趣的市场而展开的博弈性的行为。在竞争日趋激烈的市场上，企业要实现自己的营销目标，就必须了解、分析竞争对手的情况，制定有效的营销战略，以取得竞争优势。

一、竞争者分析

1. 确定企业的竞争者

确定竞争者，实质上就是确定谁是自己的竞争对手。哈佛大学的迈克尔·波特教授早在20世纪90年代末就提出了影响市场长期利润的五大竞争力量。这五大竞争力量是同行业竞争对手、新入市者的威胁、供应者的讨价力量、采购者的讨价力量以及替代品的威胁和竞争，如图5—3所示。

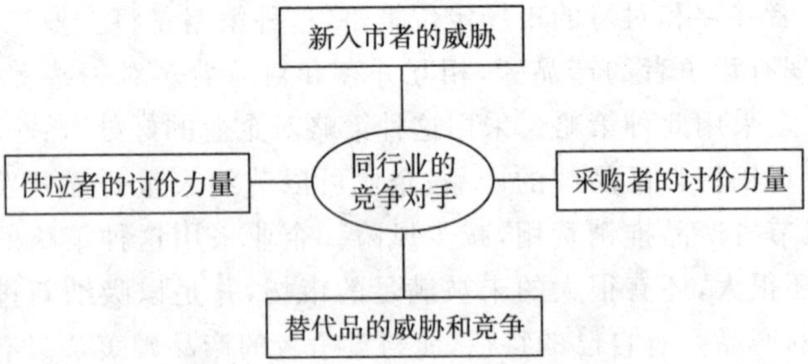

图5—3 五大竞争力量示意图

同行业的竞争对手，一般是指那些提供与本企业相同或相似的产品和服务，并具有相似的目标顾客和相似价格的企业。

新入市者，即经营同一类产品或服务的竞争者进入市场。这意味着同一市场竞争对手的增加，而且新入市者往往是在对市场作过充分调研、深知竞争者劣势的情况下有备而来的。

供应者和采购者的讨价力量，这两者一个在竞争者的上游，一个在其下游。如果供应者的讨价能力强，必然提高产品的成本价格；如果采购者的讨价能力强，就会影响产品的售价。而企业的竞争能力在很大程度上依赖于货源的成本和产品的售价，两者随时都可能进入市场，从而成为企业最直接的竞争对手。

替代品则为客户提供了其他的选择。替代品虽然不是同一种商品，但会减低客户对本产品的依赖程度，从而挤压了本产品的市场。例如，通用汽车公司的竞争对手是福特公司、丰田公司等。但从顾客需要的是代步工具的角度讲，通用汽车的竞争者，也可以是摩托车、电瓶车和自行车等。

以上五种竞争力量共同决定行业竞争的强度和获利能力。但是，各种力量的作用是不同的，常常是最强的某个或几个力量处于支配地位，起决定性作用。企业在制定营销战略时，应通过以上分析，明确谁是自己的主要竞争对手，弄清企业生存的优势和劣势，寻求企业在本行业中的有利地位。

2. 对竞争者进行分析

在确定企业的竞争对手后，就要对竞争对手的目标与策略、优势和劣势以及他们对竞争的反应模式等进行全面的分析。

(1)确定竞争者的目标。每个竞争者都有侧重点不同的目标组合,如以技术领先、服务领先、市场占有率、盈利能力等为侧重点。企业营销人员只有了解每个竞争者的目标组合的侧重点是什么,才有可能正确估计竞争者可能采取的应变对策。

(2)确定竞争者的策略。企业要了解识别各竞争者所采取的策略,可依据竞争者采用策略的不同,将竞争者划分为不同的策略群。小企业适于进入投资和声誉较低的群体,而实力强的大企业则可以进入竞争性强的企业群体。在选定策略群后,要注意该群体内主要竞争对手所奉行的策略,以便制定相应的对策。

(3)估计竞争者的优势和劣势。企业需要估计竞争者的优势及劣势,了解竞争者执行各种既定策略的情况。这需要搜集过去几年中竞争者的有关情报与数据,如销售额、市场占有率、边际利润、投资收益率、现金流量、发展战略等。具体方法是企业可以对中间商和顾客进行调查,如以问卷调查形式请顾客给本企业和竞争者的产品对一些重要方面进行评分,通过这些数据可了解竞争者的长处和不足。在寻找竞争者弱点时,企业要注意发现竞争者对市场或策略估计上的错误,并抓住其弱点,出其不意,攻其不备。

(4)判断竞争者的反应模式。竞争者的目标、策略、优势和劣势决定了它对市场竞争的反应,如降价、强化促销、推出新产品等策略的实施。当企业采取某些措施和行动之后,各竞争者会有不同的反应。有的反应不强烈、行动迟缓;而有的在某些方面反应迅速,如针对某些企业的降价也降低了自己产品的价格,以警告对方的新策略不会成功,但对其他方面如增加广告预算、加强促销活动等不作任何反应;还有一些竞争者会全面迅速地作出反应,如美国P&G公司,一旦受到挑战立即发起猛烈的进攻,因此同行业的企业都避免与其正面交锋。

二、竞争策略

在对竞争者进行了系统、全面的分析后,企业要根据自己的营销目标、市场定位、资源情况及在本企业所处的竞争地位来决定其最佳策略。

(一)市场主导者策略

市场主导者如果没有获得法定的垄断地位,必将受到竞争者的挑战。如果不保持警惕并采取相应的对策,就可能失去其市场的主导地位。为此,它们常常采取种种措施来维护自己的优势,保持自己的主导地位,如扩大市场需求总量、保持现有市场占有率、提高市场占有率等。

1.扩大市场需求总量

当一种产品的市场需求总量扩大时,受益最大的是处于主导地位的企业。具体方法是:发掘新的使用者;开辟产品的新用途;增加使用者对产品的使用量。

(1)发掘新的使用者。每种产品都有吸引新的使用者、增加使用者数量的潜力。企业可以设法说服未使用者,也可以开发其他市场上的顾客群。

(2)开辟产品的新用途。为新产品开辟新的用途,可扩大需求量并使产品销售量久畅不衰。

(3)增加使用者的消费量。

2.保持现有市场占有率

处于市场主导地位的企业,必须时刻提防市场挑战者的进攻,捍卫自己的市场阵地。市场的主导者在任何时候都不能满足现状,必须在产品的创新、水平的提高、分销渠道的有效性和降低成本等方面,真正处于该行业的领先地位。进攻是最有效的防御,主导者应该抓住对手的弱点主动出击。如果不主动出击,就必须严守阵地,不能有任何疏漏。堵塞漏洞要付出很高的代价,但如果因此而放弃一个细分市场,损失可能更大。市场主导者要善于准确辨认哪些阵地是值得耗资防守的,哪些是可以放弃的,以便集中使用防御力量。

3.提高市场占有率

市场的主导者设法提高市场占有率,也是增加收益的一个重要途径。在许多产品市场上,增加一个百分点的占有率就意味着几千万甚至上亿元的销售额。在提高市场占有率时应该考虑以下几个因素:

(1)防止引起反垄断的可能性。有些国家制定了反垄断法,当企业的市场占有率超过一定限度时,就可能受到指控和制裁。

(2)市场占有率要保持适度。当市场占有率已达到一定水平时,再要求进一步提高,就要付出很大代价,这里面存在一个边际成本与边际收益的关系问题。如果边际成本大于边际收益,结果是得不偿失。

(3)要运用正确的营效组合策略。市场主导者在提高市场占有率的同时,还必须保证利润水平的提高。有些营销手段对提高市场占有率很有效,却不一定能增加利润。只有在以下两种情况下,市场占有率才同收益成正比:一是单位成本随市场占有率的提高而下降;二是产品价格的提高大大超过为提高产品质量所投入的成本。

总之,市场主导者只有在保证收益的条件下提高市场占有率,才能持久地占据市场的主导地位。

(二)市场挑战者策略

市场挑战者如果要向市场主导者和其他竞争者挑战,首先必须明确自己的战略目标和竞争对象,然后再选择适当的进攻策略。

1.确定战略目标和竞争对象

市场挑战者战略目标通常是提高市场占有率,因为这样可以提高收益率。挑战者根据竞争对象的情况,可以有以下几种战略目标选择:

(1)攻击市场主导者。这是风险和吸引力都很大的举措。挑战者应仔细调查研究主导者的弱点和缺陷,以作为自己进攻的目标。此外,还可开发超过主导企业新产品的新产品,以更好的产品夺取市场的主导地位。

(2)攻击与自己实力相当的竞争者。对于那些与自己势均力敌的企业,可选择其中经营不善、发生亏损的公司作为进攻对象,设法夺取它们的市场。

(3)攻击地方性小企业。对当地小企业中经营不善、资金困难者,可夺取它们的顾客,甚至收买这些小企业。

2.选择进攻策略

确定了战略目标和竞争对象后,挑战者要考虑采取什么进攻策略。有五种可供选择的策略:

(1)正面进攻。即进攻者集中全力向对手的主要方面进攻,也就是攻击对手的强项,而不是弱项。这要求进攻者必须在产品、广告、价格等主要方面超过对手,否则不宜采用这种策略。另外,进攻者可投入大量研究与开发经费,使产品成本降低,从而以降低价格的手段向对手发动进攻,这是正面进攻最坚实的基础之一。

(2)侧翼进攻。进攻者集中优势力量攻击对手的弱点,攻击其侧面或背面。这又分为两种情况;一种是地理性攻击,即在国际市场上寻找对手力量薄弱的地区,在这些地区发动进攻;另一种是细分性进攻,即寻找主导企业尚未为之服务的细分市场,在这些小市场上迅速填补空缺。侧翼进攻是一种较为经济的策略。

(3)围堵进攻。即利用突然袭击的方法夺取对手大片阵地的一种策略。当进攻者拥有优于对手的资源,并确信围堵计划的完成足以打垮对手时,可采取这种策略。

(4)迂回进攻。这是一种间接的进攻策略,它避开了对手的现有阵地,通过多元化经营发展自己的市场、积聚自己的财源而向竞争对手展开间接攻击。具体办法是:发展无关产品、实行产品多元化;以现有产品进入新地区,实行市场多元化;发展新技术、新产品,取代现有产品。

(5)游击进攻。对于一些实力较差的企业来说,这是一种行之有效的策略,即企业可以以小规模的、间断性的进攻打击对手的士气。

(三)市场跟随者策略

美国管理学家李维特认为,产品模仿可能像产品创新一样有利。因为一种新产品的开发者要花费大量投资才能取得成功并获得市场主导者地位,而其他厂商(市场跟随者)从事仿造或改良这种产品,虽然不能取代市场主导者,但因其不需要花费大量投资,也可获得很高的利润,其利润甚至超过同行业的平均水平。市场跟随者和挑战者不同,它不是向市场主导者发动进攻并图谋取而代之,而是跟随在主导者后面,自觉地维持共处局面。这种自觉共处状态在资本密集且产品同质的行业(钢铁、化工等)中是普遍的现象。在这些行业中,产品的差异性很小,而价格灵敏度很高,随时都可能发生价格竞争,结果导致两败俱伤。因此,为了避免这种不良后果，这些行业中的厂商常彼此自觉地不互相争夺客户，不以短期的市场占有率为目标，以免引起对手的报复行为。在这种形势下，厂商们通常采取市场跟随策略，效仿市场主导者提供类似的产品。但是，每个市场跟随者都必须懂得如何保持现有的顾客，并争取一定数量的新顾客；必须设法给自己的目标市场带来某些特有的利益，如地点、服务、融资等；还必须尽力降低成本并保持较高的产品和服务质量。市场跟随者不是被动地单纯追随主导者，它必须找到一条不致引起竞争性报复的成长途径。通常有三种可供选择的策略：

(1)紧密跟随。在各个细分市场和营销组合方面，尽可能效仿主导者。这种跟随者有时像是挑战者，但只要它不从根本上侵犯主导者的地位，就不会引发直接冲突。

(2)有距离的跟随。在主要方面，如目标市场、产品创新、价格水平和分销渠道等方面跟随主导者，但仍与主导者保持若干差异。

(3)有选择的跟随。在某些方面紧跟主导者，但不是盲目跟随，而是择优跟随，在跟随的同时发挥自己的独创性，不过并不进行直接竞争。这些公司往往成为潜在的挑战者。

此外，在国际市场上有一种假冒仿制名牌货的"跟随者"，这种厂商的经营行为是非法的，企业不应效仿。

(四)市场补缺者策略

每个行业几乎都有些小企业精心服务于市场的某些细小部分，它们不与主要的企业竞争，而只是通过专业化的经营来占领有利的市场位置。其主要战略是专业化营销，即营销者为了取得有利的市场位置，在市场、顾客、产品或渠道等方面实行专业化。在市场上，营销者可选择下述专业化方案：

(1)按特定顾客专业化。只对一个或几个主要客户服务，如美国有些厂商专门为西尔斯百货公司或通用汽车公司供货。

(2)按顾客规模专业化。专门为某一种规模(大、中、小)的客户服务，如有些小企业专门为那些大企业忽略的小客户提供服务。

(3)按地理区域专业化。专门为某一地区或地点服务。

(4)按产品或产品线专业化。只生产一种或一类产品的某几种。

(5)按质量和价格专业化。专门生产经营某种质量和价格的产品，如专门生产高质高价或高质低价的产品。

为了减少企业经营的风险，市场补缺者一般应选择在两个以上的领域实行专门化经营，以确保企业的生存和发展。总之，只要营销者善于经营，小企业也有许多机会可在获利的条件下很好地为顾客提供产品和服务。

【核心概念】

市场营销战略 市场细分 目标市场 无差异性营销策略 差异性营销策略 集中性营销策略 目标市场定位 市场竞争 市场主导者策略 市场挑战者策略 市场跟随者策略 市场补缺者策略

【复习思考题】

1. 企业为什么要制定市场营销战略？简述市场营销战略的主要内容。

2. 企业为什么要进行市场细分？市场细分的客观依据是什么？

3. 简述市场定位的步骤和内容。

4. 企业选择目标市场有哪些策略？各有什么特点？

5. 简述市场竞争的主要策略和特点。

【技能训练】

资生堂细分“岁月”

日本的化妆品，首推资生堂。近年来，它连续名列日本各化妆品公司榜首。资生堂之所以长盛不衰，与其独具特色的营销策略密不可分。

1. 独创品牌分生策略

与一般化妆品公司不同，资生堂对其公司品牌的管理采取所谓品牌分生策略。该公司以主要品牌为准，对每一品牌设立一个独立的子公司。这样，每个子公司可以针对这一品牌目标顾客的不同情况，制定独立的产品价格、促销策略；同时，公司内部品牌与品牌之间、子公司与子公司之间也要进行激烈竞争。例如，90 年代初，该公司推出了以年龄在 20 岁左右、购买能力较低、对知名品牌敬而远之，对默默无闻的品牌能自主选择的女性为目标顾客的“ettusais”系列化妆品。该品牌的营销管理就比较特别。他们在东京银座一楼专卖“ettusais”系列品的商店中，陈列的品种达 30 多种，顾客可以当场试用，价格也较低。考虑到目标顾客的思想行为特点，他们在“ettusais”系列化妆品包装上一律不写资生堂的名字，让人不易觉察这是大名鼎鼎的资生堂产品。通常，一般店铺中，顾客一上门，售货员就会做一大串说明，而资生堂 ettusais 店则规定，除非顾客主动询问，售货员绝不能对其进行干扰，而应为这些年轻女性创造一种能完全独立自主挑选的购物气氛。

2. 体贴不同岁月的脸

80 年代以前，资生堂实行的是一种不对顾客进行细分的大众营销策略，即希望自己的每种化妆品对所有的顾客都适用。80 年代中期，资生堂因此遭到重大挫折，市场占有率下降。1987 年，公司经过认真反省以后，决定将原来的无差异的大众营销转向个别营销，即对不同顾客采取不同营销策略，资生堂提出的口号便是“体贴不同岁月的脸”。他们对不同年龄阶段的顾客提供不同品牌的化妆品。为十几岁少女提供的是 RECIENTE 系列，20 岁左右的是 ettusais，四五十岁的中年妇女则有长生不老 ELIXIR，50 多岁的妇女则可以用防止肌肤老化的资生堂返老还童 RIVITAL 系列。

资生堂不像一般的化妆品公司那样，对零售商有较大的依赖，它有自己独立的销售渠道，旗下专卖店（柜）达 25000 多家。为配合产品销售，资生堂又推行了“品牌店铺”策略，即结合各品牌的具体情况，在每一专卖店（柜）中只集中销售一种或几种品牌。如在学校、游乐场、电影院附近等年轻人较多的地方，设立 RECIENTE 系列专卖店，在老年人出入较多的地方则设立 RIVITAL 专卖店。为使其对市场的细分达到最彻底的程度，资生堂制订的战略是，未来旗下的每一家店铺只出售一种品牌的资生堂产品。

3. CL 店构想

资生堂还对化妆品市场进行了调查和研究，发现一般消费者不仅需要化妆品公司提供高质量的产品，更需要他们提供高水平的美容咨询服务，于是提出了 CL 店构想。资生堂强调其旗下各专卖店（柜）的销售人员必须有较强的咨询能力（couseling 即 CL），能把化妆品店变成美容咨询室，为入店顾客提供各种咨询服务。为此，资生堂积极对其员工进行培训，目标是使每个销售人员都成为“美容专家”。每年资生堂要举行六期美容 CL 的研讨会，以传授商店美容咨询的秘诀。

4. 战略营销管理

资生堂是日本最早进行战略营销管理的企业之一，内部有专门的战略营销研究机构——资生堂营销战略室。这个研究室的主要任务便是对资生堂的外部营销环境、行业竞争态势作出判断，制订中长期的企业营销策略，并负责实施这些战略。此外，资生堂还在日本全国各地聘请了 35 位高级营销顾问，每年在资生堂总部集中几次，研讨国内外化妆品市场动向，检讨资生堂在战略管理中的问题。技高一筹的战略营销管理使资生堂在激烈的市场竞争中始终能领先一步。

思考题：

1. 资生堂是如何进行市场细分的？其品牌分生策略其实是属于哪种目标市场营销战略？

2. 资生堂的目标市场战略有何独特之处？

第六章　市场营销产品策略

【案例导入】

美国化妆品之王P&G是世界上最大的清洁剂和化妆品制造公司。该公司开发新产品时，总是一试再试，它并不担心这种反复试验会因此而暴露给竞争对手，原因是产品在批量投放前已从大量的试验里学到了许多东西，这样所增加的价值大大超过所付出的代价。正如公司的竞争对手所说：P&G公司总是一试再试，试验个没完没了，他们要花费几个月甚至几年的时间才进入市场，不过一旦进来了，你最好挪个窝。

该公司设计的是超出一般质量水平的高质量的产品，产品一经推出，公司就坚持不懈地长期致力于提高产品质量。该公司生产不同规格和款式的品牌产品，以满足顾客的不同偏好，从而防止竞争者入侵未被占领的市场。

该公司是采用分类品牌及多品牌策略的先驱。该公司生产的洗衣粉共有十多个品牌，洗发精有3个品牌，每个品牌在消费者心目中的定位都略有不同，并分别用不同的广告促销。该公司还使用品牌扩张策略，借用著名的品牌推出新产品。

该公司是把免费电话前缀号码800印在自己产品包装上的第一家公司。公司总部安排有50位工作人员从早到晚答复顾客电话咨询，这也是公司改进开发新产品的重要信息来源。

思考题：P&G公司开发新产品的成功率高、竞争能力强的原因是什么？采取了哪些品牌策略？取得成功的原因是什么？为顾客提供的产品概念包括哪些内容？

【学习目标】

1. 知识目标：理解产品的整体概念及其内涵；了解产品组合策略的含义和内容；认清产品生命周期各阶段的特点和营销策略；初步掌握新产品开发的方法和步骤；掌握品牌和商标的概念，品牌命名、设计的要求；明确包装策略的作用及有关内容。

2. 能力目标：通过对本章的学习，能正确辨别产品整体概念的几个层次；能制定产品生命周期各个阶段的营销策略；能正确运用品牌和包装策略。

第一节　整体产品概念与产品组合策略

市场营销是以消费者需求为导向的，而消费者需求的满足只能通过某种产品或服务来实现。因此，产品策略是市场营销策略的出发点，是其他相关策略的基础，是构成市场营销活动的主体。企业的生存和发展，关键在于其产品或服务满足消费者的程度。在现代市场经济条件下，任何企业都只有致力于新产品的开发和产品质量的提高，才能更好地满足消费者的需求。

一、产品的整体概念

市场营销中的"产品"概念不同于一般产品的含义。现代市场营销理论认为，"产品"的整体概念是由三个层次构成：核心产品、有形产品和附加产品（见图 6—1）。

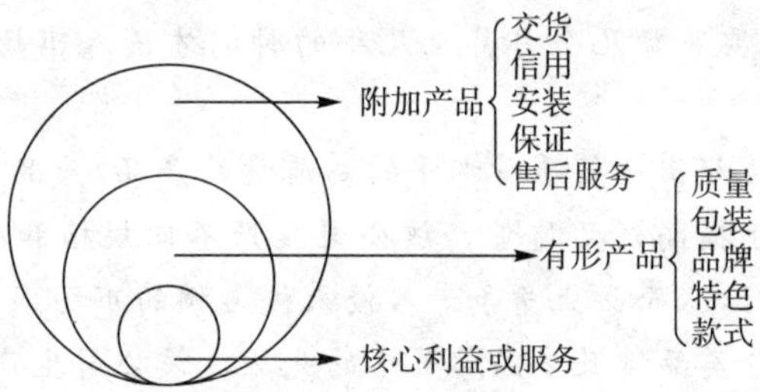

图 6—1　产品的三个层次

1. 核心产品(Core Product)

这是产品最基本的层次，是满足顾客需要的核心利益，即顾客真正要买的东西。营销人员的任务就是要发现隐藏在产品背后的真正需要，把顾客所需要的核心利益和服务提供给顾客。对同一种产品，人们往往可以有不同的核心需要。营销者在形式上出售产品，但在本质上出售的是顾客的核心利益或服务。营销者实际上是顾客利益的提供者。

2. 有形产品(Tangible Product)

这是整体产品的第二个层次，是核心产品的载体和表现形式，包括产品的结构、产品的材料、外观造型、质量水平、品牌和包装等。产品的基本效用和核心利益必须通过某些具体的形式才能得以实现。营销者应首先着眼于顾客购买产品的核心利益，再去寻求利益实现的形式，进行产品设计。对有形产品如服装，应考虑它的面料、款式、做工、品牌和包装等有形产品要素；对于服务，应注意服务设施、服务内容、服务环境、服务人员、服务氛围等要素。只有围绕核心利益来设计安排有形产品的要素，所得到的产品才是有效的。

3. 附加产品(Augmented Product)

这是整体产品的第三个层次，是指顾客在购买有形产品所能得到或期望得到的附加服务与利益，体现产品的服务性，包括产品的售前、售中、售后各种技术、商业性服务项目。在现代市场竞争激烈的情况下，企业不仅要向顾客提供好的产品，更要提供优质的服务。美国著名的管理学家李维特(Levitt)指出，新的竞争不在于各家公司在其工厂里制造什么产品，而在于工厂外能否给产品加上包装、服务、广告、咨询、送货、保管或顾客认为有价值的其他任何东西。

消费者越来越倾向于购买产品的附加值，而不是产品的金钱价值。据调查，在1950年有99%的消费者购买的是产品的有形价值，而只有1%的人愿意为无形价值付出代价；到了1975年，愿意购买产品无形价值的顾客上升到30%，70%的人还是看重产品的有形价值；进入2000年后，倾向购买产品无形价值的顾客已经达到60%。

综上所述，产品整体概念是一个包括有形的与无形的、物质的与非物质的、核心的与附加的等多方面内容。它不仅要给予顾客以生理上、物质上的满足，而且要给予心理上、精神上的满足。只有真正懂得整体产品的含义，才能贯彻现代营销观念以“顾客为中心”的要求，全面满足顾客的需要，同时也才能提高企业的形象和收益。

【情景案例6－1】

麦当劳提供的整体产品

世界快餐的“航空母舰”——麦当劳成功的秘诀在于它所提供的产品具有整体概念，概括起来可用以下七个英文“f”说明：

● 新鲜(fresh)：美国人很重视食品的新鲜——豆子要碧绿，生菜要鲜嫩，鱼肉要洁白，油炸食物要酥脆。因此，优良的冷冻和通风设备必不可少，清洁的就餐环境至关重要。

● 饱(filling)：快餐要给人以物美价廉之感。为此，麦当劳在炸鸡上多洒些面包屑，把面包卷做得更厚，每一份炸马铃薯片和生菜沙拉都更容易让人吃饱。同时还注意各色食品中的营养搭配。

● 快(fast)：由于人们吃快餐目的就是为了节省时间，因此，食品必须是速食品。为节约时间，柜台上设有多台收款机，以减少人们排队付款时间。麦当劳公司还在高速公路两旁建立了快餐店，司机们足不出车就可以拿到几分钟前预订的食品。

● 油炸(fried)：美国人喜欢吃酥脆的油炸食品，但又不愿意在家中做，因为会有讨厌的油炸气味和大量渣滓。麦当劳提供的油炸食品恰好又快又易携带。

● 家庭式(family)：忙碌的人们不常在家做饭，却想在外面找个家庭式的地方就餐，即餐厅符合家庭要求：食品对孩子不能太腻且价格相对便宜，餐厅清洁卫生，通风明亮，一般不供应酒类。

● 浪漫感(fantasy)：在有家庭氛围之余，还应让人感到就餐是一种享受。因此，麦当劳公司对有的店铺进行了怀古装饰，特别是运用了古老西部的装饰以及西班牙殖民地时期的装饰。

● 福特主义(fordism)：通过采用自动化设备代替手工操作，精密分工，统一食品标准，以节省时间，降低成本，同时，可以保证人们在不同地方吃到的麦当劳食品都是一种口味。

讨论题：通过对麦当劳关于“整体产品”概念的介绍，你如何理解营销中的产品整体概念？

营销学家菲利普·科特勒在《营销管理》第八版中，进一步提出了产品的五个层次。他认为，任何一个产品都可以分解为核心利益、基本产品、期望产品、扩展产品和潜在产品五个层次(图 6—2)。

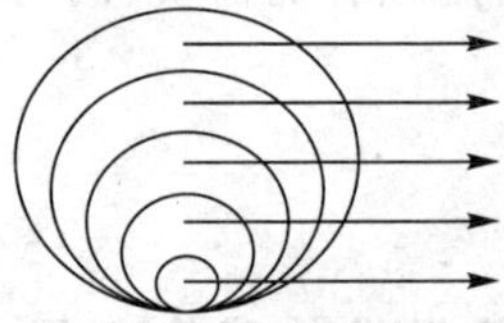

图 6—2　产品需求的五个层次

二、产品质量策略

(一)产品质量的重要性

产品质量(Product Quality)是产品的生命，是提升竞争力的源泉。高质量的产品是国际营销市场的通行证。优良的质量对企业赢得信誉、树立形象、满足需要、占领市场和增加收益，都具有决定性的意义。一切成功的企业都毫不例外地重视自己产品的质量，并不断改进、提高产品质量。

日本著名企业家松下幸之助有一句名言：“对产品质量来说，不是 100 分就是零分。”这就意味着不准许有任何一点瑕疵的产品出厂，凡上市的产品都必须是百分之百的合格品，这是使企业长久获得信誉的根本保证。只有获得信誉，才能获得稳定的市场占有率。

(二)产品质量管理策略

产品质量管理策略主要有以下三种：

1. 不断提高产品质量，改进产品功能，创优质名牌

这样，可持久地保持较高的市场占有率和投资收益率。国际市场上的名牌商

品大多数都采取这种策略，把产品质量视为公司的命脉，十分珍视自己的品牌形象，宁可牺牲企业的短期利益，也要确保产品质量始终如一，符合标准。

2. 保持产品质量长期稳定

当产品质量已达到一定水平并得到顾客偏好时，应努力保持既有质量稳定不变，除非发现重大缺陷或更好的改进机会。对高档名贵产品必须严格控制产量，保证质量稳定，切不可盲目扩大生产而致使质量下降。

3. 降低产品质量

有些厂家在创出名牌，特别是当产品畅销、市场供不应求时，采取偷工减料的办法降低产品质量，或放松质量控制，粗制滥造，一味追求产量。这一做法，企业虽然获得一时之利，但从长远来看无异于“自杀”，最终受害的将是企业本身。这是一种鼠目寸光的短视行为，是小生产者狭隘性和自发性的一种表现。不过在某些特定情况下，降低质量策略也不是绝对不可取，如某些产品在成本上升而售价不能提高的情况下，为了保证起码的利润率和竞争力，也可适当降低质量。但是这终究不是上策，只能作为不得已情况下的权宜之计。

三、产品分类

产品按购买者及其用途的不同，可以分为消费品和产业用品两大类。

(一)消费品分类

消费品是指那些由最终消费者购买并用于个人消费的产品。

1. 按产品是否具有实物形态及是否耐用划分

(1)耐用消费品(Durable Goods)：它是可供长期使用的、价值较高的产品。通常，耐用消费品的价格较高，因此，要特别注重售后服务的质量。要向顾客提供更多的附加产品。

(2)非耐用消费品(Nondurable Goods)：它是指消费周期短、容易被消耗的消费品。如食品、日用品(牙膏、牙刷、护肤品、护发品等)。非耐用消费品由于使用频率高、与消费者的日常生活联系紧密，因此应尽可能地通过广告宣传影响消费者的购买决策，培养和争取长期顾客，以期从长远经营中获利。

(3)无形消费品(Unvisible Goods)：即服务型产品，如理发、美容、旅游等，从消费的周期与频率上来看，这类消费品应属于非耐用消费品的范畴，因此具有非耐用消费品的特点。但同时，服务性消费品又不具有实物形态，具有非存储性的特征，即该消费品一生产出来就必须消费，或者说，服务性消费品是就地生产、就地销售、就地消费，因此就应更加注重信誉和售后服务，以期吸引更多的回头客。

2. 按消费者的购买习惯划分

(1)便利品(Convenience Goods)：指消费者日常随时需用、不愿花费很多时间和精力去购买的物品，包括日用品、即兴商品和急需品三类。

(2)选购品(Shopping Goods):指规格复杂、消费者在购买时必须经过细致的比较和鉴别才能决定是否购买的产品,包括同质选购品和异质选购品两类。

(3)特别品(Specialty Goods):指特定品牌或具有特色的、为特定消费者群购买的物品。消费者愿意花费较多时间和精力去购买某种特定产品,这些产品一般是不可替代的。

(4)非寻求品(Unsought Goods):指消费者不知道的,或虽然知道但一般情况下不想购买的物品,如上市不久的新产品、人寿保险、大百科全书等。这类产品的特点,决定了它们的营销要在广告和人员推销等方面花费很大力量。

(二)产业用品的分类

产业用品通常是按其如何进入生产过程及其与产品成本的关系而分为三类:

(1)原材料和零配件。包括未经加工的原材料和加工制造的原材料、零配件,这类产业用品是完全进入生产过程的,其价值一次性计入产品成本。

(2)固定资产。包括厂房、机器和各种生产设备等,这类物品是部分地进入产品,其价值是通过折旧逐次计入产品成本的。此外还有办公设备。

(3)供应品和服务。供应品包括生产供应品、维护用品、办公用品等,这些通常都是通过中间商销售的,适于分散经营,以尽量接近用户。这些用品一般是标准化的,用户关心的主要是价格和服务,品牌偏好不高。服务包括维修保养服务和业务咨询服务。供应品和服务都是不直接进入产品的,其价值分期摊入产品成本。

上述关于产品分类的方法,说明产品特性对营销策略有很大影响。当然,市场营销策略的制定还受到产品生命周期的阶段、竞争者的实力、市场细分的程度以及社会经济状况等许多因素的影响。

四、产品组合策略

(一)产品组合的含义

产品组合是指一个企业在一定时期内生产经营的各种不同产品的全部产品大类、产品项目的组合。衡量产品组合的要素主要有宽度、长度、浓度和关联性四个。

(1)宽度是指企业的产品线总数。产品线也称"产品大类"、"产品系列",是指一组密切相关的产品项目。这里所说的"密切相关"可以是使用相同的生产技术,产品有类似的功能、同类的顾客群,或同属于一个价格幅度。产品组合的宽度说明了企业的经营范围大小、跨行业经营甚至实行多角化经营的程度。增加产品组合的宽度,可以充分发挥企业的特长,使企业的资源得到充分利用,提高经营效益。此外,多角化经营还可以降低企业的经营风险。

(2)长度是指一个企业的产品项目总数。产品项目指列入企业产品线中具有不同规格、型号、式样或价格的最基本产品单位。通常,每一产品线中包括多个产品项目,企业各产品线的产品项目总数就是企业产品组合长度。

(3)深度是指企业各产品线平均包含的产品项目数。它等于产品组合的长度除以宽度。产品组合的长度和深度反映了企业满足各个不同细分的子市场的程度。增加产品项目,增加产品的规格、型号、式样、花色,可以迎合不同细分市场的消费者的不同需要和偏好,吸引更多的顾客。

(4)关联性是指一个企业的各产品线在最终用途、生产条件、分销渠道等方面的相关联程度。较高的产品关联性能带来企业的规模效益和企业的范围效益,提高企业在某一地区、行业的声誉。

(二)产品组合策略

企业在调整和优化产品组合时,依据不同的情况可选择如下决策:

1.扩大产品组合

扩大产品组合主要包括扩大产品组合的宽度和加强产品组合的深度两个方面。当企业预见到现有产品线的销售额和利润额在未来一段时期内有可能下降,或认为某一行业有发展的新机会时,就应考虑在现有产品组合中增加产品线,或加强其中有发展前景的产品线;当企业打算增加产品特色,或为更多的细分市场提供产品时,则可选择在原有产品线中增加产品项目。一般来说,扩大产品组合,可以充分地利用企业资源,分散经营风险,提高企业的竞争能力。

2.缩减产品组合

当市场繁荣时,采取扩大产品组合策略往往是适宜的,但当市场不景气或原料、能源供应紧张,或有更强的竞争对手进入企业的某细分市场时,缩减产品组合反而是明智之举。这是因为从产品组合中剔除了那些获利很少甚至亏损的产品线或市场项目,可以使企业集中力量经营获利较多的产品线和产品项目。

3.产品延伸

每一企业的产品都有其特定的市场定位。产品延伸策略是指全部或部分地改变原有的市场定位,具体方式有向上延伸、向下延伸、双向延伸三种。

(1)向上延伸。向上延伸是指企业原来生产低档产品,未来要生产高档产品。主要是因为,高档产品的需求增长较快,或高档产品还是市场的空白;企业经过低档产品的生产已积累了经验,能在生产技术、产品质量等方面作较大改进,同时又具有与高档产品的生产者竞争的实力;企业想使自己成为生产种类全面的企业。

(2)向下延伸。向下延伸是指企业原来生产高档产品,后来决定生产低档产品。主要的原因在于,高档产品的市场需求不足,企业增长缓慢,因此不得不向下延伸;低档产品市场存在明显的空白点;企业已通过经营高档产品项目树立了市场声誉,容易在低档产品市场上获得成功;企业的高档产品受到激烈竞争,必须用侵入低档产品市场的方式反击竞争者。

(3)双向延伸。双向延伸即原定位于中档产品市场的企业掌握了市场优势以后,决定向产品线的上、下两个方向延伸,一方面增加高档产品,另一方面增加低档产品，扩大市场的范围。

在现代的营销活动中，企业的产品线有不断延伸的趋势。生产能力的过剩、推销人员和经销商的期望，以及追求更高的销售额与利润，促使企业的生产线和产品项目越来越多，规格、型号、式样越来越全面。但是，一家企业所能达到的最大的产品线长度并不一定是产品线的最佳长度。在产品线过度增长的情况下，设计费用、工艺装备费用、仓储费、转产调整费用、订货费用、运输费用、新产品促销费用等会有较大幅度上升，即使增加了销售收入，也可能被增加更快的上述费用所抵销。可见，产品线并非越长越好，关键在于把握产品线延伸的长度。

第二节 市场产品生命周期理论与策略

一、产品生命周期的含义及研究的理论意义

产品在市场上的销售与获利能力随着时间的推移而变化，其变化像一个人的生命一样，要经历从诞生、成长到成熟，并最终走向衰亡的过程。在营销学中，产品生命周期是指一种产品从进入市场到被市场淘汰的过程。它一般分为四个阶段：介绍期、成长期、成熟期和衰退期(图 6—3)。

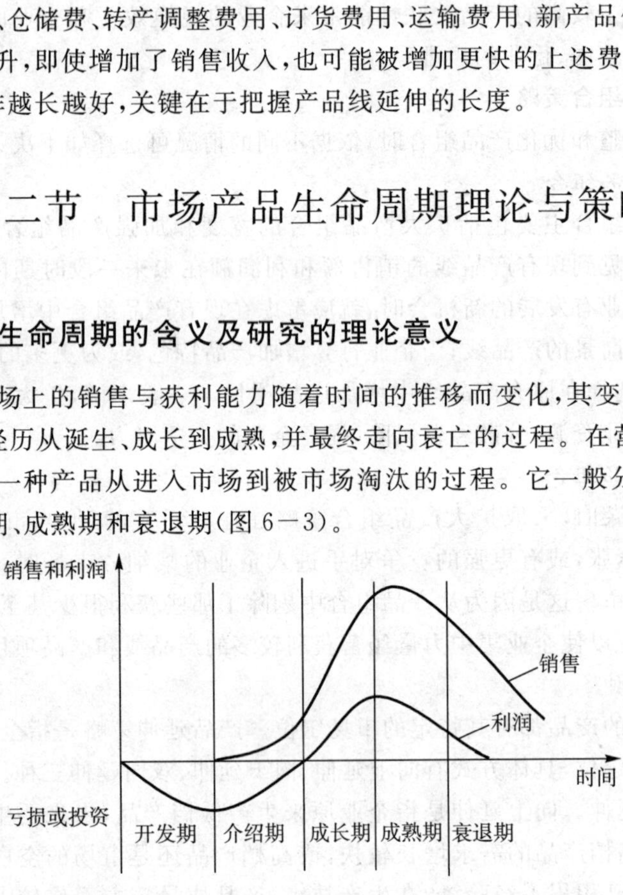

图 6—3 产品生命周期各阶段的销售和利润

(1)介绍期。新产品初上市，知名度低，销售增长缓慢，由于广告宣传费用高，企业没有利润，甚至亏损。

(2)成长期。新产品上市后经宣传介绍，如被市场接受即进入成长期。这一时期，销售额迅速增长，利润也显著上升，竞争者的类似产品陆续出现。

(3)成熟期。产品大量投产和大量销售的相对稳定时期，销售和利润的增长达到顶峰后速度渐缓并开始呈下降趋势。由于竞争激烈，营销费用增加，因此，利润率持平或下降。

(4)衰退期。由于竞争激烈、需求饱和或新产品出现,使销售额明显下降,利润日益减少,最后因无利可图而退出市场。

研究产品生命周期理论对企业市场营销具有十分重要的意义:

(1)产品生命周期各阶段的特点往往反映出买方需求的增减、竞争形式的变化以及利润波动的趋势,因此,营销者要千方百计地缩短介绍期、延长成长期和成熟期,特别在成熟期,应设法形成新的循环周期。

(2)产品生命周期理论要求企业具有创新精神。任何一种产品的市场寿命总是有限的,最终都将被淘汰退出市场。特别是新的技术的发展,新产品层出不穷,产品生命周期人为地缩短了。企业没有创新精神,就不能满足市场需求,其生存和发展必然会受到严重威胁。

二、产品生命周期各阶段的营销策略

研究产品的市场生命周期,是为了正确判断各种产品的发展变化趋势,借以作出相应的经营决策。根据产品市场生命周期的理论,企业营销策略总的要求是:

(1)使企业的产品尽可能迅速地为目标市场所接受,从而缩短产品的导入期;

(2)使企业的产品尽可能长久地保持畅销的势头,延长产品的成长期;

(3)使企业的产品尽可能缓慢地被市场淘汰,推迟产品的衰退期。

由于以上要求,在产品市场生命周期的不同阶段,要采取不同的策略(表 6—1)。

表 6—1 产品生命周期各阶段和营销目标

特征 \ 阶段	开发期	介绍期	成长期	成熟期	衰退期
销售额 单位成本 利　润 顾客类型 竞争者数目	无 高 无 无 无	低 高 无 领先采用者 少	迅速上升 平均水平 上升 早期采用者 渐少	达到顶峰 低 高 多数采用者 相对稳定 开始减少	下降 低 下降 滞后采用者 减少
营销目标	尽快投资上市	建立知名度,争取试用	提高市场占有率	保持市场占有率,争取利润最大化	妥善处理超龄产品,实现产品更新换代
营销策略	“快” 尽量缩短新产品开发的时间,迅速上市	“准” 市场定位和营销组合要准确无误,符合企业和市场的客观实际	“好” 要保持良好的产品质量和服务质量	“争” 争取稳定的市场分额,延长产品市场寿命	“转” 要有计划、有步骤地转移阵地

(一)介绍期的策略

针对这一阶段产品成本高、费用大、售价贵、销量少的特点,可采取以下四种策略:

(1)高价高促销策略。企业在制定高价格的同时,开展大规模的促销活动。

(2)高价低促销策略。企业通过制定高价格,支出少量促销费用,达到获得更多利润的目的。

(3)低价高促销策略。企业通过制定低价格、支出大量促销费用,达到迅速打进市场、占有最大市场份额的目的。

(4)低价低促销策略。企业通过制定低价格、支出少量促销费用,达到在市场竞争中以廉取胜、稳步前进的目的。

以上策略的总原则是:要在市场介绍期努力取得产品的市场占有率。

(二)成长期的策略

针对这一阶段销量上升、成本下降、利润增加的特点,可采取的市场策略有:

(1)努力提高产品质量,改进工艺,增加花色品种,以增强市场的竞争能力来强化畅销趋势。

(2)广告促销要从产品转到宣传特色,确立商品的"知名度"。

(3)加强市场调研,运用细分策略,不断开辟新市场。

(4)在大量生产的基础上,选择适当时机,通过适当降价来吸引买主。

以上策略的总原则是:要努力扩大产品的市场占有率。

(三)成熟期的策略

针对这一阶段销售量基本稳定、竞争剧烈、利润开始下降的特点,可采取的策略有:

(1)从广度和深度上开拓市场,就是刺激现有顾客的购买欲望,进一步开辟新市场。

(2)提高产品质量,创造新的产品特色,向顾客提供新效益或服务。

(3)改革营销组合手段,如采取调整价格、扩大销售渠道、增加网点等方法来促进销售。

以上策略的总原则是:要确保产品的市场占有率。

(四)衰退期的策略

针对这一阶段销售猛跌、新产品出现、老产品衰退的特点,可采取的市场策略有:

(1)持续营销策略。由于众多的竞争者纷纷退出市场,经营者减少,处于衰退期的企业可通过提高服务质量、发扬经营特色、持续营销以作权宜之计。

(2)集中营销策略。企业把人力、物力集中到最有利的细分市场和销售渠道上,缩短经营路线,从中获得利润。

(3)缩减营销策略。精减人员、大力降低销售费用,尽可能地取得眼前利益。

以上策略的总原则是:要在市场衰退期力争维持局面。一方面积极发展新产品;另一方面有步骤地撤退老产品,使新老产品顺利地接替,最大限度地减少企业的损失。

三、产品市场生命周期延长的方法

产品市场生命周期延长的方法很多,基本方法主要有以下几种:

1.促使消费者习惯使用

许多消费者购买和使用某种产品,往往会受心理状态、生活习惯、惠顾动机等因素的影响,从而信赖某一品牌产品,不轻易改变自己的购买习惯。因此,企业可以通过促使消费者习惯使用,以达到延长产品的市场生命周期的目的。在产品成长期和成熟期,通过加强广告宣传,扩大推销,保证产品质量和良好服务,树立产品信誉和产品在消费者心目中的良好印象,就能有效地延长产品的市场生命周期。

2.进行产品改革

处于成熟期的产品,可通过对产品特性作出某种改进而吸引新的使用者,或者为现有使用者开辟新用途,而使停滞的销售量获得回升。产品改革有三种形式:一是质量改良。就是提高产品质量,增加使用效果,如提高产品的耐久性、可靠性。二是特性改良。这是指为提高产品的适用性、安全性或使用上的方便而作出的改进。三是形态改良。这是产品外型的改进。在家庭日用工业品、食品等方面,企业可通过外型和色彩的变化或包装的改进来扩大产品的销售。

3.开拓新的市场

开发新的市场,为产品寻找新的买主。新市场是相对于原有市场而言的。国外工业发达国家的通常做法是把已经处于成熟期甚至衰退期的产品向发展中国家推进,或者直接转移到国外生产,以更低的成本进入当地市场,从而提高产品的销售量和利润率。

4.发展产品新的使用领域

随着科学技术的发展,生产不断向深度和广度进军,产品的用途被不断发现,从而给产品带来新的生命力。

第三节　新产品开发策略

一、新产品的含义及遵循的原则

(一)新产品的含义及其开发的重要性

1.新产品的含义

市场营销学对新产品的解释与科学技术发展上新产品的含义不完全相同,其内容要广泛得多。从市场营销的角度看，凡是企业向市场上提供的过去没有生产过的产品都可以称为“新产品”。具体地说，新产品可分为以下四类：

(1)完全创新型产品。一般是指由于科学技术的进步或者为了满足消费者某种新的需求而发明的产品。其特点是无论是产品外观造型，还是内部结构、功能等，都是前所未有的，这类新产品的问世与推广，常常会对消费者的消费观念、消费方式、消费心理等产生重大影响。对大多数企业来说，独立发展这一种新产品是很困难的，因为一项新的科学技术的发明应用于生产，需要经历较长的时间，要花费巨大的人力和资金。这种全新产品要经国家科学技术管理部门的鉴定批准，方可申请专利，受到法律的保护。

(2)换代型新产品。一般是指在原有产品的基础上，经过较大的改革与创新而形成的新产品。其特点是保持原产品的基本属性，但通过采用新材料、新原件、新技术等使原有的产品性能有飞跃性提高。这类新产品一般会给消费者带来新的利益和心理上的满足感，对消费者的影响比较大。

(3)改进型新产品。一般是指在原有产品的基础上稍加改进而形成的新产品。其特点是在原有产品用途不变的情况下，在设计、造型、外观、用料等方面作部分改进，使产品的质量和效用有所提高，或使产品更加适合消费者的需要。改进型新产品与换代型新产品是市场上大量出现的新产品的主要来源，前者主要是就用途而言的，后者主要是就性能而言的，两者都是企业开发新产品的重点。改进新产品比较容易为消费者接受，但是也易于被竞争者仿效，因此竞争比较激烈。

(4)仿制型新产品。是指对市场上已有的产品，本企业加以模仿而生产，也称为企业的新产品。市场现成的样品和技术为模仿生产某些有竞争力的新产品提供了非常有利的客观条件。因此，它也是企业产品开发常用的形式。从市场竞争和企业经营上看，仿制在新产品发展中是不可避免的，原因是仿制新产品的风险比较小，但仿制新产品绝对不能生搬硬套，应适当加以改进，以提高产品竞争力。

开发新产品是企业发展的前提，也是企业在竞争中取胜的重要法宝。美国著名的企业管理学者德鲁克(Pefer Druker)说过，任何企业都具有两个——也仅有两个——基本的功能：市场营销与创新。

2. 开发新产品的作用

创新是企业生命之源，一个企业如果不致力于开发新产品，就有可能在激烈的市场竞争中被淘汰，“不创新，即死亡”。努力开发新产品，对于企业的生存和发展有着极为重要的作用。

(1)有利于避免产品线老化，能适应市场不断变化和日益增长的需要。

(2)有利于企业及时采用新技术、新材料，加速产品的更新换代，增加商品品种和数量，使市场上的商品日益丰富。

(3)有利于充分利用企业的资源和生产能力，提高经济效益。

(4)有利于加强企业生产经营的稳定性,减少因老产品滞销带来的经济收益下降。

(5)有利于提高企业的声誉,增强竞争能力。

开发新产品是关系到企业生存和发展的大事,但又是一项很艰难的工作,不仅需要投入大量资金,而且具有很大的风险,实际上并不是任何新产品都能获得成功的。这是因为:第一,由于社会经济的发展、人们精神文化的进步,对市场上商品的需求也越来越复杂。一件新产品问世,很难适合多方面的要求,因而也难以在市场上占有较大份额。第二,由于资源和环境的制约,对产品使用上的经济性与安全性提出了更高的要求,新产品制造技术的难度更大了。第三,对于技术条件要求高的创新产品,需要巨额的研究发展投资、雄厚的技术力量、完备的试验手段,而这些投资很多属于研究性质的,不能很快取得收益。因此,企业开发新产品必须持相当慎重的态度,不能盲目、轻率地采取行动。

(二)企业开发新产品的原则

为了使新产品尽可能取得成功,企业在研究和开发新产品时应遵循以下原则:

1. 根据市场需要,开发适销对路的产品

生产符合市场需求的产品,是新产品开发成功与否的关键。企业要根据社会经济形势的发展和市场需求的变化来进行新产品开发。企业对市场上存在潜在需求的产品,应不失时机,尽快开发,以便抢先占领市场。

【情景案例 6－2】

埃德赛尔(Edsel)的失败

福特汽车公司于 1957 年 9 月 4 日推出埃德赛尔(Edsel)汽车,并准备以该车型打入中档汽车市场。在此之前,福特汽车公司花费了 10 年时间对 Edsel 计划进行了周详细致的准备,对消费者偏好进行了研究,对市场行销进行了充分的分析准备。通过广泛调查、反复琢磨,为该新车型冠以 Edsel 这一富有想象力的名称;花费巨资建立专业的 Edsel 行销部门;耗用 5000 万美元做广告促销。

然后,Edsel 汽车推出后,仅第一天收到 6500 份订单,随后几天形势急转直下。大量的广告和 Edsel 系列新车型的问世,都未使销售情形有所好转。无奈之下,1959 年 11 月 19 日,Edsel 被迫停止生产,悄然退出市场。

为什么有几十年生产和行销经验的福特公司投入大量人、财、物,经过细致组织的 Edsel 计划会最终失败呢?其致命一点是:Edsel 的开发不能适应现有市场的需求。

尽管营销人员作了大量的调查分析,但该计划缺乏战略眼光,未能充分考虑经济形势的发展和市场需求的变化。Edsel 推出之前,中档车炙手可热,并且随着经济增长和收入水平的提高，中档车市场需求越来越大。但是，步入1958年，美国经济由景气转入衰落，而汽车市场上最受影响的就是中档汽车。福特公司并没有根据经济形势的变化，作出相应的调整。

此外，美国交通安全局对大马力汽车开始进行限制，1957年起禁止对汽车就马力和速度刊登广告。而Edsel汽车的设计模式恰恰是大功率引擎的小型汽车。原计划中大马力带来的快速、便捷的竞争优势，反将Edsel逐出了市场。

讨论题：福特汽车公司推出的埃德赛尔(Edsel)汽车为何失败？从本案例中你得到什么启示？

2.根据本企业资源、技术等能力确定开发方向

企业应当根据本身的资源、设备条件、技术力量等确定新产品的开发方向。只有量力而行，才能收到扬长避短、事半功倍的效果。如果企业忽视本身条件，新产品的开发就很难奏效。新产品的开发方向最好是既符合市场需要又能发挥本企业的优势。

(二)新产品开发的方法

由于开发新产品的风险大、成本高，企业在制定开发新产品策略时，一般都要考虑如何最有效地获得新产品，同时又节省企业资源，增加利润。因此，开发新产品的方法有以下三种：

1.自行研制

自行研制是指企业针对市场现有产品存在的问题，开展独创性研究，从根本上改进现有产品，采用新的原理、新的技术、新的材料创造出具有特色的新产品。这种自行研制常用于开创全新型产品或研制换代型新产品。这类自行研制的产品投资多、风险大，但研制成功往往能给企业提供高速发展的机会。这种方法一般适用于技术力量雄厚、研发能力强的大型企业，有的中小型企业也可以用这种方式开发不太复杂的新产品。

2.引进技术

引进技术是指企业通过引进国内外先进技术、技术转让、购买专利等方式来开发新产品。这是一种行之有效的新产品开发方式，能够节约研制费用、赢得时间、缩短与其他企业的技术差距，经济效益比较明显。现代社会把一项先进的科学构思变成产品大约要花费10年左右的时间，但把一项先进的技术专利用于生产，一般只需2～3年时间，技术引进的效益是十分明显的。

3.研制与引进并重

研制与引进并重是指先把国外先进技术学过来，然后加以改进，有所创新。这

比单纯引进技术更为有利，是企业开发新产品的重要途径。既重视引进先进生产技术，又不放弃独立研究制造，这是现代企业最常用的一种新产品开发方式。这一方式汇集了独立研制和技术引进的优点，避免了研制费用过高、受别人技术封锁的缺点，只要有可能，任何企业都应该首先采用这一方式开发新产品。

三、新产品开发过程

为了有效地开发新产品，避免失误，减少损失，新产品的开发应遵循一定的科学程序进行。新产品开发的程序由 8 个阶段构成，即寻求创意、构思的筛选、产品概念的形成与试验、制定营销规划、商业分析、产品实体开发、市场试销、商业化（图 6－4）。

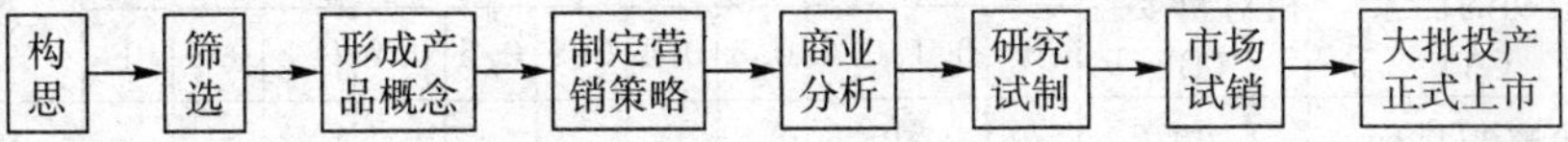

图 6－4 新产品开发的 8 个阶段

1.寻求创意

寻求创意是新产品开发的第一阶段。所谓“创意”(Idea)是指为满足某种市场需要而提出的设想。任何一种产品的开发都是从创意开始的，没有创意就没有新产品的开发。企业为了广泛征求创意，必须首先明确准备开发新产品的行业范围、目标市场、产品定位、资源分配和投资收益率等，使创意者有所遵循，以防浪费。新产品创意的来源主要有：

(1)企业内部。主要从企业内部的开发设计人员、营销人员、生产人员及其他部门的职工中获取新产品开发的信息。

(2)顾客。只有适合顾客需要的新产品才能卖出去，顾客最清楚自己需要什么产品或服务，了解顾客的需要是征集新产品创意的又一主要来源。从顾客那里获得创意的方法，就是调查消费者或用户对现有产品的购买、使用、印象、意见等情况。

(3)竞争者。在开发新产品时，要关注竞争者的动向。收集竞争者的产品目录、使用说明书、广告宣传品；购买竞争者的产品并拆开研究；调查竞争者的用户和经销商，收集对产品的意见；研究竞争者产品的成功和失败之处，往往可以启发新产品开发的创意。

(4)企业自己的经销商。向企业自己的经销商了解对新产品的看法，也是获得新产品开发创意的有效之策。由于他们经常同消费者打交道，处于市场竞争的一线，最了解顾客意见，也最清楚竞争产品的优势与劣势。

(5)其他来源。除上述来源外，还可以从有关的贸易杂志、报刊、影视、互联网、专家讲座、展销会、市场调研机构、广告公司等方面获得新产品构思。

2. 构思的筛选

筛选就是对从各个渠道和运用各种方法收集来的创意进行优选，留下好的构思进入下一步开发，同时剔除不好的构思。但在对构思进行筛选时要防止两种偏向：一种是误舍，另一种是误取。正确的筛选应根据企业内外部的具体条件，全面分析衡量，慎重地决定取舍。外部条件主要是指市场需求和竞争状况、营销环境、自然资源等；内部条件主要是指企业的资金、设备、技术以及经营管理能力等。此外，还要考虑构思是否与企业的目标相一致，有些构思虽然很好，但对企业并不适用。下面介绍一种常用的新产品构思筛选的方法（见表6－2），以供参考。

表6－2　新产品构思筛选

决定新产品成功的因素(A)	各因素的相对重要性(B)	新产品对A栏各因素的适合度(C)											评分(B×C)
		0	0.1	0.2	0.3	0.4	0.5	0.6	0.7	0.8	0.9	1	
策略与目标	20									x			16
营销经验与技术	20										x		18
资金来源	15									x			12
分销渠道	10										x		9
生产能力	10										x		9
科研与开发能力	20									x			16
供销能力	5								x				4.2
合　计	100												84.2

表中A栏是决定新产品开发能否成功的因素；B栏是A栏各个因素的重要程度，总和为100；C栏是新产品构思适合A栏的程度（在0～1.0之间）。此表由参与评估的人员填写。本表的评分为84.2分。0～49分为差，50～75分为中，76～100分为良好，一项新产品的构思的评分只有在70分以上时才可以采纳。本项评估的结果，可供企业决策时参考。

3. 产品概念的形成与检验

筛选后的构思需要进一步形成完整的“产品”概念。产品构思是人们以语言表述拟推向市场的一种可能性产品。而“产品”概念则是企业欲使顾客接受而形成的关于产品的一种主观意志。一种产品构思可能衍生出许多“产品”概念。“产品”概念形成以后，还要进行概念的检验。常用的方式是邀请各种潜在的顾客及专家讨论评价产品概念，根据他们反映的意见和提出的问题，与相似产品的属性相比较，最后通过实物模型和文字表达出来。

【情景案例 6－3】

新的“产品”概念

联邦捷运公司(Federal Express)专门从事在全美和全球范围内的包裹和文件的专递业务。进入20世纪70年代,越来越多的厂商注意到原料库存对产品成本的巨大影响,提出JIT(just in time),即准时生产制,目的是为了实现零库存或将库存降至最低点,生产所需原料只在需要的时候才被运入生产车间。鉴于这种市场环境,联邦捷运公司提出了新的产品设想,即提供即时的短期库存服务。后来,经过对潜在顾客的调查和专家的论证,基本形成了完整的“产品”概念,即利用公司的大型仓库和现有的计算机系统,开办一个“零星物资筹备库”(PARTS BANK)。只要客户与联邦捷运公司签订了合同,就可将物资储存在公司的地区分拣中心,这等于为顾客提供了一个运送速度为每小时50～500公里的流动仓库。客户可以随时发出送货清单,指定发送地点,联邦捷运保证按时把货物运到。这一新服务项目推出后,为生产厂商大大降低了生产成本,市场反应强烈。

讨论题:如何从联邦捷运公司的案例中体会营销学关于“新产品”的概念?

4. 制定营销规划

企业新产品开发部门就已经形成的“产品”概念制定营销规划,是新产品开发过程中的重要步骤。这个规划将在以后开发阶段中不断完善。营销规划包括三个部分:

(1)目标市场的规模、结构、行为,新产品在目标市场上的定位,市场占有率及头几年的销售额和利用目标等。

(2)新产品的价格策略、分销策略和第一年的营销预算。

(3)新产品的中长期销量和利润目标及不同时期的营销组合。

5. 商业分析

在初步制定营销规划的基础上,新产品进入正式的开发启动程序之前,还要进行商业分析,重点分析其预计的成本、需求量和盈利水平。成本分析包括生产成本和推销成本,即进行新产品生产所需要的投资和直接间接生产费用、按照预定的推销方式所需要的推销成本。需求分析是指测算市场需求潜量与销售潜量以及消费者购买能力与购买欲望。只有同时具备了购买能力和购买愿望,才能实现销售。

6. 产品研制

“产品”概念能否变为技术上和商业上可行的产品,需要经过两个方面的论证:一是技术方面的论证,它是由工程技术部门来负责的,主要包括外形设计分析、材料与加工分析和价值工程分析；二是商业方面的可行性分析，这由市场营销部门完成的，它解决的主要问题是包装设计、品牌设计和产品花色设计等。

当样品制造出来以后，还必须进行严格的检验。它包括功能实验和消费者试验两个方面。功能实验是在实验室或现场进行。消费者试验是请一些消费者试用这些样品，并征求他们的意见，目的是了解消费者对产品的意见和建议，收集市场需求资料，为选择有效的市场营销策略提供依据，如发现产品存在缺陷则及时改进。

7. 市场试销

新产品的样品经过部分顾客试用基本满意后，企业可根据改进后的设计进行小批量试生产，在有选择的目标市场中作检验性试销。试销不仅能增进企业对新产品销售潜力的了解，而且有助于企业挑选与改进市场经营的方法，能够启发或指明改进市场策略的方向。产品试销中常见的方法是销售波法。该方法是先向消费者提供样品免费试用，然后再以低价提供产品给消费者，与此同时，也将竞争对手的产品一起提供给消费者。如此重复 3～5 次，以检验产品效果。通过对销售波结果的分析，评价消费者对产品的满意程度，从而决定是否正式生产，实现产品的商品化。但新产品试销可能带来以下一些问题：一是试销有时不能正确反映市场需求；二是试销的代价很大；三是容易泄露企业的新产品信息，易被竞争对手所利用。

8. 正式生产，投放市场

新产品经部分顾客试销或试用成功后，应根据试销试用中收集到的顾客意见，进一步提高产品的功能和质量，对产品的整体设计再作进一步修改，然后，即可大批量生产。这时，企业要注意以下几个问题：

(1)正确选择投放市场的时间。这就是所谓的“市场定位策略”，即把握销售时机。新产品选择什么时机进入市场，概括地说有两种情况：一种是企业新产品试制成功后，以最快的速度把产品推向市场；另一种是新产品试制成功后，并不急于投放市场，而是等待销售时机。这类产品多属于换代产品，因为在原有产品未进入衰退期前，大批量推出它的换代产品，会影响原有产品和其他同类产品的市场销量，从而减少企业盈利。

(2)正确选择投放地区。新产品不一定要立即向全国市场投放，可以先向某一地区市场推出，进行集中性的广告宣传，取得相当的市场占有率以后，再扩展到其他市场。

(3)正确选择目标市场。新产品的潜在消费者有四种类型：最先采用者、大量购买者、有影响的带头购买者和对价格敏感的购买者。企业应根据新产品的特点，选择最有潜力的消费者群，作为自己的目标市场。企业界常流传这样的说法：“开发 10 种产品，9 种失败了，1 种成功了，这就意味着成功。”产品开发受到诸多不可控因素的影响，有着巨大的风险，但只要能够遵循相应的原则和程序，新产品开发的成功率就会大大增加。

第四节 品牌与包装策略

在产品趋于同质化的今天，如何使企业的产品区别于其他同类产品呢？产品的品牌化就是一种有效方法。品牌策略已成为产品策略的重要组成部分。激烈的市场竞争使越来越多的企业认识到品牌的重要性。制造商为他人品牌进行加工生产固然容易，但是，只能为他人品牌的成功作嫁衣，这种加工关系不稳定，不利于企业发展。品牌带给企业的是顾客的忠诚和稳定的消费群体，所以，实施品牌策略是一项事关企业发展的长远之计。

一、品牌概念与品牌命名

（一）品牌概念

所谓“品牌”，根据美国营销专家菲利普·科特勒的定义，是一种名称、标志、符号或文字，或它们的组合运用，其作用是用以标识一个或一群营销者的产品或劳务，并使之同竞争对手的产品或劳务区别开来。品牌通常包括品牌名称、品牌标记、可注册的商标三部分。品牌名称是指品牌中能够发音、能被读出的那部分，如“可口可乐”、“长虹”、“联想”等。品牌标志是指品牌可以通过视觉辨别、能用语言描述但不能用语言直接称呼的部分，如一些符号、图像、图案、色彩等。作为知名的家电品牌“海尔”，那两个互相拥抱的儿童形象就是其品牌标志。

商标是一个法律术语，而品牌是一个商业用语。品牌（包括品牌名称和标志）经向国家有关部门注册登记后，获得专利权，受国家法律保护，就称之为“商标”。商标有专门的使用权，具有排他性。商标不能等同于品牌。所有的商标都是品牌，但并非所有的品牌都是商标，两者的区别在于是否经过一定的法律程序的认定。

（二）品牌层次

品牌的作用是使产品或劳务区别于竞争对手的产品或劳务。在营销活动中，品牌并非是符号、标记等的简单组合，而是产品的一个复杂识别系统。它包括以下六个层次：

(1)属性。属性是指品牌所能带来的、符合消费者需要的产品特征。如“奔驰”代表着高贵、工艺精湛、耐用、高档；“海尔”代表着适用、质量、服务等。属性是消费者判断品牌接受性的第一要素。因此，品牌所带来的产品属性首先要求能够符合消费者的需要。

(2)利益。消费者购买某一品牌产品，购买的并不是该品牌所提供的产品属性，而是产品属性所能转化成的功能或利益。购买“耐用”这一属性，是因为产品可以使用更长时间；“昂贵”带给消费者的是受人羡慕的情感利益；“先进”带来的是超凡的舒适和便利性等。市场营销人员应注意考虑:品牌带来的产品属性是否能够提供消费者需要的利益。

(3)价值。品牌提供的价值包括营销价值和顾客价值。营销价值也就是通常所说的"品牌效应",即如果品牌为消费者所接受,则该品牌的产品在市场上就受消费者欢迎,营销过程也不必花费很多的促销费用。顾客价值主要是指品牌的声誉或形象能够满足消费者的某种情感需要,如爱慕虚荣的需要。

(4)文化。品牌中所蕴含的文化是使品牌得到市场高度认可的深层次因素。市场对品牌的偏好反映的是消费者对品牌中所蕴含文化的认同。"可口可乐"代表的是美国人崇尚个性自由的文化;"奔驰"代表的是日尔曼民族严谨、追求卓越的文化;"海尔"代表的是包容、亲和的中国文化。

(5)个性。品牌个性的塑造是为了使消费者产生一种认同感和归属感。如"可口可乐"追求的"尽情享受"的个性,是为了迎合青年消费者追求自由和快乐的需要;"奔驰"所追求的是"雍容、沉稳"的个性。

(6)使用者。上述五个品牌层次的综合已基本界定了购买该品牌产品的消费者类型。"奔驰"的使用者多为事业成功人士;"娃哈哈"的使用者应当是儿童。使用者对品牌的选用,恰恰反映了使用者对品牌文化、价值和个性的认同。

以上各层次都说明了品牌是一个复杂的产品识别系统。产品的品牌化就是要使品牌的六个层次都能为消费者所识别,成为一个深度品牌。品牌的属性和利益都是表层性的,很易被模仿,不足以区别其他品牌。品牌中最持久的内涵是价值、文化和个性,它们构成了品牌的实质,是最不容易被模仿、最能深入人心的东西。因此,市场营销人员所做的不仅仅是提供符合消费者需要的产品属性,更应注意品牌文化和个性的培养。

(三)品牌命名

品牌作为一种识别标记,主要是通过品牌名称和品牌标志两方面区别于竞争品牌的。因此,作为产品品牌化的第一要务——品牌设计,就应从品牌命名和标志设计两方面着手。

1.品牌命名

品牌命名是品牌设计的第一步。品牌名称如同人的姓名,所运用的符号及词语要有一定意义,并能给消费者留下深刻、良好的印象。品牌命名应遵循以下原则:

(1)易于发音、拼读和记忆。读音响亮、音韵协调的品牌,读起来琅琅上口,听起来顺耳,自然也就便于记忆。如"可口可乐"、"美加净"等品牌,读起来音阶较宽,声音有高有低。品牌名称应力求文字简洁。根据人类的记忆规律,一般以两三字为宜,多于五个字则不易记忆,而且印象模糊。

(2)独特新颖,不落俗套。品牌名称要有独特的风格,不要盲目模仿别人品牌。

我国产品品牌命名就缺乏独特性，曾经出现全国"牡丹"遍地开，"凤凰"满天飞的情形。相反，国外企业对此很重视。美国一家眼镜店取名为"OIC"，读音为"oh，I see"，意即"啊，我看见了"，恰好反映了眼镜的功效，真是独特而又富有意义。

(3)提示产品特色。品牌名称应与产品本身有某种固有联系，能暗示产品某方面的优点，或启发人的联想。如"红豆"西服，以"此物最相思"来诠释该品牌，使其成为馈赠情人的最佳礼品。

(4)要注意各种禁忌。在品牌命名时应周密考虑，遵从社会道德和风俗习惯。如"芳芳"婴儿爽身粉在国内畅销，而在国外几乎无人问津。因为拼音"Fang Fang"作为产品品牌时，"Fang"在英语中意为"毒蛇的牙"。此类名称用以命名婴儿爽身粉，难道不是很恐怖？

【情景案例 6－4】

"金利来"的诞生

"金利来"的创始人——曾宪梓先生，在初入领带行业时就已意识到品牌的重要性，为产品取名"金狮"，领带作为男性服饰，必须体现男子汉的气魄，"金狮"看起来就有一种阳刚之美，并且也符合东方传统的审美心理。

然而，曾宪梓的朋友在一次家访中说："香港社会物欲横流，人人都想发财，谁都想讨个吉利，但'金狮'在发音上与粤语的'尽输'极其相似，人们在购买时，心中总有些不舒服，长此以往，可不是好兆头。"这席良言对曾宪梓触动很大，于是，决定为产品易名。香港人多熟悉英语，也普遍使用英语，"金狮"的英文拼写"goldlion"中的"lion"在粤语发音中，酷似"利来"。金来、利来，金利俱来，正应了港人朝思慕想的发财梦。"金利来"不仅有国外名字的韵味，又有典型的东方色彩，中西兼备，合二为一，真是东西方文化的巧妙结合。

一名定乾坤，"男人的世界"就这样诞生了。

讨论题：通过对本案例分析，你认为品牌名称对企业有什么作用？给产品命名时要注意哪些禁忌？

2.品牌标志设计

品牌不但要有好的名称，还要有好的标志形象和色彩，并与产品相映生辉。品牌标志是品牌识别的视觉基础，其设计的好坏直接关系到品牌留给消费者印象的深刻度。标志设计应做到：

(1)简洁明了，新奇独特。品牌标志应有显著特征，在文字、图像设计和色彩运用方面，都应有异于同类品牌的特色。好的标志设计，应当图案清晰、符号简明、颜色醒目，每一部分都应高度概括，能迅速强烈地吸引公众视线。“富士”的标志设计，由字母“Fuji”构成一个胶卷外壳的形象，字母组合简洁，红色图形，以白衬底，再配以整个包装大面积的绿色，给人一种很清新的感觉。中国胶片市场的竞争，被称为“红黄绿”的色彩大战，另外两个主角是红色的乐凯和黄色的柯达，三大品
不以鲜艳的色彩在市场上独树一帜。

(2)易懂好记，启发联想。品牌标志应尽量表达出品牌特征，但并不是向公众传递的信息越多就越好。品牌所蕴含的信息必须在易懂好记的基础上进行丰富。如许多国家的航空公司，都以简单的箭或飞鸟作为公司标志，令人很容易联想到飞机的快速和稳定。

(3)功能主导，传播方便。品牌标志不仅要美化产品，其最主要的功能是起标识作用。品牌设计要以视觉传达的速度、准确性与信息量的大小为中心。此外，品牌作为营销活动的信息载体，应尽可能地适用于各种传媒。设计中应考虑品牌的符号化及其应用中的通用性，如可大可小、可阴可阳、可正可反等。只有传播方便，才能真正发挥品牌的标识作用。

二、品牌策略

品牌策略是以产品的品牌化为基础的。产品的品牌化既可为企业带来许多好处，又可给消费者带来好处。因此，品牌化策略日益为企业所重视。

品牌化带给企业的好处主要表现为：

(1)有了品牌名称和标志可以使消费者比较容易识别不同生产者的产品，而且易于进行订货管理，可根据市场上消费者的要求选择货畅其流的品牌进行销售。

(2)品牌注册后可使产品独有的特点受到法律保护，防止别人假冒，从而提高在市场上的竞争力。

(3)品牌化有利于突出品牌特色，便于品牌正确定位，提供了吸引忠诚顾客的机会，状况良好时会形成品牌的坚定忠诚者，非常有利于企业的发展。

(4)品牌化有助于企业细分市场，并提供满足不同细分市场的消费需求，扩大市场份额。

(5)良好的品牌有助于建立企业形象，好的企业形象又促进了品牌信誉度的提高，使品牌对消费者更具有吸引力。

品牌化带给消费者的好处主要表现为：

(1)品牌化的商品便于宣传，消费者可以从品牌宣传中获取大量的信息，便于找出自己喜欢的品牌，认牌选购。

(2)品牌化可使消费者减少甚至摆脱挑选商品的麻烦，提高购买效率。

(3)品牌化可使消费者的消费权益受到较好的保护。

(4)消费者的需要包括物质性和精神性两个方面，使用品牌尤其名牌还可以满

足消费者的精神需求。

此外,品牌还可以为企业带来巨大的无形资产。正如"可口可乐"公司董事长伍德鲁福所说:"只要'可口可乐'这个品牌在,如果有一天,公司在大火中化为灰烬,那么第二天早上,全世界新闻媒体的头条消息就是各大银行争相向'可口可乐'公司贷款。"

品牌决策主要包括品牌名称决策和品牌战略决策两个方面。

(一)品牌名称决策

品牌名称决策是指企业如何在产品组合中使用品牌名称,这里主要有四种方法:

(1)使用统一品牌。这种方法也叫"家族品牌策略",即企业产品组合采用同一个品牌名称。美国通用电气公司,对其所有的产品只用一个品牌——"GE"。运用这种方法,不仅可以降低营销费用,还有以下好处:大批产品采用同一品牌,可以显示企业实力,提高企业声誉;企业可以通过各种促销手段,集中力量突出一个品牌形象;统一品牌下的各种产品,可以互相获得支持,利于市场推广。但是,使用统一品牌,必须保证各种产品在质量、产品形象等方面都基本一致。有太大的差别,容易混淆品牌的形象。如一家食品企业,在同一品牌下既生产糕点,又生产宠物食品,这样就不利于品牌形象的统一。使用统一品牌营销风险较大,因为在统一品牌下,某一个或某几个产品项目出现问题,就会波及其他产品项目。

(2)使用个别品牌。企业对各产品项目,都分别使用不同品牌。这样做虽然需要为品牌的推广花费巨量的时间和金钱,但可以为企业带来很多好处:可以为每种产品找到最适合的品牌,如在宝洁公司的产品系列中,婴儿尿片叫"帮宝适",洗发精起名"飘柔";个别品牌可以起到隔离作用,品牌间的负面影响不会相互波及;使用个别品牌,利于企业寻找新市场,推出新产品。

(3)使用个别的统一品牌。这种方法也可以称为"使用系列品牌",是指在产品组合中,对产品项目依据一定标准分类,分别使用不同品牌。这里通常有两种做法:按产品系列分类,如健力宝集团,饮料类用"健力宝",服装类用"李宁";按产品质量等级分类,如美国的 A&P 茶叶公司,一等品用"Annpage",二等品用"Sultan",三等品用"Iana"。

(4)使用统一的个别品牌。这种方法通常是将个别品牌与企业的名称标记联用。这样,在个别品牌前冠以企业的统一品牌,可以使产品享有企业已有的声誉,利于销售;在企业统一品牌后跟上个别品牌,可以使产品更富个性化。

后两种方法兼具了统一品牌和个别品牌的优点,是品牌名称决策中最常用的。不同方法的使用需要企业对产品类型、企业规模、市场状况等诸多因素进行细致考虑。在市场营销活动中,品牌名称的正确使用可产生事半功倍的效果。

此外,根据品牌的所有者进行分类,品牌可分为制造商品牌和中间商品牌。从这一角度考虑，品牌名称决策的另一方面是产品使用制造商品牌还是使用中间商品牌。上述品牌名称决策的四种方法主要是从使用制造商品牌的角度考虑的。下面我们来看看中间商品牌的使用。近年来，在零售业市场上，制造商品牌和中间商品牌竞争激烈。在竞争中，我们可以看到中间商品牌具有以下优势：首先，中间商拥有独特的资源，即交易场所或交易渠道，大零售商可以把自己品牌的产品陈列在醒目的位置，并且妥善储备。相比较而言，那些著名的制造商品牌的昔日优势已被削弱，那些新制造商或小制造商就更难以其品牌打入零售市场。其次，以中间商品牌出售的产品，其质量相对可靠，因为中间商为维护自己的品牌形象，会自己生产或委托大制造商生产，并建立有严格的质量检测系统。再次，通常，中间商品牌的产品价格较制造商品牌产品价格低，正好可以迎合许多对价格敏感的消费者的需要。因此，随着零售业的发展，有些市场营销评论家预言：中间商品牌必会击败所有的制造商品牌。

(二)品牌战略决策

企业不仅需要为产品确定品牌，而且需要对产品营销过程中品牌的运用进行决策。依据对产品系列和品牌的新旧两维标准的划分，品牌战略决策共有四种。

(1)产品线扩展。新产品调查表明，在每年上市的新产品中，有近90%的新产品采取了这种方式进入市场。产品线扩展是指企业在现有的品牌下，在相同的产品种类或产品线中，加入新的产品项目。新产品开发多是就现有商品的产品特点、功能和特色作针对性的变化，既借助了现有品牌的市场优势，又能满足消费者多元化需求。许多国外公司登陆中国，在保留原有品牌的基础上，进行产品本土化，就属于产品线的扩展。

产品线扩展的主要风险是可能使现有的品牌失去其特定含义。这种风险被称作“产品线扩展陷阱”。如一个成人消费品品牌向儿童用品市场扩展，将会使消费者混淆对原品牌的态度和看法。产品线的扩展应当考虑：新产品是否对原品牌下产品线有补充作用，新产品与现有产品是否会形成竞争，竞争的结果是否会使企业的收益增大等。

(2)品牌扩展。企业在现有的品牌下推出新的产品系列。品牌扩展可以节约大量营销费用，并使消费者迅速了解新产品。如以生产高性能小轿车和摩托车为主的日本本田汽车公司，利用“本田”的品牌推出铲雪机、割草机等多种产品。由于本田汽车质量好、性能优、市场销售快，所以这些新产品投放市场后，市场反应良好。本田汽车公司骄傲地在广告中宣称：“在一个车位的空间内，可容下六辆本田。”但品牌的过分扩展也可能导致品牌淡化，使已有的品牌失去其在消费者心目中的特殊位置。

(3)多品牌。企业在同一产品系列中设立多种品牌，用以满足消费者的不同需求，扩大销售，占领更大的市场份额。多品牌策略的优点在于增加了本企业产品的展示面积，并争取到了众多"品牌转换使用者"。其不足之处是使企业资源多方向配置，并引发自身品牌之间的竞争。

(4)新品牌。企业在推出一个新的产品项目时，如出现以下情况，就需要考虑使用新品牌：新产品面向的使用者属于另外的消费者群，如以生产女性化妆品为主的企业，当其推出男性护肤品，就应考虑采用新品牌；产品定位的转换或丰富，如汽车定位由安全转向豪华；产品由低档化转向高档化；企业转产等。新品牌策略既能充分符合新产品的形象需要，又能避免对现有品牌造成影响。在运用这一策略的过程中应当注意：创立新品牌的经济性分析，新品牌对现有品牌是否有冲击，品牌的分散化运营是否会影响企业产品总的市场占有率。

三、包装的构成与作用

包装是指产品的容器和外部包扎。它是产品整体概念的重要组成部分，大多数产品只有通过包装才能从生产领域进入消费领域。在现代市场营销中，企业越来越重视产品的包装，消费者对商品包装的要求也越来越高。因此，许多营销人员把包装(Package)称为市场营销组合中的第 5 个 P。

(一)产品包装的构成

从市场营销角度来看，完整的产品的包装一般由如下三个部分包装构成：

(1)首要包装，即产品的直接包装，构成产品实体，是产品不可分割的组成部分，如饮料瓶、牙膏皮、酒瓶等。

(2)次要包装，即产品的中层包装，用来保护首要包装，如牙膏盒、胶卷盒等。首要包装和次要包装在销售时要跟随产品一同出售，所以又被称为内包装或销售包装。

(3)运输包装，又称"外包装"，即产品的最外层包装，用来储运、识别某些产品。

(二)产品包装的作用

随着商品生产的发展，产品包装的功能从最初的保护产品运输，发展到促进产品销售、增加其附加值等功能。由于科学技术的进步，包装材料日新月异和包装手段日益现代化，因此，包装的好坏直接影响到产品的销路和价格。美国的一项调查表明，有 50%～60%的消费者是受产品包装的影响而产生购买欲望并付诸实际购买行为的。做好商品的包装，对市场营销具有重要作用。

1.保护商品，便于储运

包装的最基本的作用是保护商品、方便储存与运输。有效的包装具有防潮、防热、防冷、防挥发、防污染、保鲜、防破碎、防变形等一系列保护产品的作用，使产品不致损坏、变质、散落，保证产品的使用价值。

2.美化商品，促进销售

精美的包装是商品的无声推销员，在市场上，首先映入消费者眼帘的不是商品本身，而是商品的包装。“佛要金装，人要衣装，商品靠包装”。好的包装能引起消费者的兴趣，刺激其购买动机，因而成为“无声的推销员”。商品内在的质量是商品市场竞争力的基础，但是一个优质产品如果不与优质的包装相配合，在市场上的竞争力就会遭到削弱，降低商品的“身价”。这在国际市场上表现得更为明显。

3.便于购买，方便使用

经营者经营成千上万种商品，如果没有包装，就难以把商品陈列出来，也难以计数、盘点、售卖。有了包装，就给商品经营带来很多方便。从消费者的角度来说，商品只有经过一定形式的包装，才能方便购买、携带和保管。同时，通过包装附印说明，可以便于消费者了解商品的使用和保管方法。

(三)产品包装的设计与要求

产品的包装设计包括外包装设计和内包装设计两类。外包装设计即运输包装的设计，主要着眼于保护商品和便于运输，其设计原则是“牢固、美观、经济”；内包装也称“销售包装”，这种包装随同商品一起出售给消费者，其设计着重考虑美化商品、促进销售和便于使用。从市场营销的角度看，商品的包装设计应符合下列基本要求：

1.包装要按照有关法律法规、标准的要求，做到标签、说明齐全

标签是附(印、贴、挂)在包装物上的文字、符号、图案，它标明包装内容和产品的主要成分、规格、数量、质量、特性等。设计标签时应使其达到真实、完整、标准化、易认、耐用、防伪等。

运输包装一般应包含收发货标志、指示标志和警告标志。

销售包装上应有必要的文字说明，说明产品名称、生产厂商的厂名和地址、产品的质量标准与质量等级、产品的特点与使用要求等。文字说明既要简明扼要，又要实事求是。

2.包装要与产品自身的价值或质量水平相适应

生活消费品，特别是贵重物品、艺术品和化妆品的包装，一定要能衬托出商品的高贵、典雅和艺术性。如珍贵的首饰和玉雕、牙雕等，应配以各种雕刻或编织的名贵手工艺包装盒；名人字画应配以檀木雕刻的画卷盒包装等。当然，企业不能单纯追求包装的华贵，搞成“金玉其外，败絮其中”，但也不能“烂稻草包珍珠，自贬身价”。

3.包装要能显示产品的特点或独特风格

对服装、装饰品、食物等能以外形和色彩表现其特点或风格的产品，其包装应考虑能向购买者直接显示产品本身，以便选购。常用包装方法有全透明包装、开天窗包装，或在包装上附有彩色图片。如我国一家公司向美国出口的一套24头陶瓷茶具，原包装只是光身瓦楞纸盒，给顾客的印象很寒酸，而且顾客看外形还不知道里面装的什么东西，售价每套只有6.9美元。而纽约一家超市商店为每套茶具加

制了一个精美的美术包装，上面印有彩色实物照片，结果一套茶具的价格提高到27.6美元。

4.包装的造型和结构要考虑使用、保管和随带的便利

包装的造型、结构除了外型美观、新颖大方等艺术方面的要求外，还要考虑到产品在出售、使用过程中，给批发商、储运商、零售商和顾客带来便利。因此，包装形式要多种多样，大小要适当，既要保证密封性，又要易于开启。

在一般情况下，包装设计要随着使用环境及分销渠道的变化而变化，以软性饮料产品为例，具体分类如表6－3所示。

表6－3　牙膏市场的受益细分

包装种类	使用环境及分销渠道
易拉罐	批发零售店、超市、流动摊点、街头、娱乐、宾馆、餐饮
玻璃品	流动摊点、街头
PET瓶	批发零售店、超市、流动摊点、街头、家庭消费
乐利包	批发零售店、超市、流动摊点、街头、娱乐
袋装	零售店、超市
纸杯装	街头、娱乐

5.包装形式要符合消费者心理要求

包装所采用的色彩、图案、数字要符合消费者的心理要求，并且不能和民族习惯、宗教信仰发生抵触。在市场营销中，相同的色彩、图案和数字对具有不同心理爱好的消费者来说，可能产生截然不同甚至完全相反的结果，因此，在商务活动中，要做到"入乡随俗，入国问禁"。

6.包装材料的选用要符合环保的要求

随着全球环境的日益恶化，消费者在消费的过程中越来越关注环保问题。从社会营销观念来看，企业的产品包装应选用可降解和可再生的环保材料，并将环境保护作为自己的责任。同时，西方发达国家已建立了日益严格的环保标准，它们以绿色壁垒限制进口，我国企业的产品只有进行环保包装，才能进入国际市场。

(四)产品包装策略

通过以上分析可以看出，包装具有促进产品销售的功能，并能触发消费者的购买行为。因此，好的包装往往只要与其适应的包装策略结合在一起，才能发挥其更大的作用。可供企业选择的包装策略有：

1.类似包装策略

类似包装策略是指一个企业所生产的各种产品，在包装上采用相同的图案、色彩，相同的造型甚至相同的包装材料，使顾客极易发现是同一家企业的产品。其优点在于，企业既能节约设计和印刷成本，又能扩大企业和产品的影响，扩大销售。

所以，一般名牌厂商、专业化制造商都采用这种包装策略。但类似包装策略只能适用于质量相同的产品，对于品种差异大、质量水平悬殊的产品则不适合。

2. 差异包装策略

差异包装策略是指企业各种产品都有自己的独特包装，在图案设计、色彩、风格、材料等方面都有明显的差异。这种策略的优点是能使产品之间有较强的独立性，避免因一种产品的销售失败而影响其他产品的声誉。其不足之处是要增加包装设计费用和促销费用。

3. 聚集包装策略

聚集包装策略又称“组合包装策略”，是指经营者根据消费者的消费习惯，把几种消费关联性强的产品组合配套放在同一个包装容器内同时出售。此种策略的优点是既便于消费者使用和随带，又能扩大多种相关产品的销售总量，更有利于新产品的推销，如节日大礼包、化妆品、文房四宝、系列服装、系列茶具等。

4. 再使用包装策略

再使用包装策略又称“双重包装策略”，即包装物不仅具有包装产品的用途，还可由消费者作为他用。如一个精美别致的巧克力盒、一个设计独特的酒瓶，对消费者都颇有吸引力。有些消费者不是主要为了购买巧克力和酒，而是为了其具有艺术价值的包装物而引起购买行为。这种策略的优点是一方面可以美化产品，引起消费者的购买兴趣；另一方面在使用包装物的过程中，常常会引起使用者的联想和回忆，起到潜移默化的广告宣传作用，具有促销功能。

5. 附赠品包装策略

附赠品包装策略又称“让利包装策略”，这是目前市场上较为流行的一种包装策略，即在产品包装中附赠物品或奖券，吸引消费者购买，扩大销售。如儿童市场上玩具、食品等商品附赠有卡通画、识字图；化妆品包装中有奖券等。

6. 改变包装策略

针对消费者“求新”、“求变”的消费心理，企业或经营者要利用新的包装技术、包装材料和包装设计等改进原有包装。过去，一种包装设计可连续使用 10～15 年，而现在每隔 2～3 年就需要对包装推陈出新。产品包装上的改进如同产品自身内在质量的改进一样，对产品的销售有重大影响。当企业的某种产品在同类产品中内在质量相同而销路打不开时，就应该考虑采用这一策略。此外，当一种产品的包装已采用较长时间时，也应注意改进包装设计，以达到扩大销售的目的。

【核心概念】

产品的整体概念 核心产品 有形产品 附加产品 产品组合 产品项目 产品组合的宽度、长度和深度 品牌 商标 产品生命周期 统一品牌名称 品牌扩展策略 包装策略

【复习思考题】

1. 什么是产品整体概念？它包括哪几个层次？

2. 分析产品市场生命周期的不同特点及市场营销策略。

3. 什么是新产品？企业开发新产品应遵循哪些原则？

4. 产品的经济寿命、技术寿命、使用寿命是否一致？营销学研究的是哪一种？

5. 企业为什么要创名牌、保名牌？

【技能训练】

宝洁公司的多品牌策略

品牌延伸曾一度被认为是充满风险的事，有的学者甚至不惜用“陷阱”二字来形容其风险之大。然而，综观世界一流企业的经营业绩不难发现，这其中有像索尼公司那样奉行“多品一牌”的“独生子女”策略的辉煌，更有像宝洁公司这样大胆贯彻“一品多牌”策略，在国际市场竞争中纵横驰骋，尽显“多子多福”的风流。

宝洁公司是一家美国企业。它的经营特点一是种类多，横跨了清洁用品、食品、纸制品、药品等多种行业。二是许多产品大都是一种产品多个牌子。以洗衣粉为例，他们推出的牌子就有“汰渍”、“洗好”、“奥克多”等近10种品牌。要问世界上哪个公司的品牌最多，恐怕非宝洁公司莫属。

1. 寻找差异

如果把多品牌策略理解为企业多到工商局注册几个商标，那就大错特错了。宝洁公司经营的多种品牌策略不是把一种产品简单地贴上几种商标，而是追求同类产品不同品牌之间的差异，包括功能、包装、宣传等方面，从而形成每个品牌的鲜明个性。这样，每个品牌都有自己的发展空间，市场就不会重叠。他们认为，不同的顾客会从产品中获得不同的利益组合，于是就利用洗衣粉的九个细分市场，设计了9种不同的品牌。

宝洁公司就像一个技艺高超的厨师，把洗衣粉这一看似简单的产品，加以不同的佐料，烹调出多种可口的大菜。不但从功能、价格上加以区别，还从心理上加以划分，赋予不同的品牌个性。通过这种多品牌策略，宝洁已占领了美国更多的洗涤剂市场，目前市场份额已达到55%，这是单个品牌所无法达到的。

2. 制造“卖点”

宝洁公司的多品牌策略如果从市场细分上讲是寻找差距的话，那么从营销组合的另一个角度看是找准了“卖点”。卖点也称“独特的销售主张”。这是美国广告大师罗瑟·瑞夫斯提出的一个具有广泛影响的营销理论。其核心内容是：广告要根据产品的特点向消费者提出独一无二的说辞，并让消费者相信这一特点是别人没有的，或是别人没有说过的，且这些特点能为消费者带来实实在在的利益。在这一点上宝洁公司更是发挥得淋漓尽致。以宝洁在中国推出的洗发水为例，“海飞丝”的个性在于去头屑，“潘婷”的个性在于对头发的营养保健，而“飘柔”的个性则是使头发光滑柔顺。在中国市场上推出的产品广告更是出手不凡：“海飞丝”洗发水，海蓝色的包装，首先让人联想到蔚蓝色的大海，带来清新凉爽的视觉效果，“头屑去无踪，秀发更干净”的广告语，更进一步在消费者心目中树立起“海飞丝”去头屑的信念；“飘柔”，从品牌名称上就让人明白了该产品有使头发柔顺的特性，草绿色的包装给人以青春美的感受，“含丝质润发素，洗发护发一次完成，令头发飘逸柔顺”的广告语，再配以少女甩动如丝般头发的画面，更加深了消费者对“飘柔”飘逸柔顺效果的印象；“潘婷”，用了杏黄色的包装，首先给人以营养丰富的视觉效果，“瑞士维他命研究院认可，含丰富的维他命原 B_5，能由发根渗透至发梢，补充养分，使头发健康、亮泽”的广告语，从各个角度突出了“潘婷”的营养型个性。

从这里可以看出，宝洁公司多品牌策略的成功之处，不仅在于在一般人认为没有缝隙的产品市场上寻找到差异，生产出个性鲜明的商品，更值得称道的是能成功地运用营销组合的理论，将这种差异推销给消费者，并取得他们的认同，进而心甘情愿地为之掏腰包。

3.能攻易守

传统的营销观念认为，单一品牌延伸策略便于企业形象的统一，减少营销成本，易于被顾客接受。但从另一个角度来看，单一品牌并非万全之策。因为一种品牌树立之后，容易在消费者心目中形成固定的印象，使顾客产生心理定势，不利于产品的延伸，尤其是像宝洁这样横跨多种行业、拥有多种产品的企业更是如此。宝洁公司最早是以生产“象牙牌”香皂起家的，假如它一直沿用“象牙牌”这一单一品牌，恐怕很难成长为在日用品领域称霸的跨国公司。

可见，宝洁公司正是从竞争对手的失败中吸取了教训，用一品多牌的策略顺利克服了顾客的“心理定势”这一障碍，从而在人们心目中树立起宝洁公司不仅是一个生产“象牙牌”香皂的公司，还是生产妇女用品、儿童用品以至药品、食品的厂家的形象。

许多人认为，多品牌竞争会引发经营各个品牌企业内部各兄弟之间自相残杀的局面。宝洁则认为，最好的策略就是自己不断攻击自己。这是因为市场经济是竞争经济，与其让对手开发出新产品去瓜分自己的市场，不如自己向自己挑战，让本企业各种品牌的产品分别占领市场，以巩固自己在市场中的领导地位。这或许就是中国“肥水不流外人田”的古训在西方的翻版。

从防御的角度看，宝洁公司这种多品牌策略是打击对手、保护自己的最锐利的武器。

(1)从顾客方面讲，宝洁公司利用多品牌策略频频出击，使公司在顾客心目中树立起实力雄厚的形象；利用一品多牌，从功能、价格、包装等各方面划分出多个市场，能满足不同层次、不同需要的各类顾客的需求，从而培养消费者对本企业的品牌偏好，提高其忠诚度。

(2)对竞争对手来讲，宝洁公司的多品牌策略，尤其是像洗衣粉、洗发水这种“一品多牌”的市场，宝洁公司的产品摆满了货架，就等于从销售渠道减少了对手进攻的可能；从功能、价格诸方面对市场的细分，更是令竞争者难以插足，这种高进入障碍无疑大大提高了对方的进攻成本，对自己来说就是一块抵御对手的盾牌。

综上所述，从宝洁公司的成功中看到了多品牌策略的多种好处，但并非是坦途一条。俗话说“樱桃好吃树难栽”，要吃到多品牌策略这个馅饼，还需要在经营实践中趋利除弊。

(1)经营多种品牌的企业要有相应的实力，品牌的延伸绝非朝夕之功。从市场调查到产品推出，再到广告宣传，每一项工作都要耗费企业大量的人力、物力。这对一些在市场上立足未稳的企业来讲无疑是一个很大的考验，运用多品牌策略一定要慎之又慎。

(2)在具体操作中，一定要通过缜密的调查，寻找到产品的差异。有差异的产品品牌才能达到广泛覆盖产品的各个子市场、争取最大市场份额的目的。没有差异的多种品牌反而会加大企业的生产、营销成本，造成顾客心理上的混乱。

(3)要根据企业所处行业的具体情况，如宝洁公司所处的日用消费品行业，运用多品牌策略就易于成功；而一些生产资料的生产厂家则不宜选择这种策略。

案例分析与研讨：宝洁公司多品牌策略成功的根本原因是什么？这种经验是否具有普遍意义？你认为我国企业在实施商标品牌策略上与外国企业相比存在哪些优缺点？

第七章　市场营销定价策略

【案例导入】

"嘉豪"牌超浓缩鸡汁调味料定价策略

广东嘉豪食品股份有限公司出品的"嘉豪"牌超浓缩鸡汁调味料,是定位于中高档专业酒楼使用的新型复合调味料。根据当时市场上的格局,嘉豪公司在调研的基础上,经过缜密的论证,将其价格定为市场上同类产品的最高价。作为专业酒楼一个重要原材料的调味料,在酒店原材料的成本中,所占的比重通常是比较小的。"嘉豪"牌超浓缩鸡汁调味料的市场定位和多年来树立的国产高端调味料的市场形象,以及与各级分销商的利益分配,要求有一个与之相称的价格,才能保证公司定位、形象以及与各级分销商的利益要求,而较高的产品价格,也是中高端酒楼出品高附加值菜肴的要求。

思考题:分析"嘉豪"牌超浓缩鸡汁调味料定价策略有什么特点。

【学习目标】

1. 知识目标:了解企业营销活动中价格的重要性,理解价格就是产品整体概念中的一个组成部分;产品的价格是依据产品的目标顾客、市场定位来确定的,是用来配合营销目标实现的手段。掌握常见的几种定价目标、方法与价格策略;理解企业价格变动的几种主要原因和方法。

2. 能力目标:通过本章的学习,应能掌握几种常见的定价目标、定价方法和价格策略的运用;能够在经过调研之后描述几个典型产品、典型企业的价格策略的运用,并能给出恰如其分的评价;能够在给定背景资料的情况下,结合所学原理,尝试对具体的产品进行模拟价格制定。

第一节 影响市场营销定价的因素

从产品整体概念的角度来说，价格是产品的有机组成部分，与品牌、包装等构成了产品的整体。而产品总是要依据目标顾客的需求来出品的，定位不同，产品整体概念的各个组成部分都要能够体现相应的定位要求。价格的制定除了要考虑到消费者，还需要考虑到竞争、成本以及政府的相关政策对价格制定的约束。同时，企业自身的利益要求是价格制定中又一个重要因素。

一、价格的含义

1.价格的概念

对生产者来说，商品的价值是其在生产这个商品时所耗费的社会必要劳动时间。因此，用一定量的货币来表示这些凝结在商品中的价值就是商品的价格。在通常情况下，企业的生产(包括经营)成本一般由工资、利息、租金和正常利润四个部分构成，因此，商品在市场上的价格只有在不小于这四部分之和时，企业才会满意；但对消费者而言，商品的价值等于他们从商品中获得的满足。如果所付的价格能够使他们的预期要求得到满足，他们便认为商品“值”那么多，否则就是“不值”或“不合算”。因此，价格是外在的、具体的和确定的量，而价值是内在的、模糊的和不确定的量。可见，价格是商品价值的货币表现。这一概念包含三层含义：第一，商品的价格与其价值是正比关系；第二，商品的价格与货币的价值呈反比关系；第三，商品的价格与其价值总是不相等的，但会围绕着价值上下波动。

2.价格与市场供求

商品的价格是市场上调节供求关系的“一只看不见的手”。当一种商品供不应求时，价格就要上升，从而促进供给的扩大，减少需求的增加；供过于求时，价格又会下降，从而促进增加需求，减少供给。由于价格同供求关系的这种因果关系，在市场上一种商品价格的涨落又成为企业了解其供求状况的信息。价格的涨落必然影响商品供给和需求的数量。因此，它成为企业营销手段，当商品供过于求或同行竞争激烈时，便降低价格，以减少供给，扩大销售；反之，当供不应求或需提高商品品位时，便提高价格，以增加供给，控制需求。

3.差价与比价

在市场上，同样的商品最终只能有一个价格。当一种商品同时有数家企业共同生产(或经营)时，不管最初彼此的价格有何不同，最后总会趋向一致，如果谁的价格过高，它的商品就会售不出去，价格过低又会遭受不必要的损失。很多商品虽然有差别，但是在消费或生产、流通过程中有关联，因此彼此的价格会互相影响。如在替代品之间，两种商品的价格要有一个合适的比例，如果一种商品的价格过高，其市场份额就会为另一种商品取代；在相关商品之间，一种商品价格过高也会影响另一种商品的销售量。这时，相关商品的价格之间需要形成较为稳定的比例，我们称之为比价。有些商品在生产过程中会改变形态，产生增值，在流通过程中经过一系列转变又会增加附加效用。因此，当商品流转到不同环节时，其价格会因其价值和效用的不同而形成差异，后一道环节的价格总比前一道环节的价格要高，以体现其增加的价值和效用。我们把同一种商品在不同环节价格上的差异称为差价，差价对于商品的转卖或流通有重要的意义。

二、影响定价的因素

(一)内部因素

影响企业定价的内部因素包括定价目标、产品成本、产品差异性和企业的销售能力。

1. 定价目标

企业的定价目标规定了其定价的水平和目的。产品的定价目标最终取决于企业的经营目标。一般说来，企业定价目标越清晰，价格越容易确定。而价格的设定，又影响到利润、销售收入以及市场占有率的实现，因此，确定定价目标，是制定价格的前提。在定价之前，企业必须对产品总战略作出决策。如果企业已经审慎地选择好目标市场和市场定位，那么，确定营销组合战略，包括价格，便是一件相当容易的事了。定价战略在很大程度上取决于市场定位决策。同时，企业可以寻找附加目标。企业对它的目标越清楚，就越容易制定价格。

如果市场对企业的能力要求很高，竞争很激烈，消费者的欲望又不断发生变化，此时企业往往把生存作为自己的主要目标。为了使工厂运转，企业可以制定比较低的价格，以便增加需求。在这种情况下，生存比利润更重要。只要价格能够补偿可变成本和一般固定成本，企业就能继续留在行业中。但是生存只是一个短期目标，就长期来说，企业必须学会怎样增加价值或者怎样面对挑战。

许多企业把现期利润最大化作为他们的定价目标。它们估计不同价格所对应的需求和成本，然后选择能够产生最大现期利润、现金流动和投资回报的价格。总之，企业要的是现期财务成果，而不是长期的业绩。其他企业想取得市场份额领导地位，因为它们相信拥有最大市场份额的企业会享有最低的成本和最高的长期利润。为了成为市场份额的领导者，这些企业希望把价格尽可能地定低。

企业或许会决定取得产品质量领导地位。这一般要求制定较高的价格来补偿较高的性能质量以及市场调研费用和开发成本。企业还可以用价格来实现其他许多具体目标。它可以定低价格以防止竞争者进入市场，或者定价与竞争者保持一致以稳定市场。定价可以保持转售商的忠诚和支持，或者防止政府干预。价格还可以临时调低，以刺激对商品的需求或吸引更多的顾客走进零售商店。一种产品的定价可能有助于企业产品系列中其他产品的销售。因此，在帮助企业实现各级目标的过程中，定价会发挥十分重要的作用。

2. 营销组合战略

价格只是企业用来实现营销目标的营销组合工具中的一种。价格决策必须和产品设计、销售和促销决策相配合，才能形成一个连续有效的营销方案。对其他营销组合变量所作的决策会影响定价决策。例如，靠许多转售商的支持来促销产品的生产者，将不得不在价格中设定较大的转售商利润差额。

企业经常先制定定价策略，然后再依据制定的价格来确定其他营销组合变量。在这里，价格是一个相当重要的产品定位因素，可以用来定义产品的市场、竞争以及设计。许多企业采用一种叫作目标成本设定(target costing)的有效战略武器来支持这一价格定位战略。通常的价格制定程序是，先设计一种新产品，然后决定它的成本，最后问："我们能够卖多少钱？"目标成本设定则完全反过来做：先设定目标成本，然后再向下一个环节——寻找相应的原材料、制造工艺、包装等。

营销人员在定价时必须考虑到整个营销组合。如果产品是根据非价格图表来定位的，那么，有关质量、促销和销售的决策就会极大地影响价格。如果价格是一个重要的定位因素，那么，价格就会极大地影响其他营销组合因素的决策。但是，即使产品以价格为特色，营销人员也需要牢记，顾客很少只依据价格就作出购买行为。相反，顾客寻找能够带给他们最大价值的产品，这些价值的表现形式就是支付价格之后所能得到的利益。

3. 产品成本

成本核算是定价行为的基础。企业要保证生产经营活动，就必须通过市场销售收回成本，并在此基础上实现盈利。产品成本是企业制定价格时的最低界限，即所谓成本价格。低于成本价格出售产品，企业不可避免地产生亏损，时间一长，企业的营销就难以为继。在市场竞争中，产品成本低的企业就拥有制定价格和调整价格的主动权和较好的经济效益；反之，就会在市场竞争中处于不利地位。

成本是企业能够为其产品设定的底价。企业想设定一种价格，既能够补偿所有生产、分销和直销产品的成本，又能够带来可观的盈利和风险收益率。许多企业努力奋斗，为的就是能成为本行业中的低成本生产商。低成本的企业能设定较低的价格，从而取得较高的销售量和利润额。

企业的成本有两种形式：固定成本和可变成本。固定成本(也称为企业日常管理费)指那些不随生产或销售水平变化的成本。可变成本直接随生产水平发生变化，它们被称为可变成本，是因为其总量会随着生产的变化而变化。总成本是指在任何生产水平下固定成本和可变成本之和。管理部门希望制定的价格至少能够补偿在既定生产水平下的生产总成本。

企业必须审慎地监督好成本。如果一个企业生产和销售产品的成本大于竞争者,那么,该企业将不得不设定较高的价格或减少利润,从而使自己处于竞争劣势。

4. 产品差异性

所谓产品差异性是指产品具有独特的个性,拥有竞争者不具备的特殊优点,从而与竞争者形成差异。产品差异性不仅指实体本身,而且包括产品设计、商标品牌、款式和销售服务方式的特点。拥有差异性的产品,其定价灵活性较大,可以使企业在本行业中获得较高的利润。这是因为:一方面,产品差异性容易培养重视的顾客,使顾客产生对品牌的偏爱,而接受企业定价;另一方面,产品差异性可抗衡替代品的冲击,使价格敏感性相对减弱。

5. 企业的销售能力

可以从两个方面来衡量企业的销售力量对定价的影响。一方面,企业销售能力差,对中间商依赖程度大,那么企业最终价格决定权所受的约束就大;另一方面,企业独立开展促销活动的能力强,对中间商依赖程度小,那么企业对最终价格的决定所受约束就小。

(二)外部因素

影响企业定价的外部因素主要包括市场的性质、消费者需求、政府力量和竞争者。

1. 市场性质

与成本决定价格的下限相反,市场和需求决定价格的上限。消费者和工业购买者都会在产品或服务的价格与拥有产品和服务的利益之间,作一番权衡比较。因此,在设定价格之前,营销人员必须理解产品价格与产品需求之间的关系。

销售者定价的自由程度随不同的市场类型而发生变化。经济学现有四种市场类型,每一种类型都相应提出了一种定价模式。

在完全竞争的情况下,市场由众多进行均质商品交易的购买者和销售者组成。没有哪个购买者或销售者有能力来影响现行市场价格。销售者无法将价格定得高于现行价格,因为购买者能以现行价格买到产品,而且要多少就有多少。销售者的定价也不能低于市场价格,否则销售者将一无所获。在完全竞争的市场中,市场营销调研、产品开发、定价、广告及促销活动几乎没有什么作用或者根本不发挥作用。因此,在这些市场中的销售者没有必要在营销战略上花太多时间。

在垄断竞争情况下,市场由众多按照系列价格而不是单一市场价格进行交易的购买者和销售者组成。系列价格产生的原因是购买者看到销售者产品之间的差异,并且愿意为这些差异支付不同的价格。销售者努力地开发不同的产品,以便适合不同顾客细分市场的需要。除了价格之外,销售者还广泛地采用品牌、广告和直销来使它们的市场区分开来。由于存在众多的竞争者,因此和少数几个制造商控制的市场相比，在垄断竞争市场中，企业较少受到竞争者营销策略的影响。

在垄断市场情况下，市场由几个对彼此的定价和营销策略高度敏感的销售者组成。产品可能为均质或非均质。市场中销售者很少，因为新的销售者很难进入。每个销售者对竞争者的战略和行动都很警觉。如果一家钢铁公司将价格砍掉10%，购买者很快便会转向这位供应商。其他钢铁生产者必须以降低价格或增加服务来作出回应。寡头垄断者从来也不能确定通过减价它能得到哪些永久性的东西。相反，当一个寡头垄断者抬高价格时，它的竞争对手或许并不会跟着抬高价格。该寡头垄断者于是不得不取消涨价，否则便会面临把顾客丢给竞争者的风险。

在完全垄断的情况下，市场只存在一个销售者。该销售者可以是政府垄断者，或私人受控垄断者，或私人非控垄断者。这三种情况下的定价各不相同。政府垄断者可以有各种定价目标。它可以设定低于成本的价格，因为该产品对于无力支付整个成本的购买者很重要。或者设定的价格只用来抵补成本，或者用来创造良好的收益，甚至还可以抬高价格来减少消费。对于受控的垄断者，政府允许企业设定“公平收益率”，并允许企业维持或在必要时扩展经营。非控垄断者可以自由设定价格，只要市场承受得住即可。但是，它们并不总是设定最高限度的价格。这有许多原因，如不想引来竞争、想凭低价更快地进入市场，或者害怕政府管制等。

2. 消费者需求

消费者需求对企业产品定价的影响可以从以下三个方面反映出来：第一，实际支付能力。企业的产品定价应充分考虑消费者愿意并且能够支付的价格水平，它决定企业产品在市场中的价格上限。第二，需求强度。是指消费者想获得某种商品的欲望程度。消费者对某一产品的需求强度大，则其价格的敏感性差。第三，需求层次。不同需求层次的消费者对同一产品的需求强度不同，因而对其价格的敏感性也有所差异。一般来讲，高需求层次的消费者对价格的敏感性较低，反之则反是。而对于高需求层次的市场定位，则应采取高价格定价策略与之相适应。

3. 政府力量

在当今市场经济舞台上，政府仍扮演着重要的角色。作为国家与消费者利益的维护者和代表者，政府力量渗透到企业市场行为的每一个角落。在企业定价方面的政府干预，表现为一系列的经济法规，如西方国家的《反托拉斯法》、《反倾销法》和《谢尔曼法》等等，在不同方面和不同程度上制约着企业的定价行为。这种制约具体地表现在企业的定价种类、价格水平等几个方面。因此，企业的价格政策必须遵循政府的经济法规。我国政府于 1997 年 12 月 19 日正式颁布了《中华人民共和国价格法》，并于 1998 年 5 月 1 日起正式施行。

4. 竞争者力量

影响企业定价的另一个外部因素是竞争者的成本、价格以及竞争者对该企业定价可能作出的反应。此外，企业的定价战略会影响企业面对的竞争的性质。如果佳能采取高价格、高利润的战略，它就会引来竞争。而低价格、低利润的战略可以阻止竞争者进入市场或者把它们赶出市场。

企业的定价无疑要考虑竞争者的定价水平。在市场经济中，企业间的竞争日趋激烈，竞争方式多种多样，其中最原始、最残酷的就是价格竞争。竞争的结果可能是整个行业平均利润的降低。尽管如此，处于竞争劣势的企业往往拥有较大的定价自由，而处于竞争优势的企业则更多地采用追随性价格政策，所以，企业产品的定价无时不受到其竞争者的影响和制约。

第二节　企业的一般定价方法

定价方法是指企业在特定的定价目标指导下，依据对影响价格形成各因素的具体研究，运用价格决策理论对产品价格进行测算的具体方法。定价方法的选择和确定是否合理，关系到企业定价目标能否实现和定价决策的最终成效。制定价格应综合考虑成本、供求和竞争三个基本因素。但在实际定价时，往往又侧重于某一因素，于是便形成了成本导向定价法、需求导向定价法和竞争导向定价法三种类型的基本定价方法。

一、成本导向定价法

成本导向定价法是以企业的生产或经营成本作为制定价格的依据的一种基本定价方法。按照定价过程中，所依据成本的范围不同，可分为以下几种：

1. 完全成本定价法

完全成本定价法是指以产品的全部生产成本为基础，加上一定数额或比率的利润和税金制定价格的方法。生产企业的完全成本是单位产品生产成本与销售费用之和；经营企业的完全成本则是进价与流通费用之和。价格中的利润一般以利润率计算。利润率有分别以成本和销价为基数的两种计算方法，因而销售价格也有外加法和内扣法两种计算方法。

(1)外加法，其计算公式为：

$$产品价格 = \frac{完全成本 \times (1 + 成本利润率)}{1 - 税率}$$

(2)内扣法，其计算公式为：

$$产品价格 = \frac{完全成本}{1 - 销价利润率 - 税率}$$

完全成本定价法具有计算简便、能保证企业生产经营的产品成本得到补偿并取得合理利润的优点。它主要适用于正常生产、合理经营的企业以及供求大体平衡、成本相对稳定的产品。但这种定价方法具有缺乏对市场竞争和供求变化的适应能力、成本和利税重复计算和定价的主观随意性较大的缺点。

2. 目标成本定价法

目标成本定价法是指以期望达到的目标成本为依据，加上一定的目标利润和应纳税金来制定价格的方法。目标成本是企业在充分考虑到未来生产经营主客观条件变化的基础上，为实现企业定价目标、谋求长远和总体利益而拟订的一种"预期成本"，一般都低于定价时的实际成本。目标成本定价法适用于经济实力雄厚、生产和经营有发展前途的企业，尤其适宜于新产品的定价。其计算公式为：

$$\text{产品价格} = \frac{\text{目标成本} \times (1 + \text{目标利润率})}{1 - \text{税率}}$$

其中：

$$\text{目标成本} = \frac{\text{固定成本}}{\text{目标产量}} + \text{单位产品变动成本}$$

$$\text{目标利润率} = \frac{\text{要求提供的总利润}}{\text{目标成本} \times \text{目标产量}} \times 100\%$$

目标成本作为一种"预期成本"，虽然不是定价时的实际成本，但也不是人们主观臆想出来的，它是建立在对"量、本、利"关系的科学测算的基础上，利用盈亏平衡分析的原理加以确定的。企业通过市场预测，在确定一种产品的可销价格以后，根据固定成本总额和单位产品平均变动成本，可以先测定保本量，即在销售量动态曲线上，价格减去单位产品变动成本和税金后的销售收入与产量的乘积余额正好补偿固定成本总额时的某一点，这个点称为盈亏平衡点，如图 7－1 所示 。

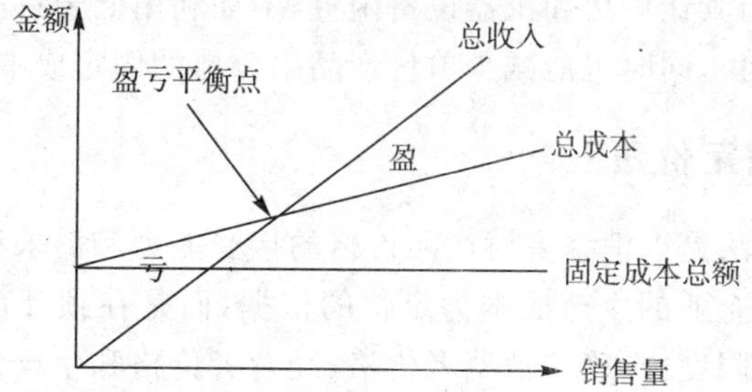

图 7－1　盈亏平衡原理

盈亏平衡点上的产量可以通过下列公式求得：

$$Q(P - AVC - At) = TFC$$

$$Q = \frac{TFC}{P - AVC - At}$$

式中 Q:盈亏平衡点上的月生产能力(销售量)；P :单位产品价格；AVC :单位产品平均变动成本；At :单位产品税金；TFC :固定成本总额。

据此，目标成本所依据的目标产量的取值区域就是：

盈亏平衡点上的产量 < 目标产量 ≤ 产量极限

采用目标定价法，能保证企业按期收回投资，并能获得预期利润，计算也比较方便。但产品价格根据预计产量推算，并非一定能保证销量也同步达到预期目标。因此，企业必须结合自身实力、产品特点和市场供求等方面的因素加以调整。

3. 变动成本定价法

变动成本定价法又称边际贡献定价法，是指在变动成本的基础上，加上预期的贡献计算价格的定价方法。其计算公式为：

价格 = 单位变动成本 + 边际贡献

所谓边际贡献就是销售收入减去变动成本后的余额。单位产品的销售收入在补偿其变动成本之后，首先用于补偿固定成本。在盈亏平衡点之前，所有产品的累计贡献均体现为对固定成本的补偿，企业无盈利可言。在到达盈亏平衡点之后，产品销售收入中的累计贡献才是现实的盈利。所有产品销售收入中扣除其变动成本后的余额，不论能否成为企业盈利，都可视为是对企业的贡献，它既可以反映为企业盈利的增加，也可以反映为企业亏损的减少。从短期决策来看，企业增加生产只要能获得边际贡献，就是有经济效益的，即所增加的那部分产量对提高企业经济效益是有贡献的，产量可一直增加到边际贡献等于零为止。

变动成本定价法通常使用于以下两种情况：一种情况是，当市场上产品供过于求，企业产品滞销积压时，如坚持以总成本为基础定价出售，就难以为市场所接受，其结果不仅不能补偿固定成本，可能连变动成本都无法收回，此时，以变动成本为基础定价，可大大降低售价，对付短期价格竞争；另一种情况是，当定货不足、企业生产能力过剩时，与其让厂房和机器设备闲置，不如利用低于总成本但高于变动成本的低价来扩大销售，同时也能减少单位产品中分摊的固定成本，从而减少亏损。

二、需求导向定价法

需求导向定价法是以消费者对产品价格的接受能力和需求程度为依据制定价格的方法。它不以企业的生产成本为定价的依据，而是在预计市场能够容纳目标产销量的需求价格限度内，确定消费者价格、经营者价格和生产价格。具体可以分为以下几种方法：

1. 可销价格倒推法

可销价格倒推法又称反向定价法，是指企业根据产品的市场需求状况，通过价格预测和试销、评估，先确定消费者可以接受和理解的零售价格，然后倒推批发价格和出厂价格的定价方法。其计算公式为：

出厂价格 = 市场可销零售价格 ×（1 − 批零差价率）×（1 − 进销差价率）

采用可销价格倒推法的关键在于如何正确测定市场可销零售价格水平。测定的标准主要有：产品的市场供求情况及其变动趋势，产品的需求函数和需求价格弹性，消费者愿意接受的价格水平，与同类产品的比价关系。测定的方法有：

(1)主观评估法：由企业内部有关人员参考市场上的同类产品，比质比价，综合考虑市场供求趋势，对产品的市场销售价格进行评估确定。

(2)客观评估法：由企业外部的有关部门和消费者代表对产品的性能、效用、寿命等方面进行评议、鉴定和估价。

(3)实效评估法：以一种或几种不同价格在不同消费对象或区域进行实地销售，并采用上门征询、问卷调查、举行座谈会等形式，全面征求消费者的意见，然后判明试销价格的可行性。按可销价格倒推法定价，具有促进技术进步、节约原料消耗、强化市场导向意识、提高竞争能力等优点，符合按社会需要组织生产的客观要求。

2.理解价值定价法

所谓理解价值就是消费者对某种产品价值的主观评判，它与产品的实际价值往往会有一定的偏离。理解价值定价法是指企业以消费者对产品价值的理解为定价依据，运用各种营销策略和手段，影响消费者对产品价值的认知，形成对企业有利的价值观念，再根据产品在消费者心目中的价值地位来制定价格的一种方法。有些营销学家认为，把买方的价值判断与卖方的成本费用相比较，定价时应侧重考虑前者。因为消费者购买产品时，总会在同类产品之间进行比较，选择那些既能满足消费需要又符合其技术标准的产品。消费者对产品价值的理解不同，会形成不同的价格限度。如果价格刚好定在这一限度内，就会促进消费者购买。为此，企业定价时应对产品进行市场定位，研究该产品在不同消费者心目中的价格标准以及在不同的价格水平上的销售量，并作出恰当的判断，进而有针对性地运用市场营销组合中的非价格因素影响消费者，使之形成一定的价值观念，提高他们接受价格的限度。然后，企业拟订一个可销价格，并估算在此价格水平下产品的销量、成本和盈利状况，从而确定可行的实际价格。

3.需求差异定价法

需求差异定价法是指根据消费者对同种产品或服务的不同需求强度，制定不同的价格和收费的方法。价格之间的差异以消费者需求差异为基础。其主要形式有：以不同的消费者群体为基础的差别定价；以不同的产品式样为基础的差别定价；以不同地域位置为基础的差别定价；以不同时间为基础的差别定价。

按需求差异定价法制定的价格，并不与产品成本和质量的差异程度相应成比例，而是以消费者需求的差异为标准。一般应具有以下条件：市场能够根据需求强度的不同加以细分，而且需求差异较为明显；细分后的市场之间无法相互流通，即低价市场的消费者不可能向高价市场的消费者转手倒卖产品或服务；在高价市场中用低价竞争的可能性不大，企业能够垄断所生产经营的产品或服务；市场细分后所增加的管理费用应小于实行需求差异定价所得到的额外收入；不会因价格差异引起消费者的反感。

三、竞争导向定价法

竞争导向定价法是以市场上竞争对手的价格作为制定企业同类产品价格主要依据的方法。这种方法适宜于市场竞争激烈、供求变化不大的产品。它具有在价格上排斥对手、扩大市场占有率、迫使企业在竞争中努力推广新技术的优点。一般可以分为以下几种具体方法：

1. 随行就市定价法

随行就市定价法即与本行业同类产品价格水平保持一致的定价方法。这种“随大流”的定价方法，主要使用于需求弹性较小或供求基本平衡的产品。在这种情况下，单个企业提高价格，就会失去顾客；而降低价格，需求和利润也不会增加。所以，随行就市成为一种较为稳妥的定价方法。它既可避免挑起价格竞争，与同行业和平共处，减少市场风险，又可补偿平均成本，从而获得适度利润，而且易为消费者所接受。如果企业能降低成本，还可以获得更多的利润。因此，这是一种较为流行的定价方法，尤其为中小企业所普遍采用。

2. 竞争价格定价法

竞争价格定价法，即根据本企业产品的实际情况及与竞争对手的产品的差异状况来确定价格的方法。这是一种主动竞争的定价方法，一般为实力雄厚或产品独具特色的企业所采用。定价时，首先，将市场上竞争产品价格与企业估算价格进行比较，分为高于、等于、低于三种价格层次；其次，将本企业产品的性能、质量、成本、产量等与竞争企业进行比较，分析造成价格差异的原因；再次，根据以上综合指标确定本企业产品的特色、优势及市场地位，在此基础上，按定价所要达到的目标，确定产品价格；最后，跟踪竞争产品的价格变化，及时分析原因，相应调整本企业的产品价格。

3. 投标竞争法

投标竞争法即在投标交易中，投标方根据招标方的规定和要求进行报价的方法。一般有密封投标和公开投标两种形式。投标竞争法主要使用于提供成套设备、承包建筑工程、设计项目、开发矿产资源或大宗商品定货等。企业的投标价格必须是招标单位所愿意接受的价格水平。在竞争投标的条件下，投标价格的确定，首先要根据企业的主客观条件，正确地估算完成指标任务所需要的成本；其次要对竞争对手的可能报价水平进行分析预测，判断本企业中标的机会，即中标概率。企业中标的可能性或概率大小取决于参与投标竞争企业的报价状况。报价高，中标概率小；报价低，则中标概率大；报价过低，虽然中标的概率极大，但利润可能很少甚至亏损，对企业并不有利。因此，想使报价容易中标且有利可图，企业就要以投标最高期望利润为标准定报价水平。所谓投标期望利润，就是企业投标报价预期可获得利润与该报价水平中标概率的乘积。

第三节 定价策略与调价策略

一、定价策略

定价策略是指企业在特定的情况下，依据确定的定价目标所采取的定价方针和价格对策。它是指导企业正确定价的一个行动准则，也是直接为实现定价目标服务的。由于生产经营的产品和销售渠道以及所处的市场状况等条件各不相同，所以，企业应采取不同的定价策略。

【情景案例 7－1】

经济型酒店定价策略

有一个经济型酒店，它的标准间定价是108元/间·天。酒店位于这个城市的向外出城主干道边。附近150米范围内有2个公交站点、2所大学、2家三星酒店。开业不到一年，遭遇金融风暴，包括这个经济型酒店在内的所有行业，都或多或少地受到了影响。那些三星级酒店由于开业时间较长，有了一些老顾客，入住率虽然下降了，但是还能够支持基本营业。而对于这个开业一年不到的经济型酒店来说，状况就不一样了：没有老主顾、没有餐饮可以扶持。好在隔壁就有一个快餐店，可以对这个没有餐饮服务项目的经济型酒店的服务功能起到补充作用。现在，请你为这个经济型酒店制定一个应对当前局面的价格策略。

思考与讨论题：

1. 制定这样的策略，可能需要你对经济型酒店行业有一个基本的了解，请你先做一个有关这个业态的基本了解，收集相关的为制定基本可行价格策略的信息。

2. 针对这个经济型酒店的特殊情况，为其制定相应的价格策略，并给出你的理由。

1. 新产品定价策略

新产品定价合理与否，关系到其能否及时打开销路、占领市场和获得预期利润，对于新产品以后的发展具有十分重要的意义。新产品定价策略有以下三种：

（1）取脂定价策略：取脂定价又称“撇油”定价，意为提取精华，快速取得利润。这是一种高价策略，即在新产品投放市场的初期，利用消费者求新、求奇的心理动机和竞争对手较少的有利条件，以高价销售，在短期内获得尽可能多的利润。以后随着产量的扩大、成本的下降、竞争对手的增多，再逐步降低价格。

采用取脂定价策略，必须具备四个基本条件：一是产品的质量和形象必须能够支持产品的高价格，并且有足够的购买者想要这个价格的产品；二是产品必须新颖，具有较明显的质量、性能优势，并且有较大的市场需求量；三是产品必须具有特色，在短期内竞争者无法仿制或推出类似产品；四是生产较少数量产品的成本不会高到抵消设定高价格所取得的好处。这种策略的优点是能够在短期内获得较高的利润，尽快收回投资，并掌握降低价格的主动权；缺点是风险大，容易吸引竞争者加入，若产品不为消费者所接受，会导致产品积压，造成亏损。因此，采取此策略时，要求企业对市场需求有较准确的预测。

(2) 渗透定价策略：渗透定价也称“别进来”定价。这是一种低价策略，即在新产品上市初期，将产品价格定得低于人们的预期价格，给消费者以物美价廉的感觉，借此打开销路，占领市场。

渗透定价适用于资金实力雄厚、生产能力强、在扩大生产以后有降低成本潜力的企业，或者新技术已经公开，竞争者纷纷效仿生产和需求弹性很大，市场上已有代用品的中、高档消费品。这种策略的优点是有利于吸引顾客，增强产品的竞争能力，使竞争者不敢贸然进入，有利于迅速打开产品销路，开拓市场；缺点是低价利微，收回投资的时间较长，在产品生命周期和需求弹性预测不准的条件下，具有一定的风险性。

(3)满意定价策略：满意定价又称“均匀”定价。这是一种中价策略，即在新产品刚进入市场的阶段，将价格定在高价和低价之间，力求使买卖双方均感满意。

满意定价策略适用于需求价格弹性较小的日用生活必需品和主要的生产资料。这种策略既可以避免取脂定价因高价而带来的风险，又可以消除渗透定价因低价而引起的企业生产经营困难，因而既能使企业获取适当的平均利润，又能兼顾消费者利益。

2. 折扣定价策略

折扣定价策略也称差别价格策略，是指企业根据产品的销售对象、成交数量、交货时间、付款条件、取货地点以及买卖双方负担的经济责任等方面的不同，给予不同价格折扣的一种策略。常用的折扣定价策略有以下几种：

(1) 现金折扣：现金折扣也称付款期限折扣，即对现金交易或按约定日期提前付款的顾客给予不同价格折扣。它是为鼓励买方提前付清货款而采用的一种减价策略，目的是为了加速资金周转，降低销售费用和经营风险。其折扣率的高低，一般由买方提前付款期间利息率的多少、提前付款期限的长短和经营风险的大小来决定。

(2)批量折扣：批量折扣即根据购买数量多少而给予不同程度的价格折扣。它是为了鼓励买方批量购买或集中购买一家企业的产品而采用的一种减价策略。一般来说,购买的数量或金额越大,给予的折扣也越大。批量折扣有一次折扣和累计折扣两种形式。一次折扣是指按照单项产品一次成交数量或金额的多少,规定不同的价格折扣率。一般适用于能够大量交易的单项产品,用以鼓励买方大批量购买。累计折扣是指在一定时期内购买一种或多种产品的数量或金额超过规定数额时,给予买方的价格折扣。折扣的大小与成交数量或金额的多少成正比。一般适用于单位价值较小、花色品牌复杂、不宜一次大量进货的产品,以及大型机器设备和耐用消费品。

(3) 交易折扣:交易折扣也称功能性折扣,是指企业根据交易对象在产品流通中的不同地位和功能以及承担的职责给予不同的价格优惠。对买方企业实行何种价格折扣,是以其在产品流通中发挥何种作用为依据的。为调动各类经营企业的积极性,各种折扣和差价应补偿其必要的流通费用,并提供合理利润。

(4) 季节折扣:季节折扣是指企业对于购买非应季产品或服务的用户的一种价格优惠。一些产品常年生产、季节消费,宜采用此策略。其目的在于鼓励买方在淡季提前定购和储存产品,使企业生产保持相对稳定,也减少因存货所造成的资金占用负担和仓储费用负担。

3. 心理定价策略

心理定价策略是指销售企业根据消费者的心理特点、迎合消费者的某些心理需要而采取的一种定价策略。这种策略主要适用于零售环节。常用的心理定价策略主要有如下几种:

(1)尾数定价策略:尾数定价也称零头定价或缺额定价,即给产品定一个零头数结尾的非整数价格。大多数消费者购买产品时,尤其是购买一般的日用消费品时,乐于接受尾数价格。消费者会认为这种价格经过精确计算,购买不会吃亏,从而产生信任感。同时,价格虽离整数仅相差几分或几角钱,但给人一种低一位的感觉,符合消费者求廉的心理愿望。这种策略通常适用于基本生活用品。

(2)整数定价策略 :整数定价与尾数定价正好相反,企业有意将产品价格定为整数,以显示产品具有一定质量。整数定价多用于价格较贵的耐用品或礼品,以及消费者不太了解的产品。对于价格较贵的高档产品,顾客对质量较为重视,往往把价格高低当作衡量产品质量的标准之一,产生所谓“一分价钱一分货”的感觉,从而有利于销售。

(3)声望定价策略:声望定价即针对消费者“便宜无好货”、“价高质必优”的心理,对在消费者心目中享有一定声望、具有较高信誉的产品制定高价。不少高级名牌产品和稀缺产品,在消费者心目中享有极高的声望和地位,价格越高,其心理满足的程度也越高。

(4)习惯定价策略:有些产品在长期的市场交换过程中已经形成了为消费者所

适应的价格，成为习惯价格。企业对这类产品定价时要充分考虑消费者的习惯倾向，采用"习惯成自然"的定价策略。对消费者已经习惯了的价格，不宜轻易变动。降低价格会使消费者怀疑产品质量是否有问题；提高价格会使消费者产生不满情绪，导致购买行为的转移。在不得不提价时，应采取改换包装或品牌等措施，缓解抵触心理，并引导消费者逐步形成新的习惯价格。

(5)招徕定价策略：这是适应消费者"求廉"的心理，将产品价格定得低于一般市价，个别的甚至低于成本，以吸引顾客、扩大销售的一种定价策略。采用这种策略，虽然几种低价产品不赚钱，甚至亏本，但从总的经济效益看，由于低价产品带动了其他产品的销售，企业还是有利可图的。关键的问题是需要做好相关产品线的设计和传播。

4.差别定价策略

差别定价也称为价格歧视，是指企业以两种或两种以上不反映成本比例差异的价格来销售某种产品或服务。差别定价主要有如下一些形式：

(1)因顾客而异的差别定价：即企业将同一种产品或劳务以不同价格出售给不同的顾客。如电力部门对工商企业和居民用电分别制定了不同的价格；由于消费者的商品知识、讨价还价能力及需求强度存在差异，商家可能将同样的服装以不同的价格卖给不同的消费者。

(2)因产品式样而异的差别定价：产品式样不同，价格也不同，但是价格的差异与它们间的成本差异不成比例。

(3)因地点而异的差别定价：企业为处于不同位置的产品或劳务分别制定不同的价格，即使它们的成本费用没有任何差异。

(4)因时间而异的差别价格：企业为不同季节、不同日期甚至同一天内不同时间的产品或劳务制定不同的价格。

企业实行差别定价应该具备一定的条件：市场必须是能够细分的，并且各个细分市场要具备不同的需求强度；以低价购买产品的顾客不可能将产品用高价转卖出去；竞争者不可能在企业以较高价格销售产品的市场上以低价倾销产品；细分市场和控制市场的费用不超过因实行差别定价所获得的额外收入；实行的差别定价不会引起顾客的反感；差别定价的形式不违法。我国的《价格法》规定，"提供相同商品或服务，对具有同等交易条件的其他经营者实行价格歧视"属于不正当的价格行为。

二、调价策略

一种产品价格确定以后，并非是固定不变的。随着市场环境的变化，企业常需要根据生产成本、市场供求和竞争状况对产品价格作出调整，通过降低价格或提高价格，使本企业的产品在市场上保持较理想的销售状态。价格调整的方式主要有降低价格和调高价格两种。

1.调高价格

(1) 调高价格的原因:价格具有刚性,从长期来看,价格有不断上升的趋势。但在短期内,提高价格常会引起消费者和中间商的不满,进而拒绝或减少购买和进货,甚至连本企业的销售人员都反对。一般只有在某些特殊情况下采用此策略。但是,成功的提价会极大地促进利润的增长。

价格上调的一个主要原因就是通货膨胀或原材料价格上涨引起企业成本增加。企业无法自我消化增加的成本,只有通过提高售价才能维持正常的生产经营活动。成本上升使利润减少,这使企业经常反复提价。由于预期未来将继续发生通货膨胀,所以企业提价的幅度往往高于成本的增长幅度。

另一个导致价格上涨的因素就是产品供不应求,暂时无法满足市场需求。通过提高价格,可将产品卖给需求强度最大的顾客;也可以对顾客实行产品配额,或者双管齐下。

政策、法规限制消费或淘汰产品的税率提高也是调高价格的一个不可忽视的因素。出于保护环境和合理使用稀缺资源的需要,政府对某些产品采用经济手段调控致使价格上升。

(2) 调高价格的方法:企业可以用许多方法来提高价格,与增长的成本保持一致。调高价格的方法通常包括明调与暗调两种形式。明调即公开涨价,在将涨价的信息传递给顾客时,企业应避免形成价格欺骗的形象。企业必须用与顾客的交流活动来支持价格上涨,告诉顾客为什么提价。企业销售人员应该帮助顾客找到节省的办法。暗调则是通过取消折扣、在产品线中增加高价产品、实行服务收费、减少产品的不必要的功能等手段来实现,这种办法十分隐蔽,几乎不露痕迹。只要有可能,企业应该考虑采用其他的办法来弥补增加的成本和满足增加的需求,而不用提高价格的办法。

2.调低价格

对企业来说,降低价格往往出于被迫无奈,但在下列情况下,必须考虑降价:

(1)产品供过于求,生产能力过剩。这时,企业需要扩大业务,然而增加销售力量、改进产品、努力推销或采取其他可能的措施都难以达到目的。企业会放弃“追随主导者”的定价方法,即设定与主要竞争者相同的价格,采用攻击性减价的方法来提高销售量。但是,正如航空公司、建筑设备和其他行业近几年所取得的教训所显示的,在生产能力过剩行业减价会挑起价格战,因为竞争者都要设法保住自己的市场份额。

(2)市场竞争激烈,产品市场占有率下降。竞争者实力强大,占有明显优势,消费者偏好发生转移,本企业产品销量不断减少。

(3)生产成本下降,为挤占竞争对手市场。这是一种主动降价行为,可能导致同行业内竞争加剧。实行主动降价的条件是,必须比竞争对手有更强的实力。不管企业是从低于竞争者的成本开始,还是从夺取市场份额的希望出发,都会通过销售量的扩大进一步降低成本。

(4)企业转产,在新产品上市之前,及时清理积压存货。无论是降价还是提价,都应注意调整的幅度和频率,还要把握调整的时机,以取得预期的效果。同时,调整价格要符合政府的有关政策和法律,避免因违反《价格法》、《反不正当竞争法》和《消费者权益保护法》等法律、法规而受到制裁。价格是消费者最为敏感的要素,也是厂商最敏感的因素,商家调整了价格必然会带来很大的影响,既包括消费者方面的,也包括竞争者方面的。因此,分析这些影响然后作出相应的对策就变得尤为重要了。

3.顾客对企业调价反应

顾客对企业调价的反应,将直接影响产品的销售,对此,企业应该高度重视,进行分析预测,制定相应的策略。

(1)顾客对企业降价的反应:顾客对企业降价作出的反应是多种多样的。有利的反应是认为企业生产成本降低了,或企业让利于顾客。不利的反应有:这是过时的产品,很快会被新产品代替;这种产品存在某些缺陷;该产品出现了供过于求;企业资金周转出现困难,可能难以经营下去;产品的价格还将继续下跌。

(2)顾客对企业提价的反应:当企业提价时,顾客也会作出各种反应。有利的反应是认为产品的质量提高,价格自然提高;或认为这种产品畅销,供不应求,因此提高了售价,而且价格可能继续上升,不及时购买就可能买不到;或认为该产品正在流行等。不利的反应是认为企业是想通过提价获取更多的利润。顾客还可能作出对企业无害的反应。

由于不同的产品的需求价格弹性存在差异,因此,不同产品的价格调整对顾客的影响是不同的。另外,顾客不但关心产品的售价,还关心产品的使用、维修费用。如果企业能够用较高的价格将产品销售出去,但是却能有效地降低顾客此后的使用成本、维护费用,并能使顾客明白,那么就具备提高售价的可能。

4.竞争者对企业调价的反应

在异质的产品市场上,企业和竞争者都可以通过对产品差异的垄断来控制产品价格,因此,企业调价的自由度和竞争者作出反应的自由度都很大。顾客作出购买决策时也不仅仅考虑价格因素,还要更多地考虑各种非价格因素,如产品的质量、款式、顾客服务等。这些因素也减少了顾客对较小的价格差异的敏感性。

在企业间产品同质化程度较高的市场上,竞争者对企业的调价的反应是很重要的。在产品供不应求的时候,竞争者一般都会追随企业的提价,因为这对大家都有好处,产品都能够在较高的价位上全部销售出去,即使有企业不提价也不会影响到企业产品的销售。当企业由于通货膨胀导致成本上升而提高价格时,只要有一个竞争者因为能在企业内部全部或部分地消化增加的成本,或认为提价不会使自己得到好处,因而不提价或提价幅度较小,那么,该企业和追随提价企业的产品销售都将受到影响,可能不得不降价。企业降价时,若竞争者不降价,企业产品销量会上升,市场占有率也会提高。当然,竞争者也可能采取非价格的手段来应对企业降价,但更多的情况是,竞争者会追随企业降价,企业间进入新一轮价格竞争。当企业是因为成本低于竞争者而降价时,企业拥有一定的成本领先优势,拥有更多的降价空间,竞争者追随降价攻势,对损失的承受能力低于那个具有成本领先优势的企业。这时,企业有能力进一步降价,在这种情况下,竞争者反应的影响作用相对减弱。但缺乏低成本优势为依托的降价,在竞争者追随降价后,企业间又恢复原来的竞争格局。谁也不能从降价中得到好处,这是当前市场上价格竞争最常见的结局。因此,要准确地分析、预测竞争者对企业调价的可能反应,以制定相应的策略,而不是随意地进行价格的调整。当企业只面对一个主要竞争者时,企业可以从以下两个方面来预测竞争者对企业调价作出的可能反应:

(1)假设竞争者用以前作出过的既定模式来作出反应。在这种情况下,是容易预测出竞争者的反应的。

(2)假设竞争者将企业的每次调价都看作挑战,并根据当时自身的利益作出反应,在这种情况下,企业必须确定竞争者的自身利益所在,调查竞争者当前的财务状况、生产能力和销售情况、顾客忠诚情况及经营目标。如果竞争者以维持和提高市场占有率为目标,它会在企业提价时保持价格不变,在企业降价时也追随降价;如果竞争者以实现当期最大利润为目标,那么可能在企业提高价格时提价,在企业降价时不降价,而采用加强顾客服务等非价格手段来进行竞争。

竞争者可能作出的反应,与竞争者对企业调价目的的判断有关。因此,企业在搜集竞争者资料时,也要注意搜集竞争者对企业调价的看法。

当企业面对的是几个竞争者的时候,就必须对每个竞争者的可能反应作出估计。如果它们的反应类似,那么只需要对其中一个典型的进行分析即可。而各个竞争者由于在生产规模、市场份额和经营战略等方面存在差异,作出的反应也各不相同时,企业就应该对它们分别进行分析。一般地,如果某些竞争者追随企业调价,那么可以认为其他竞争者也会这样做。

5. 企业应对竞争者调价的策略

在异质市场上,对于竞争者的调价,企业作出反应的自由度很大。而在产品同质化程度较高的市场上,企业如果认为提价有好处,也可以跟进;如果企业不提价,那么竞争者的价格最终也会降下来。而如果竞争者降价,企业也只能降价。否则,顾客会转而去购买价格较低的竞争者的产品。

(1)了解竞争者调价的相关信息:面对竞争者的调价,企业在作出反应前,应对下列问题进行调查和分析研究:为什么竞争者要调价?竞争者的调价是长期的还是临时的措施？如果企业对此不作出反应，会对企业的市场占有率和利润产生什么影响？其他企业对竞争者的调价是否会作出反应？这又会对企业产生什么影响？对企业可能作出的每一种反应，竞争者和其他企业又会有什么反应？

（2）企业的应对策略：企业总是经常受到其他企业以争夺市场占有率为目的而发动的挑衅性降价的攻击。当竞争者的产品在质量、性能等方面与企业的产品没有差异时，竞争者产品的低价有利于其市场份额的扩大。在这种时候，企业可以选择的对策主要有：其一，维持原来的价格。如果企业认为降价会导致企业利润大幅减少，或认为企业顾客的忠实度会使竞争者市场份额的增加极为有限，可以采取这一策略。但如果由于竞争者市场份额增加而出现其竞争者信心增强、企业顾客忠实度减弱、企业员工士气降低等情况，那么，这一策略可能会使企业陷入困境。其二，维持原价并采用非价格手段（如改进产品、增加服务）进行反攻。其三，追随降价，并维持产品所提供的价值。如果企业不降价将会导致市场份额大幅度下降，而要恢复原有的市场份额将付出更大的代价，企业应该采取这个策略。其四，提价并推出新品牌来围攻竞争对手的降价品牌。这将贬低竞争对手降价品牌的市场定位，提升企业原有的品牌定位，是一种有效的价格与非价格综合运用的竞争手段。其五，推出更廉价的产品进行竞争。企业可以在市场占有率正在下降时，在对价格很敏感的细分市场上采取这种策略。

竞争者发动的价格竞争通常是经过周密策划的，留给企业作出反应的时间很短。因此，企业应该建立有效的营销信息系统，加强对竞争者的有关信息的搜集，以便对竞争者可能的调价行动作出正确的预测，同时还应建立应对价格竞争的反应决策机制，以便缩短决策时间。

第四节　跨国公司的转移定价策略

一、有关跨国公司内部调拨价格的几个问题

1.跨国公司的收入

跨国公司的收入有两个来源，一是来自公司内部的交易，二是来自公司外部的交易。总公司的收入除利润、利息、使用费、佣金之外，还有通过抬高向子公司出售商品的内部调拨价或压低子公司向总公司出售商品的内部调拨价得来的收入。

2.跨国公司的成本

跨国公司的成本（C），可划分为影响现在经营的支出（C_1）和影响将来经营的支出（C_2）两部分。影响现在经营的支出（C_1），分为公司内部交易的支出（C_1'）和公司外部交易的支出（C_1''）。影响将来经营发展的支出（C_2）中，包括研究和发展经费、

广告费等等。这部分支出在现在的账面上表现为支出，但对将来却是一种投资，将为公司带来更大的收入。多数发达国家企业在计算收入时，不只着眼于眼前利润，更注意扩大未来的财源，所以，它们非常重视研究与发展工作，肯在这方面下大本钱，并且由于这些投资在现在账目表现为支出，可以避免向政府交纳投资税。

3.跨国公司收入的运用

跨国公司收入用于支付与公司外部交易的费用、交纳所得税、支付给外国人和本国股东红利、关税以及其他预扣的费用。利润是收入的一部分，对所得税和红利有影响。

4.跨国公司内部调拨价格的基本内容

跨国公司内部调拨价的基本内容是如何处理母子公司相对支出和收入之间的关系。相对支出$=C_1'+C_1''+C_2$。

C_1''与当时当地市场有关系，$C_1'+C_2$与子公司有关系。母公司在$C_1'+C_2$方面的支出较多，子公司在C_1''方面支出大。

母公司收入$=y'+y''$。

$y'=$从子公司的收入，$y''=$从公司系统外的收入。

y'可能来自子公司的利润，也可以来自抬高或压低母子公司的内部调拨作价。

当$y''<C$时，表示国内市场小，需要通过与国外子公司的内部调拨价转移收入来抵消国内母公司开支。如果$y''>C$，那么为了逃税，就要求子公司不宣布利润，而通过内部调拨作价，将利润转回本国。母子公司间的支出不公开，通过内部调拨作价就能转移利润。也就是说，子公司表现的利润，并不完全反映母公司的收入，母公司还可以通过内部调拨价收回子公司利润。

跨国公司在与外国合营的企业中，有时为了减少外国应该分享的利润和利润中应该用于职工奖励的奖金，也常常通过内部调拨作价的途径，将一部分利润转移出去。

在跨国公司之间为争取外国市场进行竞争的情况下，各跨国公司在处理内部调拨作价方面的问题更为复杂，往往需要用电子计算机来计算并衡量各种情况下应该采取的对策，争取对其最有利的方案。

5.跨国公司利用内部调拨作价争取实现最大利润的其他策略

(1)避免外汇汇率变动的风险。按照常规，子公司应该在年终结算出利润之后才可汇出利润，但如果跨国公司根据可靠预测，知道所在国货币到那时可能会贬值，则有可能通过内部调拨作价手段提前把利润转出，并将准备投入该所在国子公司的资金推迟投放。如果根据预测所在国货币到那时可能会升值，则会采取与上述策略相反的做法，即通过内部调拨价推后汇出利润，将准备投入的资金提前投入。

(2)对付所在国的外汇管制。如果根据所在国外汇管制办法，外国人所得利润不准全部汇出国外，跨国公司往往通过内部调拨作价转出利润。这样，不但可以逃避外汇管制，还会使所在国减少应该征收的所得税。

(3)利用各国资本成本的差距，追求更大利润。跨国公司通过比较子公司所在国利率的不同，用低利率借钱，通过调拨作价将资本转移到利率较高的国家。在投资机会不同的情况下，也可通过内部调拨作价转移投资资金。

(4)通过内部调拨作价转出部分利润以压低过高的账面利润率，避免所在国政府提高税率。低报利润率还避免工会提出提高工资的要求。另外，利润率与关税水平也有关系。为取得关税优惠，跨国公司也会故意通过内部调拨作价转出利润，压低账面利润率。

(5)利用各国税率的不同争取利润。大多数发达国家的税率大大高于发展中国家，位于发达国家的母公司为减少纳税常常有意地让位于发展中国家的子公司先宣布利润，待完税之后，再将税后利润汇回母公司。或通过控股公司把利润从一家国外公司转移到另一家国外公司，或利用设在低税国的公司积累利润。跨国公司还常常通过内部调拨作价把利润转移到税率更低的地方，将完税后的利润汇回位于发达国家的母公司。

(6)利用内部调拨作价在有垄断能力的地方实行高价，在竞争激烈的地方实行低价，排挤竞争对手，以局部的亏损换取整个公司系统的最大利润。由于跨国公司常常利用内部调拨作价的手段转移利润，有关国家政府税务部门非常注意这种可能性，常常采取干预措施。例如，美国税务局曾对跨国公司母子公司之间的内部调拨价格进行干预，结果多收回税款 6.65 亿美元。

【核心概念】

定价目标 定价方法 定价策略 转移定价

【复习思考题】

1. 企业定价的现实目标有哪些？

2. 变动成本定价法体现了怎样的思想？试述之。

3. 用自己的语言，将跨国公司转移定价的思想表述出来。

4. 辨析："一分价钱一份货"，给出你的答案，说明你的理由。

【技能训练】

1. 请走访两个产品的代理商。一个是女式凉鞋的代理商，问问这个代理商从厂家提货的价格，再询问其批发给经销商、零售商的价格以及退换货政策，看看你能从中发现什么。另一个是调味品代理商，询问相同的内容，并试着分析你的所见所闻。

2. 阅读下面的案例，回答并探讨所附的问题。

跨国公司的避税手段

在跨境贸易方面，通过出口高报和进口低报向处于减免税期的企业转移利润，或者是通过出口低报和进口高报使已过减免税期的外商投资企业处于亏损或微利的状态。前者企业规避的是境外的税收，而后者损害的是中国的税基。在经济全球化的大趋势下，这一被跨国企业所广泛采用的手段应成为中国海关和税务部门关注的重点。如河北一家食品公司，主营产品的内销价格为71元/箱，但出口价格却仅为36元/箱；山东一家制药公司通过境外母公司直接定价的方式，将出口产品单价定得比国内同类产品平均价格低40元，以此来减少销售收入，变相将实际利润转移出境。在当前形势下，企业的上述行为不仅会成为资金外逃的通道，造成国家税收的流失，还会成为外国指责中国低价倾销的口实。

在服务贸易方面，外商投资企业通过管理费分摊以及咨询费、技术专利费的转移支付，可以达到向境内或境外企业转移利润的目的。如河北一家陶瓷有限公司，与其香港母公司签订协议，规定每年按其销售收入的32%向境外支付咨询费，一年内支付费用高达804万美元，相当于其年利润的3倍。

许多外商投资企业还通过价格转移将实际收益汇往在避税型离岸金融中心注册的企业，而国内外商投资企业本身却长期处于亏损状态。

案例分析与研讨：

1.是什么原因造成了河北、山东上述企业的做法？在这种情况下，你认为价格制定起到了何种作用？这时的价格制定体现了什么样的原理？

2.查找“内部关联交易”的概念，讲述你的体会与认识。你认为作为企业管理者这样做合适吗？为什么？

第八章　市场营销分销策略

【案例导入】

嘉豪公司的分销策略

嘉豪公司从“劲霸”牌青芥辣勇夺调味品市场的“单项冠军”，到“劲霸”牌超浓缩系列复合调味品成功占据餐饮行业市场，并成为举足轻重的一角，除了产品确有“卖点”之外，市场的成功开发和稳定增长也功不可没，从分销商选择的角度来说，主要是凭借其逆向拉动策略；而面向家庭消费者的“詹王”牌系列调味品的成功上市，则得益于对沿海发达地区市场的分销商和大型连锁卖场这一终端分销商的重点突破策略。当然，贯穿其中的核心是，嘉豪公司在整合多方资源基础上的分销商选择标准的制定与执行；起着灵魂作用的是，嘉豪公司倡导并被各方面（中国烹饪协会、中国名厨专业委员会、酒楼、顾客等）广泛接受的“弘扬中华饮食文化，真情创造健康生活”的饮食文化理念，以及独特的饮食文化传播方式。

思考题：分析嘉豪公司的分销策略的特点。

【学习目标】

1. 知识目标：了解市场营销中分销渠道的基本概念、分销渠道的类型与相应的功能。掌握企业选择分销渠道中，不同类型的分销商所起作用以及企业在选择分销商过程中需要掌握的方法、原则；掌握对分销渠道成员进行管理的方法。

2. 能力目标：通过本章的学习，应能够在熟悉企业分销渠道政策的基础上，按照企业的要求，执行对分销渠道成员的相关业务工作要求；能根据所在企业的产品、行业状况，实施适合本企业要求的渠道拓展与维护工作；能够根据所在企业的要求，对渠道成员进行恰当的管理与指导，帮助企业建立起与渠道成员良好的合作、互动关系。

第一节　市场分销渠道的结构与功能

对于绝大多数的企业来说，其产品需要经过一定的中间商以及相关的机构，才能最终到达消费者、用户的手中，实现制造商的生产经营目标。这些中间商，因为其所处位置、发挥作用的不同而被分为不同的种类。所有发挥相应作用、承担不同任务的中间商及其相关机构，在实现产品或服务顺利地、经济地到达目标消费者的过程中，相互联系着的中间商共同体，构成了本章所述的分销渠道。

一、分销渠道的层级结构

分销渠道的层级结构是指按其是否包含及包含的中间商层级的多少，可以分为零级、一级、二级和三级渠道。消费品市场渠道的类型结构如图 8—1 所示。

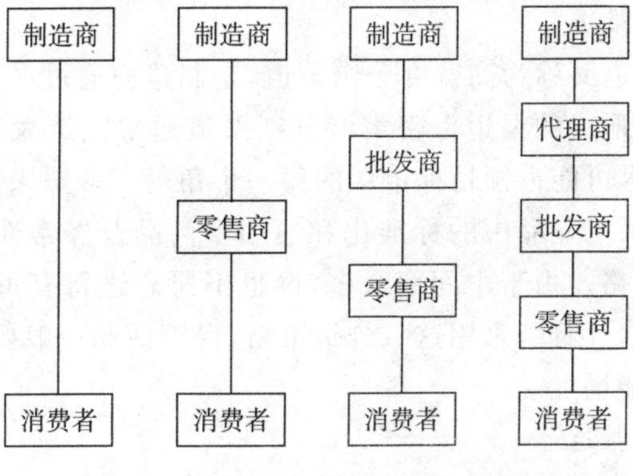

图 8—1　消费品市场渠道类型结构

1. 零级渠道是制造商的产品直接销售给消费者的直销类型

其特点是没有中间商参与转手。直销的主要方式有上门推销、邮销、互联网直销及厂商自设机构销售，直销是工业品分销渠道的主要方式。大型设备、专用工具及需要提供专门服务的工业品几乎都采用直销渠道。随着科技手段的完善，消费品直销渠道也正在迅速发展。

2. 一级渠道包括一级中间商

在消费品市场，这个中间商通常是零售商；而在工业品市场，它通常是代理商或经销商。

3. 二级渠道包括两级中间商

消费品二级渠道的典型模式是经由批发和零售两级转手分销。在工业品市场，这两级中间商大多由代理商及批发经销商组成。

4. 三级渠道是包含三级中间商结构的渠道类型，包括代理商、批发商、零售商

一些消费面宽的日用品，如肉类食品及包装方便品，需要大量零售机构分销，其中许多小型零售商通常不是大型批发商的服务对象。为此，有必要在批发商和零售商之间增加一级专业性经销商，为小型零售商服务。

层级更高的分销渠道也有，但极为罕见。一般来说，渠道层级越多越难以协调和控制，会给渠道管理带来许多问题。

二、分销渠道的横向结构

根据渠道同一层级使用同类型中间商的多少，可以划分渠道的宽度结构。若制造商选择较多的同类中间商经销其产品，则这种分销渠道称为宽渠道；反之，则为窄渠道。有时候这样的划分不足以展示渠道宽度不同所具有的特性，需作进一步划分。受商品性质、市场特征和企业分销战略等因素的影响，分销渠道的宽度结构大致有下列三种类型：

1. 密集型分销渠道

密集型分销渠道又称为高宽度分销渠道，是制造商通过尽可能多的批发商、零售商经销其产品所形成的渠道。密集型分销渠道通常能扩大市场覆盖面，提高购买的便捷性，从而尽可能占领目标市场的每一个角落。一般来说，同质性较高的日用品和大部分食品、工业品中的标准化和通用型商品及经常性易耗品的商品常采用这种分销渠道策略。由于中间商众多，谁也不愿意进行有可能为其他中间商带来利益的促销活动。因此，采用这一分销策略，促销活动一般要制造商自己来做或主导，促销费用可能增加。

2. 选择性分销渠道

选择性分销渠道又称为中宽度渠道，是指制造商按一定条件在某一层级上选择少量中间商进行商品分销而形成的渠道。与密集型分销渠道相比，可以集中使用制造商的资源，节省一定的费用，同时也有利于制造商管理和控制分销渠道，较有效地维护自己的品牌信誉，建立稳定的市场和竞争优势。这类渠道多适用于单位价值量较大或差异化较大的产品，如一些奢侈品或特殊产品、工业品中的机器设备和一些罕见配件等。

3. 独家分销渠道

独家分销渠道是制造商在某一地区市场上、某一层次上只选择一家中间商经销其商品所形成的渠道。采用这种类型渠道的制造商，要与被选中的独家分销商签订独家经销合同，约定独家经销商只能经销本企业提供的商品，不得经销其他制造商的与本企业相同或类似的或与本企业有竞争关系的商品。制造商在商品供应、运输、仓储和服务等方面支持经销商，同时也控制经销商。反过来，经销商由于只有一家，因而也可能向制造商提出无理要求，使制造商处于被动状态。制造商与

经销商的关系如此密切，可能导致双方一损俱损。

极据分销渠道的层级结构，可以得到直接渠道、间接渠道、短渠道、长渠道的概念。直接渠道是指没有中间商参与、产品由生产者直接销售给消费者（用户）的渠道类型。间接渠道是指有一级或多级中间商参与，产品经由一个或多个商业环节销售给消费者（用户）的渠道类型。上述零级渠道即为直接渠道；一、二、三级渠道统称为间接渠道。为分析和决策方便，有些学者将间接渠道中的一级渠道定义为短渠道，而将二、三级渠道称为长渠道。显然，短渠道较适合在小范围销售产品（服务）；长渠道则能适应在较大范围和更多的细分市场销售产品（服务）。

三、分销渠道的类型

按渠道成员相互联系的紧密程度，分销渠道还可以分为传统渠道系统和整合渠道系统两大类型。

1.传统渠道系统

传统渠道系统是指由独立的生产商、批发商、零售商和消费者组成的分销渠道。传统渠道系统各成员之间的系统结构是松散的。由于这种渠道的每一个成员均是独立的，它们往往各自为政，各行其是，都为追求其自身利益的最大化而激烈竞争，甚至不惜牺牲整个渠道系统的利益。在传统渠道系统中，几乎没有一个成员能完全控制其他成员。传统渠道系统正面临着严峻的挑战。

2.整合渠道系统

整合渠道系统是指在传统渠道系统中，渠道成员通过不同程度的一体化整合而形成的分销渠道。整合渠道系统包括：

(1)垂直渠道系统：这是由生产者、批发商和零售商纵向整合而组成的统一系统。该渠道成员或属于同一家公司，或将专卖特许权授予其合作成员，或有足够的能力使其他成员合作，因而能控制渠道成员行为，消除某些冲突。垂直营销渠道系统是近年来渠道发展中最重要的发展之一，它是作为对传统营销渠道的挑战而出现的。传统营销渠道由独立的生产者、批发商和零售商组成。每个成员都是作为一个独立的企业实体在追求自己利益最大化，即使它是以损害系统整体利益为代价也在所不惜。没有一个渠道成员对于其他成员拥有全部的或足够的控制权。麦克康门把传统的营销渠道描述为“高度松散的网络，其中，制造商、批发商和零售商松散地联结在一起，相互之间进行不亲密的讨价还价，对于销售条件各抒己见，互不相让，所以各自为政，各行其是”。垂直渠道系统则相反，它是由生产者、批发商和零售商组成的一个统一的联合体。某个渠道成员拥有其他成员的产权，或者是一种特约代营关系，或者这个渠道成员拥有相当实力，其他成员愿意合作。垂直渠道系统可以由生产商支配，也可以由批发商或者零售商支配。麦克康门认为垂直渠道系统的特征是“专业化管理和集中执行的网络组织，事先规定了要达到的经营经济和最高市场效果”。垂直渠道系统有利于控制渠道行为，消除渠道成员为追求各自利益而造成的冲突。它们能通过其规模、谈判实力、重复服务的减少而获得效益。在美国，这种垂直渠道系统已成为消费品市场的主要力量，其服务覆盖了全美市场的70％～80％。垂直渠道系统有公司式垂直渠道系统、管理式垂直渠道系统和合同式垂直渠道系统三种主要形式。

（2）水平渠道系统：这是由两家或两家以上的公司横向联合、共同开拓新的营销机会的分销渠道系统。这些公司或因资本、生产技术、营销资源不足，无力单独开发市场机会；或因惧怕承担风险；或因与其他公司联合可实现最佳协同效益，因而组成共生联合的渠道系统。这种联合，可以是暂时的，也可以组成一家新的公司，使之永久化。阿德勒将它称为“共生营销”。

（3）多渠道营销系统：这是对同一或不同的细分市场采用多条渠道的分销体系。多渠道营销渠道大致有两种形式：一种是制造商通过两条以上的竞争性渠道销售同一商标的产品；另一种是制造商通过多条渠道分销不同商标的差异性产品。此外，还有一些公司通过同一产品在销售过程中的服务内容与差异，形成多条渠道去满足不同顾客的需要。多渠道系统为制造商提供了三方面利益：扩大产品的覆盖面，降低渠道成本和更好地适应顾客要求。但该系统也容易造成渠道之间的冲突，给渠道控制和管理工作带来更大难度。蒂尔曼把多渠道零售组织称为商业联合集团，并把它们定义为“所有权集中的多种经营商业帝国，通常由几种不同形式的零售组织组成，并在幕后实行分销功能和管理功能的一体化”。

四、分销渠道的职能和流程

1.分销渠道的职能

分销渠道的职能主要包括：

（1）信息：收集、整理有关现实与潜在消费者、竞争者及营销环境的有关信息，并及时向分销渠道其他成员传递。

（2）促销：通过各种促销手段，以消费者乐于接受的、富有吸引力的形式，把商品和服务的有关信息传播给消费者。

（3）寻求：寻求潜在顾客，针对不同细分市场的特点，针对消费者提供不同的营销业务。

（4）编配：按买方要求分类整理供应品。

（5）洽谈：在分销渠道的各成员之间，按照互利互惠的原则，彼此协商，达成有关商品的价格和其他条件的最终协议，实现所有权或持有权的转移。

（6）物流：从商品离开生产线起，就进入了分销过程，分销渠道自然承担起商品实体的运输和储存功能。

（7）财务：分销渠道的建设、运转、职工工资支付、渠道成员之间贷款划转、消费

信贷实施都需要财务上的支持。

(8)风险:分销渠道各成员通过分工分享利益的同时,还应共同承担商品销售、市场波动带来的风险。

2.分销渠道的功能流程

当渠道建立之后,各种工作流程就开始出现。这些流程为在产品和服务的分销中连接顾客和制造商提供了纽带。由于角度的不同,对流程的划分就不同,这里列出常见的几种流程。

(1)产品流亦称物流。它是产品实体通过分销渠道从制造商向消费者转移的运动过程。其主要部分是产品运输和储存。物流的持续、有效是保证渠道运行质量与效率的重要条件。一般来说,渠道成员在任何时候都要持有存货,但过量存货又会造成过高的备货成本。因此,合理组织商品储运或物流,是提高分销渠道效率和效益的关键之一。

(2)所有权流指产品所有权或持有权从一个渠道成员转到另一成员,最终到顾客手中的流转过程。这一流程通常伴随购销环节在渠道中向前移动。在租赁业务中,该流程转移的是持有权和使用权。

(3)促销流是渠道成员的促销活动流程。具体而言,是指通过广告、人员推销、宣传报道、销售促进等活动由一个渠道成员对另一个渠道成员施加影响的过程。促销流从制造商流向中间商,称为贸易促销;直接流向最终消费者则称为最终使用者促销。所有渠道成员都有对顾客的促销责任,既可以采用广告、公共关系和营业推广等大规模促销方式,也可以采用人员推销等针对个人的促销方式。

(4)洽谈流贯穿于整个渠道。产品实体和所有权在各成员间每转移一次,就要进行一次洽谈。

(5)信息流是各成员之间相互传递信息的流程。这一流程在渠道的每一环节均必不可少。通常,分销渠道中两个相邻的机构之间要进行信息交流,互不相邻的机构之间有时也会有一定的信息交流。它既可以是反馈市场需求信息的流,也可以是宣传厂商产品和服务信息的流。

(6)风险流是指各种风险在分销渠道成员之间分担或转移的流程。这里的风险包括产品积压、过时、报废,或由于失火、丢失、洪水、季节性灾害、经济不景气、竞争加剧、需求萎缩、产品返修率过高、合同违约、保险费等因素造成的风险。

(7)订货流是指渠道成员定期或不定期向供应商发出的订货决定。这里的订货或是由顾客直接发出的,也可能是某成员为保持适量库存以应付潜在需求或为减少因未来价格可能上升而导致的费用成本增加而发出的,通常是由用户向零售商、零售商向批发商、批发商向制造商的后向流程。

(8)资金流是指货款在渠道各成员间的流动。例如,客户通过银行账户向代理商支付货款账单,代理商扣除佣金后再付给制造商,并支付运费和仓储费。

(9)利益流是指在分销渠道中,伴随着商品所有权的流动,渠道成员的利益分配也随之实现。顾客追求商品的价值,渠道成员追求利润,由此形成的利益流是所有渠道流中的核心,没有它其他的流就无从谈起。

以上九种流程中最为重要的是实物流、所有权流、付款流和信息流。不同流程的流向有很大区别,像实物流、所有权流、促销流在渠道中的流向是从生产者指向最终消费者或用户;付款流、信息流和订货流则是从消费者或用户指向制造商;资金流、洽谈流及风险流是双向的,因为一旦不同成员之间达成交易,其洽谈、风险承担及资金往来均是双向的。

五、分销渠道系统模式

1. 企业自主渠道

(1)厂家直销商店中心是一种新型的商业业态,产生于20世纪90年代初期,到目前为止,美国各地的厂家直销商店中心的总数已有几百家,其销售额呈逐年上升趋势。它实际上是由十几个、几十个甚至上百家小商店组成的商业中心,顾名思义,每个商店或是由生产厂家自己开办或委托代理商经营。店铺的建筑物属于房地产商,厂家或商家在此只是租用。它们以出售名牌商品为主。从商品种类来看,主要是知名度高、质量好、销量大的日用商品,包括家用电器、各式男女服装、儿童服装、运动服装、鞋帽、化妆品、保健品、日用百货、首饰、礼品以及食品等。

(2)直邮营销是借助邮件直接向目标市场传递产品或服务信息,并实现销售目的的营销活动。直邮邮件主要有产品信件、小册子、传单、录像带、计算机磁盘等等。通常,邮寄直销人员希望卖出产品和服务,收集并筛选各种信息,为推销部提供指南,传递有商业价值的新闻,用礼品馈赠忠诚的客户。邮寄名单可以从公司编辑的顾客档案中选取,也可通过邮寄经纪人得到。直邮的实施依赖于两个条件:一是有关的消费者名录;二是发达规范的邮政服务系统。

(3)商品目录直销渠道是指向消费者派送或邮寄商品目录手册传递产品或服务信息,实现产品销售的活动。商品目录手册含有大量图文并茂的产品或服务信息。往往在第一条信息后附有直销商的集中付费电话号码以及网址,以方便消费者作出购买、询问等直接反应。邮寄目录售货的成功,在很大程度上依赖公司管理邮件和顾客名单以及控制存货的能力,并借此树立起以优质的服务供货、使顾客获得最大利益的企业形象。其主要措施包括发送货物样品、开辟特别热线问题、向最佳顾客赠送礼品、捐赠部分利润给公益机构。许多成功的"目录直销店"通过多种渠道吸收新老顾客与之交易,打开了零售销路;另一些"目录直销店"正试图通过电视图像把商品目录表现给最佳目标客户。

(4)电视直销通过无线电视网和有线电视频道传递信息促进购买,其具体形式有两种。第一种形式是直接反应电视广告。这种广告长度通常为60秒、120秒,近年产生了一种长度为半小时的直接反应电视广告，即“信息广告”，兼具大信息量与广告特征。这些直接反应电视广告的一个主要特点便是通过理性诉求进行说服。第二种形式是“家庭购物频道”。这种有线频道一天 24 小时播放直销产品服务信息。无论哪种形式，电视直接反应营销传播的信息后均附有直销商集中付费电话，一般还有截止优惠销售时间，以刺激消费者作出及时的反应。

人们选择直接分销渠道，主要因为它有销售及时、提高效率、加强服务和便于控制等长处。

但是，实践证明，直接分销渠道也有缺陷，包括当企业资本实力不是很雄厚时，如设置直销机构，会增加企业负担、分散资金用途，甚至可能削弱生产能力，导致资金周转慢、经济效益较难提高；一般情况下，企业自有的销售机构无论从数量上还是规模上都是有限的，这就限制了产品的流通范围，不利于企业进一步扩大生产；直接分销渠道使企业需承担更大的市场风险；扩大市场营销知识的需要量，尤其需要更多地接触顾客、了解顾客购买心理和推动顾客购买行为方面的知识和信息。而解决这方面的问题，需要企业在直接销售模式中增加更多的投资。

2.经销与代理渠道

与直接分销渠道模式相对应，所谓间接分销渠道是指生产者通过中间商把产品销售给消费者和用户的渠道模式。其基本特征是生产产品的制造商不向消费者或最终用户销售产品和提供服务，而是由没有参与产品生产的中间商来销售和服务。这里发生了生产商与中间商之间的社会分工：前者专职制造产品，后者专门销售产品。间接分销又可分经销渠道模式和代理模式。

经销渠道模式是指处于分销渠道中的中间商要通过向制造商购买商品，获得商品所有权，然后将商品销售给顾客的分销渠道模式。在该渠道模式中，中间商要购买产品，完成所有权转移，因而要承担产品销售风险；另一方面，他们有权处置产品，可以制定产品转卖价格，从中获得利润。这样的中间商常被称为经销商。我国传统的分销方式主要是通过经销渠道模式完成的，但是近几年这种传统方式受到了挑战，经销渠道模式的采用率大大减少了。

代理分销渠道模式是指制造商利用一定的中间商帮助寻找顾客、销售商品，但是制造商没有向中间商转让产品所有权。因此，中间商只是在接受生产商委托的前提下进行商品的代销。一般来说，中间商不购买产品本身，不必为产品付款，也没有产品的所有权。这样的中间商通常被称为代理商。中间商必须将产品销售以后所取得的贷款返还给制造商，而他们则根据协议从制造商（委托人）那里获得佣金。这是代理分销渠道模式的基本特征。在现代经济中，中间商代理销售已经成为一种主流的分销方式。对于制造商来说，建立互惠互利、操作规范的新型代理关系，有利于提高分销渠道管理的水平。然而问题的关键在于较难控制代理渠道。

代理分销渠道模式的主要优点包括因为产品所有权没有转移给代理商，制造商能够利用其所有者地位，对代理分销渠道的运行可以施加一定的控制；在商品分销方面，代理商可以利用自身能力寻找和开发潜在顾客，利用职业销售技能完成产品销售，从而分担销售投资，节省交易费用；在一定程度上也能够实现制造商与代理商共同分担销售风险。为降低风险，代理商必须努力开拓市场。代理商的努力将为制造商带来好处。

3. 厂商合作渠道

厂商合作渠道尽管在表现形式上并未改变传统的渠道结构，但本质上却由松散的、利益相对独立的关系变为紧密的、利益融为一体的关系，简单地说，即由“你”和“我”的关系变为“我们”的关系。这种合作伙伴关系可以消除厂家与商家为追求各自利益造成的冲突，厂家与商家结成利益共同体，根据双方核心能力的差异性或者说互补性，通过合理分工与沟通协作，各自负责擅长的渠道职能，优势互补，避免了重复、无效的工作，不仅降低了各自的成本，而且有助于提高整条营销渠道的运行质量和效率。厂家与经销商合作的形式很多，如：

(1)联合促销：厂家与经销商共同进行促销，如合作广告即经销商发布广告，厂家给予一定金额的补贴(从货款中扣除或凭单据报销)；厂家为经销商提供样品、POP 等。

(2)专门产品：厂家为经销商提供专门产品既可以增强销售网络凝聚力，也可以减少消费者购买时对价格的比较。

(3)信息共享：厂家与经销商共享市场调查、竞争形势、消费者动向等方面的信息。

(4)培训：培训即厂家为经销商提供销售、产品、管理和营销等方面的培训活动，以提高经销商的销售和管理水平。在紧密型的伙伴关系中，厂家与经销商共同致力于提高销售网络的运作效率、降低费用、管控市场等等。从厂家的角度讲，需要重视长期关系(如帮助经销商制定销售计划)，与渠道成员责任共担(如建立零库存管理体制)，积极妥善解决渠道纠纷。厂家的销售人员要担当经销商的顾问(而不仅是获取订单)，为经销商提供高水平的服务。厂家为经销商提供人力、物力、财力、管理和营销方法等方面的培训，以确保经销商与厂家共同进步、共同成长，这才是对经销商最好的管理。

第二节　分销商的选择

一、分销商选择的原则与程序

1. 分销商选择的原则

(1)目标性原则：所谓目标性原则，是指供应商为了达到某个特定市场目标而选择分销商的原则。从供应商的角度来说，不同的产品、不同的时期，有着不同的市场目标。有的时候，供应商是为了使产品快速占领某个细分市场、区域市场，由此需要选择更多地执行相同功能的分销商，或者说是密集地招募具有相同功能的分销商。有的时候，供应商为了实现对某个特殊区域市场、细分市场的占领，会把其他原则暂时搁置，目的就是为了实现对这个市场的占领。

(2)可控性原则：所谓的可控原则性，是指供应商在选择分销商时考虑到在日后的合作中对所选择的分销商管理、协调的顺利与否的原则。这就要求在选择分销商的时候，对该分销商既往与其他供应商的合作历史有一定程度的了解和把握。

(3)效率与效益原则：效率原则在分销商选择中表现为，对列入备选名录的分销商在供应商市场目标实现的速度上的考量。效益原则是指如果选择了某个或某几个分销商以后，在一个合适的考核期，按照投入一产出的标准测算出选择哪一个或几个分销商的原则。这往往与双方在合同中确定的销售量、销售额以及按照一定的标准和比例提供的费用、返利等指标相结合。

(4)互利双赢原则：互利双赢原则是指供应商在选择分销商过程中所应该坚持的，对双方都有利可图，而且获得利益的程度能够促使双方较为牢固、持久地合作下去的原则。在商业领域中，任何两个不同的利益主体之间关系的发生，都是源于对利益的追求，应该是一种合作关系。对于供应商来说，选择分销商的最终目的是为了通过扩大市场，或是提高客户满意度来获得更高的利润；而分销商的目的是通过帮助其供应商实现目的的同时，实现自身对目标利益的追求。只有遵循互利双赢的原则，双方的合作才能是持久的、可靠的。

【情景案例 8-1】

日源公司的太阳能产品经销商队伍建设

安徽日源环保能源科技有限公司的主导产品是家用太阳能热水器、工程太阳能热水器、空气源热水器、太阳能与建筑一体化工程、太阳能光伏、光电系统工程项目的利用。公司创立以来，执着于太阳能产品的研发与市场推广。其中，公司的“日源”牌太阳能家用热水器获得了“安徽省著名商标”称号。和其他品牌一样，2006 年之前，公司产品的主导市场是城市居民。但是随着各地特别是省会城市高层建筑的增加、多层建筑物的减少，公司原来以地市级、县城代理商、分销商为主导的分销模式，受到了越来越严峻的挑战——县、市级代理商无法与最广大的终端顾客接触，而公司产品的最重要、最集中的顾客是在乡镇及其以下的村级市场。日源公司的决策者意识到，必须加速开发最能接近目标顾客的乡镇经销商队伍，编织乡镇经销商网络。为此，日源公司在安徽全省开展了一场代号为“蓝色飓风行动”的乡镇经销商与乡镇市场拓展活动，把建立乡镇经销商队伍作为公司太阳能热水器产品销售终端的主力。

讨论题：

1. 日源公司的太阳能产品经销商队伍建设，为何要从以市、县级为重点，转向以乡镇经销商为重点？

2. 到你家乡所在地进行一个专题调查，结合你所学习的知识与调查结论，为日源太阳能经销商队伍建设提出更好的建议。

2. 分销商选择的程序

(1)渠道目标决定了分销商的选择：这种选择包括渠道上承担不同功能的分销商的数量和功能要求。为了实现一定的分销目标，供应商需要制定分销目标，包括销量、存货量、顾客满意度以及市场覆盖率等。

(2)制定分销商选择的标准：为了实现上述目标，应该明确选择什么样的分销商，即按照什么样的标准来选择分销商。此外，针对不同区域市场状况，为了实现在不同市场范围上的分销目标，还需要就不同区域的市场制定旨在实现该区域市场目标的分销商选择标准。

(3)分销商招募：分销商选择标准制定以后，就要发布招募公告或是广告。招募广告的发布需要选择合适的媒体，通常是在业界常用的媒体上发布，但是如果仅仅是针对某个或某几个特定区域市场的分销商招募，则只需要在当地的有关媒体上发布，甚至只是派出业务人员在当地与少数分销商面谈就可以了。

(4)与分销商的沟通和谈判：做好应征分销商的接待和解释以及此后的谈判准备，如图 8－2 所示。

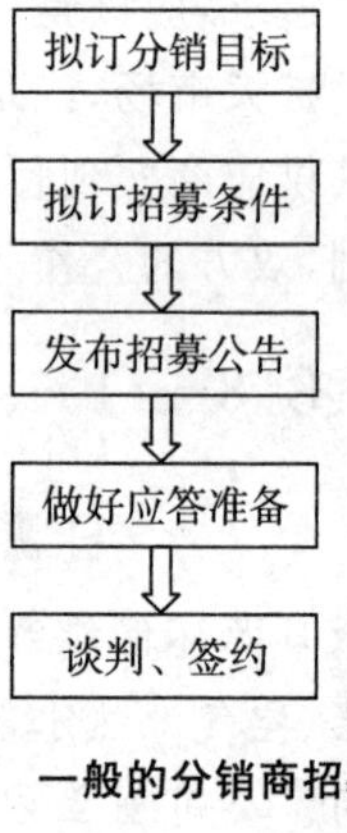

图 8—2　一般的分销商招募程序

上述程序只是在一般情形下供应商选择分销商的程序。在已有一定规模分销商队伍的情况下，如果是补充某个区域市场或是细分市场上的分销商，供应商招募分销商的程序可能要简单得多。

二、分销商选择的标准

选择分销商，在我国目前有人把这叫作“招商”。由于行业、业态众多，不同的行业在招募分销商的过程中，由于受到招募者自身诸多方面因素的影响，每个招募分销商的供应商都会有自己的一套办法。尽管如此，在分销商招募与选择中，有些方面还是有共同的标准的。特别是在发达国家经过近半个多世纪的研究和实践检验，已经被证明是经得起考验的标准，就更是值得借鉴。图 8－3 是北美市场上制造商选择分销商过程中所执行的主要标准，共有十个方面。这项研究是由美国著名的市场营销专家佩格勒姆领导的研究团队完成的。

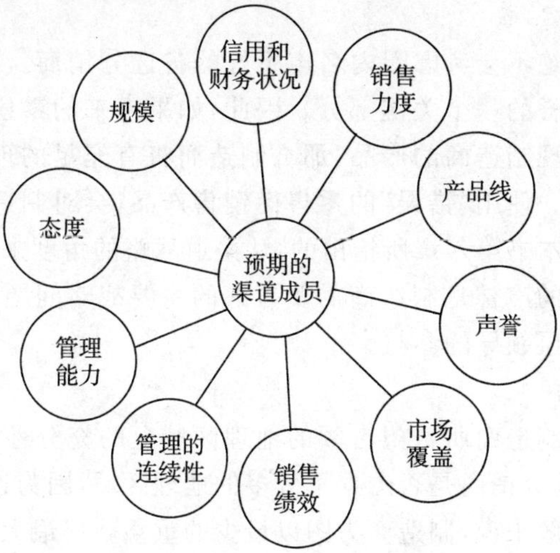

图 8－3 选择分销商的主要标准

1. 信用和财务状况

在这项研究样本中的制造商几乎都认为，对备选分销商的信用和财务状况的调查是非常重要的。这是迄今为止判断能否接受某个分销商最常用的标准。在我国的分销商选择实践中，也是如此。

2. 销售力度

大多数公司同样认为备选分销商的销售能力也是一个重要标准。一些常用的测量销售力度的方法，能对批发商的销售人员素质进行考察，更为重要的是，也能对其实际销售人员的数量进行考察。对许多技术含量高的产品制造商来说，分销商销售人员的技术能力成为越来越重要的考察内容。

3. 产品线

制造商通常要考虑分销商产品线的四个方面：产品的竞争性、产品的相容性、产品的互补性和产品线的质量。通常，制造商会尽可能地避免选择同时经营直接竞争性产品的分销商。很多渠道中间商对此也持同样的态度，特别是那些已对目前供应商有一定忠诚度的分销商。当然，针对经营“非直接竞争性产品”的标准，也有很多例外情况。实际上，在许多情况下，批发商和零售商都经营直接竞争的产品。

制造商更希望分销商经营相容性的产品，这些产品并不直接与制造商的产品相竞争。消费者希望分销商经营补充性产品，因为经营了这些产品，中间商能为他们提供更好的产品线。制造商还经常寻找这样的分销商，即所经营产品的质量相似于或优于自己产品的质量；如果可能的话，制造商不希望自己的产品同劣质、不出名或蹩脚的产品放在一起。

4. 声誉

大多数制造商绝不会考虑圈内名声不好的备选分销商。对于分销商来说，店面形象是其总体声誉的一个关键部分。因此，如果未来的零售商的店面形象不能以有特色的形式展现制造商的产品，那么制造商将有充足的理由拒绝选择这个零售商作为其分销商。使用“错误”的零售商销售产品，会对制造商自身的声誉产生负面的影响。正如本书第六章所指出的，从渠道战略的角度来看，销售制造商产品的分销商和零售商的声誉是制造商需要考虑的主要战略问题之一。有时，这一项决策需要组织最高层领导的参与。

5. 市场覆盖

分销商在覆盖制造商所希望占领的地理区域上的充分性，称为市场覆盖。进一步的思考是，备选分销商是否占据了太多的地理区域，因为这会导致现有分销商覆盖面的重叠。一般来说，制造商力图以最少的重叠获得最大的地理覆盖，这也是选择分销商需要考虑的一个极为重要的因素。

6. 销售绩效

这方面要考虑的基本因素是，备选分销商能否达到制造商所期盼的市场份额。通常，制造商会从备选的分销商那里搜集详细的销售绩效数据，以获得有关分销商有效性的第一手资料。这些资料来源会提供备选分销商营销绩效历史的证明。一些制造商说，这正是他们所需要的用来寻找备选分销商销售绩效的那种感觉。

7. 管理的连续性

很多分销商都接受公司所有者或者创立者的管理，他们当中很多(特别是批发层次上)都成立独立的小公司。如果公司的主要负责人发生某种意外，管理的连续性就会受到怀疑。

8. 管理能力

很多制造商认为，如果分销商的管理人员素质很差，就不值得考虑，所以，这一因素在选择分销商时至关重要。然而要记住，对管理人员素质的评判是非常困难的，因为在评估时会涉及很多无形因素。决定管理能力的一个主要因素是组织、培训和再培训销售人员。简言之，高素质的销售人员是优秀管理人员的象征。

9. 态度

这一标准主要是指备选分销商的积极进取、热情和首创精神。有人认为，这些特征同经营制造商产品的长期成功密切相关。对备选分销商是否有“极好的”态度的评价，通常是一种管理判断，因为态度不像财务报告那样直接表现为盈利或亏损。

10.规模

有时对备选分销商的判断纯粹依赖于规模。有一种观念认为,组织规模和销售额越大,制造商产品的销售也就越多。除此之外,还有很多原因可以解释规模大是一个重要的实际标准。一般说来,认为大型分销商业绩更好、利益更大、建设更完善、有经营更全的产品线,通常只是一种安全的假设。此外,大型分销商会雇佣更多的销售人员(这导致制造商的产品展示更多),会配备比小型分销商更好的办公室工作人员和设备。

上述十个方面的标准,是就通常状况而言的。由于存在制造商或供应商自身方面的原因,以及特殊时期的市场状况和制造商或供应商的阶段性目标等方面的原因,可能的情况是,对上述十个方面的标准有侧重点的不同。比如,技术含量较高的产品,在一个区域市场上,选择哪一个分销商,可能更看中销售力度这个指标;而对于购买的便利性较强的产品,选择哪一个分销商,可能更关注市场覆盖这一标准。

三、分销商选择中的误区

1.经销网络覆盖面越广越好,经销商越多越好

销售网络广是一件好事,但同时也需要企业考虑如下几个问题:

(1)企业有没有足够的资源和能力去关注每一个销售点的运作情况。

(2)企业是否有足够的实力去掌控经销商?对经销商的管理能否跟得上?如果不能,一旦竞争者诱以重利,企业看似庞大的销售网络,顷刻间便会分崩离析。

(3)单纯追求网络覆盖面,难免会有疏漏和薄弱环节,面对竞争者的入侵,是否还能站稳脚跟?

(4)要注意经销商是否太分散。

好的产品只要在几个区域市场运作成功,就能获得丰厚的利润回报,而不必过分追求分销商数目上的多寡。特别是地域分布太广,更需要引起高度关注。否则的话,物流成本加大不说,市场监管难度也会加大。更重要的是,会使得对分销商、顾客需求的及时响应难度加大。到头来,得不偿失。再者,未必所有的产品都适合在全国范围内分销,这是由顾客需求的地区差异性所决定的。

2.规模大的经销商就是好的经销商,经销商实力越强越好

“大树下面好乘凉”。于是,在选择分销商时,就一味强调其规模、资金和实力。可是,谁不想到大树底下来乘凉呢?实际情况是,分销商实力越强,企业就越不容易掌握销售决策权和主动权。原因在于:

(1)实力强大的经销商很可能会同时分销竞争对手的产品,并以此作为讨价还价的“筹码”。

(2)实力强大的经销商不一定会专注于某一个品牌产品。

(3)实力强大往往是经销商要挟企业的资本,企业很可能失去对产品的控

制权。

明智的供应商往往不是很注重分销商的规模和实力，关键是看其能否接受自己的经营理念，能否与自己亲密合作。

3. 分销商资历越高越好，经验越丰富越好

(1)经验有的时候会成为包袱。众所周知，任何经验都是在特定营销环境下形成的。当环境发生变化时，资历和经验不仅没有实际价值，还很有可能成为包袱。正是由于这种包袱，世界上最好的马车公司没有变成汽车公司，世界上最好的飞机公司也不是由汽车公司演变而来的。

(2)善于学习才是主要的。对于企业来说，分销商有一定的分销经验固然好，但最重要的是，不能将其作为一项固定标准。只要分销商愿意接受企业的培训，愿意接受企业的营销理念，双方就有了合作的基础。

4. 选好分销商，就万事大吉

分销商体系建成后，一般可以稳定几年。很多企业便误认为，只要分销商选对了，产品就一定会热销，企业再也不用操心销售了，剩下的是分销商的事了。这是一种很错误的想法，因为：

(1)分销商的选择只是分销商体系构建的第一步。

(2)产品热销不仅与分销商实力有关，还需要其他种种因素的大力配合。

(3)分销商由于有各自独立的经济利益，没有严密的市场规则，窜货、低价抛售等现象会时有发生。“有奶便是娘”是一些分销商的行事准则。因此在选择分销商后，企业还要根据市场的变化不断加以调整。

5. 给经销商让利越多越好

有些企业认为，政策越优惠，分销商积极性就越高。否则，分销商很有可能转而经营竞争对手的产品。这是企业中一种带有普遍性的错误观点。

(1)自以为是，低估分销商的判断力。招商企业不了解分销商的心态，认为只有大量作出承诺才能吸引分销商，如免保证金、前期免费铺货、无条件退货、央视巨额广告支持、大量赠品支持、营销专家市场督导等。天下没有免费午餐，招商企业每个承诺都需要成本支持，利润也都来自市场。面对承诺，绝大多数分销商的市场判断能力未必在招商企业之下。

(2)不注重规则的合适性。任何一个好的项目，都需要一个双赢的游戏规则。规则的制定非常关键，合适的规则就是好规则。招商企业应该认真分析自身状况，只有能履行的承诺才是有效的，这也是对分销商和投资者负责任的一种表现。

(3)重承诺，轻品质。如果产品本身品质不好，就是给分销商再多的让利也是白费心机。品质好的产品，即使利润较低，分销商照样愿意经营。做名牌产品的分销商，不仅可以提高自己的知名度和美誉度，还会得到更强大的销售网络。

分销商经营某一产品，除了考虑投资收益外，还要评估风险。企业让利再多，

如果风险太大的话，分销商也不一定会分销产品。因此，供应商或是制造商在选择分销商的问题上，要客观评估自身实力和营销目标，本着互利双赢的准则，不能一厢情愿，陷入上述误区。

第三节　市场开发与分销商的选择策略

一、两步走策略

两步走策略指的是对于那些刚进入某行业的制造商，在分销商的选择上，不必恪守一步到位的原则，允许市场上的分销商对其有个认识过程。第一步，在渠道建立初期，与一些低层次（略低于选择标准）分销商合作；第二步，待到时机成熟，产品在市场上逐步树立了走俏的形象、终端消费开始大面积认可和接受、该产品、公司的市场影响力增强后，再选择达标的分销商，逐渐淘汰低层次的分销商。许多公司对于其新产品的分销商选择采用的正是这种策略。

【情景案例 8－2】

"小刘瓜子"从上海出发

小刘食品股份有限公司是目前安徽市场上历经 30 年洗礼、仅存的为数不多的知名民营企业。之所以能够历经 30 年依然生机勃勃，与公司董事长刘天成先生的稳健中求发展的思路有着密切的关系，更与其分销商选择战略密切相关。公司的"小刘"牌炒货及其休闲食品先后荣获安徽省著名商标、中国驰名商标称号。"小刘"牌产品之所以能首先在合肥，继而在上海这个素来讲究的中国最大、国际化程度最高的城市打响品牌，与小刘公司在市场开发过程中的分销战略与策略有着密切的关系。众所周知，几乎所有的品牌都想在上海这个市场有所作为，但是，成功者寥寥。小刘公司在取得合肥市场初步成功的基础上，转攻上海，然后是走向江浙这个中国最富有活力的经济区，这是市场开发中最为关键的一步。"小刘"瓜子在上海市场取得成功，是缘于对上海市场在全国市场中地位、影响的战略思考。选择上海分销商并成功立足上海市场，靠的是"小刘"公司与分销商之间的良好关系。"小刘"遵循的是帮助分销商做好基础工作，通过示范带动长三角市场。正是遵循并不断完善这样的原则，使得"小刘"在推出"茶瓜子"这个"中国首创"产品时，受到了各地分销商的热烈追捧。

讨论题：

1."小刘"瓜子为何要在合肥站稳脚跟后就前往上海这个多数厂家望而却步的地方？

2. 收集相关资料，说说你对“小刘”产品的分销商、分销渠道的看法，并提出你的看法。

二、紧跟对手策略

顾名思义，这种策略意味着制造商采用与某个参照公司相同的营销策略。而这个参照公司多为该公司的竞争品制造商或该行业的市场领先者。分销商的选择在很大程度上是由行业中的竞争结构所决定的。

首先，渠道起到“物以类聚”的作用，将同类产品聚集起来销售是为了更好地满足消费者的需求。因此，星罗棋布的渠道正是使不同品牌的同类产品同时出现在最后的销售现场销售终端上。不同制造商的同类产品为了增强在销售终端上的竞争力，在进入通道之前可能同时通过促销活动进行过交锋。但这种交锋必然出现在销售现场，加上销售现场也是很好的广告和宣传的场所，因而，从这个意义上讲，分销商的选择也是制造商竞争策略和市场推广策略的延伸和体现。也就是说，选择精品制造商选用的营销成员正是竞争策略的运用。有些企业选择分销商的原则往往简单到竞争者的产品出现在哪儿，本公司的产品也出现在哪儿。这种亦步亦趋的策略是为了打压竞争对手的产品，或至少是毫不示弱的表白。这也就是为什么人们会在大多数超市里，看到柜台里左手边是可口可乐，右手边就是百事可乐，这也是为什么在肯德基的附近一般会看到麦当劳的缘故。

其次，行业中的市场领先者通常也是营销渠道网络的领先者，其网络中的分销商必定有丰富的营销经验和良好的营销能力。因此，对属于市场跟随者性质的制造商来说，选择同行业中的市场领先者选择的分销商是一种事半功倍的巧办法。但是，这样做的前提条件是紧随其后的产品及其制造商必须在实力上是匹配的，否则，如果差距太大，就无异于“自杀”。

三、逆向拉动策略

逆向拉动策略是指制造商自己派出销售人员，开发出具有一定规模的最终用户群，通过这个用户群建立对该产品的消费习惯和购买忠诚，使分销商从已经形成的市场中，看到盈利的空间，以增强对目标分销商的吸引力，最终促使分销商分销该产品的策略。

四、重点突破策略

重点突破策略是指厂家或供应商为了实现更好的分销商组合，对这个组合中占据重要地位、起到示范作业的分销商，实施重点突破，以其来带动组合内的其他分销商分销产品的一种策略。

作为分销渠道上主要成员的各类分销商，它们在行业内的市场影响力大小是不一样的。比如，作为零售环节的各类商场、大卖场、连锁超市的日用商品分销影响力较大，这是毋庸置疑的。特别是在我国目前的零售、批发业态格局中，大型外资连锁超市就更是众多厂家理想的分销商。因为，如果一个产品进入这样的场所，对其他分销商而言，就是一种示范。厂家再招募其他分销商就容易一些。正因如此，许多厂家千方百计也要挤进这些强势分销商的供货商行列。重点突破策略可以分为渠道环节上重点分销商的突破和重点区域市场上的重点分销商的突破两类。

五、逐步推进策略

逐步推进策略包括两个方面。一是从渠道上下游关系上，对分销商的选择实行自上而下或自下而上的逐步推进的策略（从掌握市场的主动权出发，多数情况下是采用自下而上的逐步推进策略，类似于前述的“逆向拉动”策略）。二是从区域市场的空间范围上，对分销商的选择实行由近及远或由易到难、逐步推进的策略。

1. 从渠道上下游关系上的逐步推进策略

通常的做法是先采用“逆向拉动”策略，即制造商从终端开始，在形成一定的销售规模的前提下，选择一定区域范围内的批发商或代理商，然后在各个区域市场之间基本上能够联成一片的时候，再选择更高级别的经销商或代理商作为分销商的一种策略。这样做的好处是，由于销售已达到一定的规模，制造商可以在一定程度上掌握分销商选择的主动权，甚至可以使这个层次上的分销商之间形成竞争分销或代理权的局面，制造商可以在这些竞争性分销或代理商之间作出选择，从而更有利于制造商产品的分销和对分销商的管控。

2. 从区域市场空间范围上的逐步推进策略

通常的做法是，制造商在划分区域市场的范围的基础上，对不同区域市场上分销商的选择遵循由近及远、由易到难的策略。因为，通常情况下，制造商所在地附近的区域市场由于人脉关系产生的地缘性特征，使得制造商较为容易地从毗邻的区域选择到合适的分销商。由此，向半径更大的范围内的区域市场逐步推进。这样做的好处是，可以在包括物流成本在内的各项成本都不是太高的情况下，不断积累经验，不断完善分销商选择的方案，从而使得分销区域的扩大建立在可靠、稳妥的基础之上。

【核心概念】

分销 渠道类型 中间商 分销策略 分销商选择

【复习思考题】

1. 走访一个分销商,看其是如何成为某个企业的分销商的。

2. 选择分销商的标准通常有哪些?

3. 采用逆向拉动策略的企业要具备什么样的条件?是否每个企业都适合采用这个策略?为什么?

4. 逐步推进策略和重点突破策略有何不同?

5. 是否可以这样说:"选好分销商,市场的成功就指日可待?"请说明理由。

【技能训练】

嘉豪的"劲霸"、"詹王"与分销商选择

中山市嘉豪食品股份有限公司是以专业研发、生产复合调味料为主的企业。公司的"劲霸"牌青芥辣被业内称之为"单项冠军"、"隐形冠军"。在此基础上,该公司先后推出了面向专业厨师、专供中高档酒楼使用的系列复合调味品——"劲霸"牌多味超浓缩鸡汁与鸡粉、"詹王"牌九大汁。

在嘉豪公司推出鸡粉、鸡汁之前,酒店的大厨们使用的主流调味料集中在有限的几款鸡精上。液态的调味料尚未被这些大厨们接受,因此也没有哪个分销商愿意分销嘉豪公司的液态调味料。但是,嘉豪公司对自己产品的认识、对这个市场的发展前景有着独特的理解:颗粒状的调味料,其分解需要一个过程,而且含盐量较高。把握得不好,在增味、增香、增鲜的同时也会增加菜品的盐分,使菜品变得更咸。而鸡粉和鸡汁由于其独特的配方和制造工艺,有效地降低了其中的含盐量。但是,市场上的分销商可不看中嘉豪公司产品的特点。因为,厨师们使用鸡精已成习惯。分销商们知道:酒店里的大厨们在调味品的购买决策上,有着"专业权"。所以,没有多少分销商愿意分销嘉豪公司的新"玩艺",确属正常。由于在"劲霸"牌青芥辣分销过程中积累的经验,嘉豪公司决定继续使用终端拉动的策略。通过赢得产品的最终购买者——大厨们,再调动分销商们。于是,嘉豪公司在全国 30 多个酒店业发达的大中城市,展开了一场场别具一格的"厨艺演示会"。

在"厨艺演示会"开展之前,嘉豪公司把自己的液态调味料,免费赠送给全国八大菜系中的大师级高手们,让这些高手使用嘉豪的新产品尝试着做出新菜品。这些厨师界的大师级高手,都是乐于接受新事物的,而且更重要的是,酒店的投资人需要的是菜品对食客们的吸引力,以及由此而产生的营业收入和利润。经过一段时间,大师们使用嘉豪公司的新产品而创制出来的新菜品在试用的酒楼获得了良好的效果:对出新菜品确实有更大的帮助。得到了这样的反馈,嘉豪公司派出业务人员,开展了一场声势浩大的针对目标酒楼的免费试用和派送活动,以培养大厨们使用新产品的习惯。当然,那些大师需要付出的是使用嘉豪新产品制作新菜品的使用方法介绍。嘉豪公司付给这些大师

稿酬，以便结集成册，作为其他大厨们的学习参考资料。一切准备就绪！于是，嘉豪公司便展开了在全国首批30多个经济较为发达城市的“厨艺演示会”。

“厨艺演示会”所到之处，都邀请中国烹饪协会名厨专业委员会的当地权威会员到场，由这些权威现场使用“劲霸”牌超浓缩鸡汁与鸡粉、“詹王”九大汁制作新菜品，作为产品使用方法的示范。这些权威人士，在当地都有一批忠实的拥趸者和弟子，有着较强的行业影响力。通过“厨艺演示会”现场演示的办法，展示这些新的调味料的独特之处，对于来自各个酒店出席“厨艺演示会”的大厨们来说，既可以观摩学习到新菜品的制作方法，也可以近距离地接触到那些平日里难以接触的大师级人物，更重要的是，可以通过观摩、学习提高自身的厨艺水平，为所在酒店创造更多的回头食客，从而达到提高自身身价的作用。当然，除了烹饪大师和大厨们，“厨艺演示会”上真正的核心人物是当地的嘉豪公司的目标分销商——当地的以酒店为销售对象的调味品经销商大户。这是因为，嘉豪公司考虑到这样的客观事实：酒楼的调味品采购，那些大厨，特别是行政总厨有着极大的专业发言权！通过“厨艺演示会”，把销售者和购买者会集到同一个场所，既方便了两者的亲密接触，更有利于嘉豪公司产品的推广。

在“厨艺演示会”上，大师们的作品成为大厨们争相品尝和研究的对象。不知不觉中，大师们的影响力传导给了大厨们，而在现场，被提及频率最高的词便是“嘉豪公司”的“劲霸”和“詹王”。并且，在最显眼、最显著的位置摆放着经过精心设计陈列的“劲霸”和“詹王”。穿插在菜品演示制作过程中的“轻松一刻”是极具娱乐性的“劲霸”和“詹王”产品“模特秀”。演示现场始终处于轻松有趣的情景中。待到曲终人散时，嘉豪公司的工作人员，在出口处已经为所有经过该处的来宾准备好了装有“劲霸”和“詹王”试用装的礼品袋。礼品袋中，最吸引这些大厨和分销商的是使用“劲霸”和“詹王”为调味料的菜谱和印制精美的产品画册。当然，还有嘉豪公司业务联系表格和有关资料。到场的分销商看到的是嘉豪公司产品的独特之处和别样的推广思路及其操作方法。而这样的场面，对分销商来说，无疑坚定了他们分销嘉豪产品的信心。这样的“厨艺演示会”，每“到一城”，便“拿下一池”。首批30多个城市的分销商就是在这样的环境中纷纷与嘉豪公司签订分销协议的。

到目前为止，嘉豪公司已经在全国的100多个目标城市举办了这样的活动。嘉豪公司近年来新产品的市场开发、在全国市场的分销商选择，以及其后的分销商重新整合，最主要的基础就是从渠道终端顾客做起，给上游的分销商足够的市场信心。

案例分析与研讨：

1. 嘉豪公司选择分销商，为何要把厨师们“抬”出来？

2. 上述案例体现了分销商选择中的什么策略？你觉得嘉豪公司这样做，有无被克隆的可能？谈谈你的看法。

第九章　市场营销促销策略

【案例导入】

浪漫的五一·温馨的金帝——某购物广场五一黄金周促销

春节过后，五一劳动节将是我们面临的第二个销售旺季。抓住这个有利时机，整合企业内外资源，树立全新形象，抢市造势，积极扩大销售，势在必行。

活动内容

1. 有奖购物促销。凡在金帝购物的消费者，均可凭当天的购物小票连同身份证号，通过电话特服号码和手机短信参加抽奖。每周开奖一次，奖面宽，奖品价值低，奖品有T恤等；每月复式开奖一次，奖面相对较窄，奖品价值高，奖品有助力车等。开奖仪式设在金帝广场，现场举行拉动宣传，刺激购买。话费收入与电信、移动四六分成，每月约2000元左右，可用于奖品支出费用。

2. “金帝采风，今夏清爽”。购机抽奖，互赠空调。用户在金帝购物广场购买柜机或挂机可享受抽奖互赠的优惠政策，即在您购买柜机时若中奖可以享赠挂机一台，在购买挂机时若中奖可以享赠柜机一台。此项活动只限部分品牌机型。

3. 会员“购物积分假日游”活动。从活动推出日开始，累计会员购物金额，凡购物满2000元者，赠价值120元旅游票一张；购物满5000元者，赠价值120元旅游票两张；购物满8000元者，赠价值120元旅游票三张。把活动方案与商品信息通过中邮专送广告，传达到每位会员，以期吸引他们的广泛参与。

4. “买一件T恤，献一元爱心”。五一节前后，在广场上举行T恤义卖活动，每天拿出一定的件数，所卖款项将捐赠给希望工程，活动由团委组织实施。

5. “休闲运动系列时装展”。延请金帝礼仪时装模特队，选择休闲、运动、时装在广场表演，配合卖场销售，主推二商场休闲和三商场体育时装类，造势销售。

6. “糖酒副食”、“洗化”类商品是五一节消费的重头戏，为有效组合连带销售，推出金帝“食品周”和金帝“关爱肌肤，靓丽生活”洗化热买月，利用特价或半价拉动购买。

7. 建立金帝购物广场网站。全程报道金帝购物广场五一节的促销活动。

广告宣传

1. 经济台《金帝信息港》栏目中全面介绍金帝购物广场五一节的各项促销活动。

2. 广播电台新闻台、文艺台利用半点、整点广告分别对单项活动进行宣传。

3. 利用淄博晚报、鲁中晨报各做一次整版广告。

4. 营业现场广播滚动播出活动内容。

5. 金帝网站全程报道五一节系列活动。

6. 与邮政合作组合各厂家出刊一期专送广告。

7. 利用上述媒体进行新闻报道。

思考题:金帝公司五一节促销的成功之处在哪里?

【学习目标】

1. 知识目标:通过本章的学习,了解促销的内涵及促销组合策略,掌握人员推销、广告、营业推广和公共关系的含义、特点及策略。

2. 技能目标:学会用四种促销策略的基本原理分析实际问题,理解企业的市场促销行为,并能为企业的市场营销促销决策作出初步策划。

第一节　促销及促销组合

一、促销

1. 促销的概念

促销(Promotion),即促进销售,是指企业通过人员、非人员促销的方式,传递商品或服务的特性、价值等信息,吸引消费者的注意、激发消费者的欲望、刺激消费者的需求,从而使其产生购买行为的活动。

对于促销的内涵,可从以下几个方面加以理解:

(1)促销的主体是企业,对象是目标市场上的消费者;

(2)促销的实现方式包括两类:人员促销和非人员促销;

(3)促销的最终目的是说服和促进消费者产生一系列的购买行为。

2. 促销的功能

由于市场竞争的激烈及消费者购买心理和行为的新变化,促销在企业营销活动中的作用更为广泛和深刻。一般而言，促销的作用主要表现在以下几个方面：

(1)信息传递和反馈功能：促销的核心是营销者与消费者之间信息的双向沟通。企业通过促销活动，可以及时地将企业状况、产品特征和价格、服务内容等信息传递给消费者，引起消费者对产品和服务的广泛注意；而作为消费者，在购买和使用了某种产品后，可以向企业反馈产品和服务质量等信息，促使企业能够迅速进行改进，更好地满足消费者的需求。

(2)需求诱导功能：消费者的需求是多种多样、不断变化的。企业通过形式多样的促销活动，介绍新产品，展示本企业产品有别于竞争产品之处，提供满足消费者生存和发展需要的产品和服务，从而激发消费者的购买欲望，培养消费者的购买习惯，创造出新的需求。

(3)消费指导功能：在促销活动中，营销者循循善诱地介绍产品知识，显示产品能给消费者提供的附加值等信息，可以强化消费者对产品的认知、了解和信任，认识到购买该产品能够获得的既定利益，在一定程度上对消费者起到了教育指导作用。

(4)销售增加功能：在激烈的市场竞争中，企业的销售额是起伏不定的。通过有效的促销活动，可以增加产品的销售量，提高企业在市场中的占有率，保持良好的经济效益。

(5)形象树立功能：企业通过开展富有号召力和感染力的促销活动和持续宣传，可以使更多的消费者了解企业产品，甚至通过对消费者需求进行诱导，使消费者对产品产生亲切感、信任感，有利于在消费者心目中树立良好形象。

二、促销组合

1.促销策略

如前所述，促销有人员促销和非人员促销两种方式。人员促销又称为直接促销；非人员促销又称为间接促销，包括广告、公共关系和营业推广。由于各种促销方式都有其长处和不足，促销的重点在不同时期、不同产品上也各有差别，在促销过程中企业常常将多种促销方式同时并用。所谓促销组合，就是企业结合自身特点和营销目标，根据促销的需要，对各种促销方式进行选择、搭配和运用。不同的促销组合，形成不同的促销策略。企业的促销活动从运作的方向进行区分，可以将所有的促销策略分为推式策略和拉式策略两类。

(1)推式策略：推式策略的重点在“推”，能动方为企业，是指企业通过人员促销的方式，把产品推向市场，即从生产企业推向中间商，再由中间商推给消费者。推式策略的主要目的是通过中间商，将产品层层渗透进分销渠道，最终到达消费者。推式策略一般适合于单位价值较高的产品，性能复杂、需要作示范的产品，根据用户需求特点设计的产品，流通环节较少、流通渠道较短的产品，市场比较集中的产品等。

(2)拉式策略:拉式策略的重点在“拉”,能动方为消费者,是指企业通过非人员促销的方式,诱导消费者的购买欲望,把消费者拉到企业的特定产品上来。拉式策略的主要目的是引发消费者对产品的需求,进而使消费者的需求和购买指向中间商,最终使中间商向生产企业进货。拉式策略一般适用于单位价值较低的日常用品,流通环节较多、流通渠道较长的产品,市场范围较广、市场需求较大的产品等。

2.影响促销组合策略的因素

企业在选择促销组合、制定促销策略时,应考虑以下几种因素:

(1)目标因素:促销总的目标是激发消费者的购买动机,影响消费者的购买行为,实现企业的营销业绩。但不同企业在同一市场或同一时期、同一企业在不同市场或不同时期所进行的促销活动,都是不断变化的,都有其具体的促销目标。促销目标的不同会影响到企业促销策略的选择。因此,促销组合的选择以及促销策略的制定和产品生命周期要符合企业的促销目标。

(2)产品因素:包括产品类型和产品生命周期。不同类型和性质的产品,消费者的购买目的则不尽相同,因此,必须采用不同的促销组合和促销策略。一般来说,对于购买人数多、技术结构比较简单、价值较小的消费品,适合以广告为主;对于市场相对集中、技术结构较复杂、价值较大的工业品,适宜以人员促销为主。

在产品生命周期的不同阶段,促销的目标和重点会有所不同,这就决定了在生命周期的各阶段要选择不同的促销组合,制定不同的促销策略(表9－1)。

表9－1　产品生命周期与促销策略

产品生命周期	促销目标和重点	促销主要方式
投入期	认识和了解产品	广告为主,营业推广和人员促销为辅
成长期	产生偏爱、增加兴趣	广告,辅之以公共关系
成熟期	保持市场份额	营业推广
衰退期	争取信任购买	营业推广

(3)市场状况和性质:市场的地理位置和范围大小、市场类型和潜在消费者的规模等因素,决定了不同的市场性质;不同的市场性质,又决定了不同的促销组合策略。当然,在制定促销组合和策略时,还应考虑到竞争对手的状况及其采用的促销形式和策略,有针对性地、及时地调整或改变自己的促销组合和策略。

(4)促销预算:促销预算表明促销活动在经济上是否可行,是对企业促销组合选择的一项硬性约束。企业以多少费用来开展促销活动,要根据促销目标的要求、市场的竞争格局、产品的性质等确定。不同的预算额度,决定了企业促销组合的选择。

【情景案例 9—1】

荣事达全能冰箱的促销策略

中国合肥荣事达集团是一个拥有 12 个子公司、总资产达 31 亿元人民币的综合家电集团，曾多次被评为中国 300 家最佳经济效益企业。该集团主导产品全自动洗衣机在 1993、1996、1997、1998 年连续四年产销量全国第一，1998 年出口量达到全国洗衣机出口总量的 6%。目前，荣事达集团已成为世界上同一产地规模最大的洗衣机生产基地。

然而，市场需求风云变幻，进入 1999 年，该集团也同样面临着无法回避的市场考验：国内市场需求不振，销售疲软，通货紧缩，竞争空前；国外市场危机迭起，尤其是东南亚市场，受金融风暴的侵袭，绝大多数东南亚地区客户的签单无法执行，荣事达洗衣机出口受到严重冲击，失去了东南亚这一主要市场。

面对上述严峻的市场挑战，荣事达人并没有怨天尤人、观望等待，而是振作精神，及时调整思路，制定新战略，积极开发新产品，拓展新市场。经过认真、细致的市场调查和研究分析，荣事达领导班子果断作出决策：与国际著名家电公司美泰克合资合作，投资 10 亿元人民币兴建全能冰箱生产线，开发研制新一代“全能冰箱”。

历经一年多时间的研制，1999 年初，集静音、节能、保鲜、新造型、长寿命、绿色环保、健康设计于一身，整体品质优秀的全能冰箱在全国上市，立刻引起轰动，销量急速上升，在北京和合肥两市场分别创下日销量 200 台和 300 台的新纪录，并且迅速席卷全国，刮起一阵荣事达“全能冰箱旋风”。从营销的角度讲，荣事达全能冰箱挑战市场取得成功，除了过硬的品质保证和准确的产品诉求定位外，成功的促销策略同样功不可没。

一方面，荣事达选择黄金时间集中投放电视广告。春节过后即在中央电视台一套、二套、六套，以每天 20 余次的频度播出，随后在中央二套做电视剧《骆驼祥子》的贴片广告，最近又在北京电视台做《还珠格格(续)》的贴片广告。这些时段都是居民收看电视的高峰期，广告效果极佳。另一方面，荣事达选择了报纸、广播、杂志等多种媒介，形成立体的宣传攻势，持续时间均在两个月以上，而且媒体的宣传点都集中在“全能”一点的宣传上，真可谓万炮齐轰。另外，荣事达将促销活动与产品宣传有机地结合起来。6 月份荣事达在全国各大城市开展“精挑细选，比过再买”的促销活动，通过促销广告、店堂展览展示、销售解说等方式，使得全能冰箱的高档精品形象深入民心。

全能冰箱的上市引起国内新闻媒体的极大关注，荣事达集团很好地利用了这种新闻效应带来的契机，向广大消费者充分阐释“全能冰箱”诉求的科学性和合理性，成功地避免了因企业集中宣传而可能产生的负面效应，使“全能冰箱”得以平稳、安全、顺利地导入市场。

新冰箱上市两个月，在全国600家商场、41个冰箱品牌销量统计排名中就位居第17，这是以前新上市冰箱所没有过的。6月份冰箱旺季刚到，荣事达全能冰箱的销量更是以每周23%的速度递增，在全国3000元以上高价位冰箱总销量中，荣事达已经占据了近20%的份额，其中北京地区6月份销售荣事达“全能冰箱”1000多台，占3000元以上高价位冰箱销量总额的40%，成为了北京市场十大畅销品牌之一。

讨论题：

1. 如何评价荣事达集团的促销策略？
2. 对荣事达集团今后促销活动的开展，你有何建议？

第二节　市场人员促销策略

人员促销是指企业的促销人员通过口头陈述的方式，向可能的购买者推销商品，以达到促进销售目的的一种促销手段。人员促销是最古老但又是最基本的一种销售方式。在市场经济高度发展的今天，人员促销仍是现代企业经常运用的一种重要促销形式。

一、人员促销的特点

1. 双向沟通

促销人员面对面地与消费者进行信息的沟通和交流，不仅能够及时、准确地将企业和产品的相关信息传递给顾客，为消费者的购买决策提供依据；同时又可以将收集到的消费者的意见和要求迅速反馈给企业，使企业能适时作出策略调整，使产品更符合消费者的需要。

2. 针对性强

促销人员可以根据不同的促销对象，将目标从消费者中分离出来，从而有针对性地宣传、介绍，满足目标顾客的需要，使整个促销活动更有效率。

3. 操作灵活

促销人员可以根据自己面对的特定对象的具体情况，充分发挥主观能动性，随时调整自己的促销方式和策略。

4. 反应迅速

在与消费者的交谈过程中，促销人员能够及时地察觉对方的意愿、要求和心理动机，迅速地作出反应，达到既促成交易又联系消费者的目的。

5.成本较高

人员促销对促销人员的专业知识和人际沟通能力有着较高的要求，而且促销人员在与消费者沟通的过程中，必须投入一定的时间、精力，有时甚至是持续的、长期的过程，因此，所耗费的单位成本是很大的。

二、人员促销策略

1.人员促销的形式

一般说来，人员促销有以下三种基本形式：

(1)上门促销：上门促销是最常见的人员促销形式。它是由促销人员主动携带某种商品的样品、图片、说明书和订单等走访顾客，推销产品。这种促销方式，可以针对顾客的需要提供及时、有效的服务，方便顾客购买。

(2)门市促销：门市促销又称柜台促销，它是等客上门式的一种促销方式，是指企业在适当地点设置固定的柜台，由营业员接待进入商店的顾客，介绍产品、回答疑问、促成交易。由于门市里的产品种类齐全，能满足顾客多方面的购买要求，便于顾客挑选和比较。因此，顾客比较乐于接受这种方式的促销。

(3)会议促销：会议促销指的是利用各种会议的形式宣传和介绍产品，开展促销活动，如订货会、交易会、博览会、物资交流会等。这种促销形式具有接触面广、促销集中、同时向多个促销对象推销产品、成交额大、推销效果较好等特点。

2.人员促销的步骤

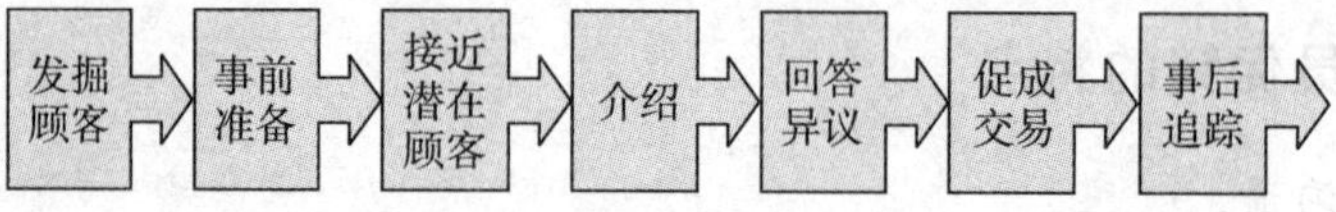

图 9—1

(1)发掘顾客：人员促销的第一步就是要对各种促销线索进行筛选，找出潜在顾客，发掘极有可能成为顾客的个人或群体，集中精力对最合适的顾客进行促销。潜在顾客的信息可以通过市场调查，查阅电话号码簿、工商名录等方式获得。

(2)事前准备：在促销人员准备去促销之前，必须进一步针对目标对象的需求搜集相关信息和资料，包括潜在顾客的个人信息、企业产品的特性、竞争对手的相关情况等，做到知己知彼、百战不殆。

(3)接近潜在顾客：促销人员在与潜在顾客进行面对面的接触时，要选择适当的方式、合适的见面时间，注意自己的仪表、体态。给顾客留下良好的第一印象非常重要，这关系到后续的活动能否顺利进行、交易能否成功。

(4)介绍

在这一过程中，促销人员主要是说明企业产品能给顾客带来什么利益，带来多

大的利益，本企业的产品为什么优于竞争对手的产品，以吸引对方的注意和兴趣，诱导对方产生购买欲望。

(5)回答异议：在促销人员介绍时，潜在顾客往往会提出一些问题和意见，这就需要促销人员审时度势，具备随时都能够应付洽谈中出现异议的技巧，运用适当的措辞和论据，耐心地处理顾客提出的异议，做到有理、有据、有节。

(6)促成交易：促销人员在回答问题的过程中，一旦发现顾客有购买的意愿表示时，就应该立即抓住有利时机，促进顾客作出购买决策。

(7)事后追踪：促销人员的任务并非随着交易的达成而终止。在商品售出以后，促销人员必须认真履行义务，保证服务，跟踪了解顾客的满意度，并向企业及时反馈。这对于维系企业与顾客之间的良好关系、促成下一轮交易具有重要作用。

3. 人员促销的基本策略

(1)试探性策略：试探性策略也称"刺激—反应"策略。促销人员在不了解顾客的情况下，事先设计好能够引起顾客兴趣、刺激顾客购买欲望的促销语言，通过渗透性交谈进行刺激。在交谈中仔细观察顾客的反应，了解顾客的真实需要，然后根据其反应，采取具体的促销措施，以诱发顾客的购买动机，引导顾客产生购买行为。

(2)针对性策略：针对性策略又称"配方—成交"策略。促销人员在事先充分做好准备、搜集大量有关顾客需求信息的前提下，有针对性地对顾客进行宣传和介绍，以引起顾客的注意，保持顾客的兴趣和好感，从而达成交易。

(3)诱导性策略：诱导性策略又称"诱发—满足"策略。这种策略要求促销人员具有很高的促销技巧，是指促销人员运用能刺激顾客需求的说服方法和技巧，因势利导，不失时机地宣传、介绍产品，诱发顾客的潜在需求，引导其产生购买行为。

【情景案例 9－2】

某饲料企业市人员促销

一家饲料企业原本效益很好，但一直没有做过促销，直至其他企业后来者居上，这家企业负责人慌了，于是召开销售人员会议。销售人员没有不抱怨的：人家企业做得多好，农民买一包饲料可以得到一件文化衫，经销商做大了组织起来去国外考察。这家企业想，这不是很难，我们也做！

江南每年 6—8 月是农忙时节，农户都忙着双抢，养殖业是淡季。企业负责人想，淡季一定要刺激农民，诱导农民购买。于是，该企业制作好了文化衫，而且很漂亮。7 月底，销售人员又向该企业抱怨：怎么这么晚才给市场发放促销品，别人早就做了。原来竞争企业在 5 月底就将文化衫全部发放到位，农民在双抢时根本没有时间去购买饲料，那时你的文化衫还在加工企业做呢。

第二年，该企业很早就准备好了促销品，是质量很好的香皂。农忙时农民每天都要洗澡，香皂是他们的必需品。但结果和预料大相径庭：经销商拒绝大量进货。销售人员从市场前沿报告：经销商已经大量进了竞争厂家的货，原因是该厂家开展了一个活动，在市场淡季完成旺季85%销售额的经销商可以参加企业的出国考察团。竞争厂家已经抢占了经销商的仓库和资金。

讨论题：

1.促销对于企业营销有何作用？

2.这家原本效益很好的企业在促销上错在哪里？为什么？

3.如何在淡旺季不同阶段，准确地选择促销对象呢？

三、促销人员

1.促销人员的素质

人员促销是一个综合的复杂的过程。促销人员的素质，决定了市场人员促销活动的成败。一般而言，促销人员应具备如下素质：

(1)热忱、吃苦耐劳、爱岗敬业、勇于进取。促销人员是连接企业和顾客的桥梁和纽带，既承担为企业推销产品的职责，又有为顾客的购买活动当好参谋的义务。因此，一名合格的促销人员要具有强烈的责任心和高度的事业感，热情友好，任劳任怨，积极进取。

(2)求知欲强，知识面广。高素质的促销人员必须具有旺盛的上进心和求知欲，乐于学习、善于学习促销工作所必需的知识。一般说来，促销人员的知识结构应包括：企业知识——熟悉企业的历史及现状，企业的生产过程，企业的经营方针、规章制度，企业未来的发展方向等。产品和技术知识——掌握产品的性能、用途、价格、使用方法等各种知识。市场知识——对市场的供求状况、竞争程度、国家政策、地区特点等有着深刻的认识。此外还要学习心理学、经济学、管理学、语言学等方面的知识。

(3)品德端正，作风正派。促销人员要讲文明、讲礼貌，谦恭有礼，仪表端正，举止适度，谈吐文雅，语言诙谐、幽默，具有良好的风度。

(4)灵活应变，技巧娴熟。促销人员必须对市场环境反应灵敏；能准确地了解顾客的需求情况，为顾客着想；善于选择恰当的时机，说服顾客；把握好促销机会。

5.促销人员管理

(1)促销人员的甄选：企业内部促销人员的来源渠道有两种：一是内部推荐。即把企业内部德才兼备、热爱并适合做促销工作的人选拔到促销岗位上。二是外部招聘。即通过人才市场、职业介绍所等进行人才选拔。但无论是哪种来源，都应经过严格的考核，择优录用。甄选的基本程序一般包括以下几个步骤：填写申请——笔试(知识测验和心理测验)——面试——资格调查——决定录用名单——体检——正式录用。

(2)促销人员的培训:新录用的促销人员需经过岗前培训才能正式上岗;同时还要对在岗促销人员每隔一段时间进行新的培训,使其了解企业的新动态,更新知识内容。培训内容通常包括企业知识、产品知识、市场知识、业务知识和政策法规知识等内容。培训方法主要有举办短期培训班、模拟培训、岗位实践、师傅带徒弟等。

(3)促销人员的考核:为了加强对促销人员的管理,企业必须建立完整的绩效考核指标体系,对促销人员的业绩进行科学、合理的考核与评价。促销人员业绩考评的结果,既可以作为工资、奖金分配的依据,又可以作为企业人事决策的重要参考。

常用的促销人员绩效考核指标主要有:销售数量,用于衡量销售增长状况;毛利,用于衡量利润的潜量;访问率(每天的访问次数),用于衡量推销人员的努力程度;访问成功率,用于衡量推销人员的工作效率;平均订单数目,用于说明订单的规模和促销的效率;销售费用及费用率,用于衡量每次访问的成本及直接销售费用占销售额的比重;增加新客户的数量,是衡量推销人员特别贡献的主要指标。

第三节　市场广告促销策略

广告作为一种信息传播活动,对企业的产品利益和品牌形象的宣传起着越来越重要的作用,广告已经成为市场营销促销活动的重要手段。

一、广告概述

1. 广告的内涵

广告是指广告主以付费的形式,通过各种媒体向社会公众传播商品和服务等信息的活动。《中华人民共和国广告法》对广告的界定是"指商品经营者或者服务提供者承担费用,通过一定媒介和形式直接或者间接地介绍自己所推销的商品或者所提供的服务的商业广告"。在营销活动中,广告以广大市场消费者作为传播对象,主要目的是向目标消费者施加影响,吸引目标消费者的注意和兴趣,促进销售。

一个完整的广告包括以下几种构成要素:

(1)广告主。广告主是广告活动的主体,是指广告发布的组织或个人。按照《中华人民共和国广告法》的规定,广告主"是指为推销商品或者提供服务,自行或者委托他人设计、制作、发布广告的法人、其他经济组织或者个人"。

(2)广告受众。是指广告活动的对象,即接受广告信息的单位或个人。

(3)广告信息。是指广告活动的具体内容,一般包括企业信息、产品和服务信息以及品牌信息等。

(4)广告媒体。是指广告信息传播的媒介和载体,一般包括报纸、杂志、电视、广播、路牌等。

(5)广告费用。是指广告主开展广告活动所支付的各种费用。

2.广告的功能

(1)传递信息。广告是一种有效的信息传播活动,能够把产品、服务等信息传递给目标消费者,渗透到社会的各个角落,覆盖面非常广泛。

(2)激发需求。广告的文字、声音、画面等内容具有非常强的渲染力和表现力,能够吸引消费者的注意力,通过重复多次的出现,增强其说服力,强化消费者对产品的印象,不断刺激其购买需求。

(3)引导消费。企业通过形象、新颖的广告展示新产品、新样式、新服务和新的消费意识,从而能够形成消费时尚,引导消费者的消费潮流。

(4)美化形象。广告本身也蕴含了企业的文化理念,一部出色的广告就是企业文化的彰显,能给人以视觉和身心美的享受,展示良好的道德品质和精神风尚。

3.广告的类型

根据不同的划分标准,广告有不同的种类。

(1)依照广告的传播范围进行划分,可以分为世界性广告、全国性广告、地区性广告。

(2)依照广告的内容进行划分,可以分为商品广告、企业广告、公益广告、品牌广告和观念广告。

(3)依照广告的目的进行划分,可以分为通知性广告、劝告性广告和提醒性广告。

(4)依照广告进行的地点进行划分,可以分为售点广告和非售点广告。

(5)依照广告的传播对象进行划分,可以分为消费者广告和企业广告。

(6)依照广告的形式进行划分,可以分为文字广告和图画广告。

二、广告媒体的选择

在市场营销活动中,广告媒体是连接企业与目标消费者的中介。不同的广告媒体具有不同的特性,广告媒体的选择直接影响企业促销活动的效果。

1. 广告媒体的种类和特点

表 9－2 广告媒体的种类及优缺点比较

媒体	优 点	缺 点
报纸	覆盖面广；传播迅速；制作方便；成本低；可信度高；便于剪贴	时效短；表现力差；因内容庞杂，注意力较低
杂志	针对性强；宣传面广；有较长的保存期；可反复看；图文并茂；可读性较高	周期长，灵活性差；传播不及时；由于有些杂志针对的是某一个特定的群体，因此传播范围有限
电视	触及面广；听觉与视觉结合，具有较强的刺激作用；生动、形象、感染力强；方式灵活多样	时间性强；制作复杂、成本高；由于节目过多，容易分散注意力
广播	传播速度快、及时；范围广；制作简单、费用较低；有较高的灵活性；对听众的文化水平没有较高的要求	时间短，印象不深，不易记忆；不能保存；有声无形，缺乏视觉刺激
网络	传播范围极大、对象广泛；成本低；灵活；实时性；强烈的交互性；效果容易测量	内容过多，消费者难以分辨

2. 广告媒体选择的影响因素

企业在选择广告媒体时，除了要了解和掌握不同媒体的优缺点外，还必须考虑以下因素：

(1)产品性质。广告媒体的选择只有考虑到不同产品的特性差异，才能取得良好的效果。生产资料和生活资料、高技术产品和一般生活用品、价值较低的产品和高档产品、一次性使用的产品和耐用品等都应选用不同的广告媒体。通常，对高技术产品进行广告宣传，面向专业人员，多选用专业性杂志；而对一般生活用品，则适合选用能直接传播到大众的广告媒体，如广播、电视等。

(2)消费者的习惯。选择广告媒体，还要考虑到目标市场上消费者接触广告媒体的习惯。一般认为，能使广告信息传到目标市场的媒体是最有效的媒体。如对儿童用品的广告宣传，宜选电视作其媒体；对妇女用品进行广告宣传，选用妇女喜欢阅读的妇女杂志或电视，其效果较好，也可以在妇女商店布置橱窗或展销。

(3)媒体的传播范围。媒体传播范围的大小直接影响广告信息的传播区域。面向全国销售的产品，适合选用全国性发行的报纸、杂志以及广播、电视等；面向特定区域销售的产品，可选用地方性报刊、电台、电视台等。

(4)费用成本。广告活动应考虑到企业的经济能力，活动成本关系到企业促销活动的效果。广告媒体的收费标准是不同的，即使是同一种媒体，也因地区不同、影响力不同而有价格差别。

总之，要根据企业活动的目标，结合广告媒体的特点，综合考虑各种影响因素，尽可能选择经济实用、效果好的广告媒体。

【情景案例 9—3】

加湿器和空调结盟:“火”在淡季

促销地点:杭州

数据:在国内,加湿器市场始终是不咸不淡,就是在炎热的夏日,整个市场也趋于一片萧条和冷淡。就在这不景气的淡季环境中,××加湿器却在杭州狠狠地“火”了一把:7 月,××加湿器的销售量呈几何式递增,平湖苏宁单日创下 64 台的销售业绩;嘉兴永乐一个月销售 198 台;杭州电器连锁最低销售也日均达到 8 台;在杭州开展活动的 7 月 5 日～20 日的半个月中,××加湿器共销售 1568 台,比去年同期增长了 120%。

做法:××杭州办事处发现,夏天是空调的销售旺季,如何利用这个机会带动××产品的销售?他们认为,将××加湿器与空调结成战略合作关系,则能够实现双赢。

首先,他们提出“××加湿器,增强新活力”的主题,并在《钱江晚报》上发表空气湿度对人体健康影响的软文,特别指出一点:在开有空调的房间里,干燥的空气很容易导致人体抵抗力下降,为了健康,建议人们为房间内增加湿度。在引起了众多消费者的关注之后,他们在卖场的 DM 上醒目地标明××加湿器与品牌空调联合销售,既满足了消费者追求凉爽夏日和确保健康的要求,也获得了消费者们的认可。

其次,他们与杭州各家电卖场进行了积极的沟通,获得认同之后,××加湿器摆进了苏宁、国美、永乐电器连锁的空调销售区域,同时,××加湿器与空调展开了互动销售活动。

讨论题:结合本案例分析,该家加湿器与空调结盟后销售,为何会“火”在淡季?

三、广告设计的原则

1. 真实性原则

真实性是广告的本质,是广告设计的首要和基本原则。广告作为一种信息宣传手段,关系到企业及其产品、服务的形象。广告的真实性体现在:一是内容要真实,不能编造、弄虚作假;二是宣传的产品要与实物相一致,进行艺术处理也绝不能浮夸,必须符合产品的特性。

2. 合法性原则

市场经济是法制经济,任何经济主体都必须知法、懂法、守法,按法律规定办事。在广告设计中，必须严格遵守相关的法律法规、制度规章，如《中华人民共和国广告法》、《反不正当竞争法》等。

3. 针对性原则

广告的内容和形式要富有针对性，即对不同的商品、不同的目标市场要有不同的内容，采取不同的表现手法。广告设计要考虑想要达到什么样的目标、目标受众范围、广告的承诺利益点是什么、如何取悦消费者等等，只有与产品关联、与目标关联，可以引起消费者的正面联想，才能增强消费者的注意力和兴趣。

4. 简明性原则

消费者的信息接收能力和处理能力是有限的，广告内容过多，会给消费者造成信息筛选困难，不能正确地了解企业的真实意图，反而达不到预期的宣传效果。因此，广告的内容必须清晰明了、选材精练、主题突出，大可不必面面俱到、包罗万象。

5. 创新性原则

在保持个性化的内容与独特的表现形式统一的基础上，广告要展现自身广告设计的与众不同之处，突出新颖性，塑造出企业产品和品牌的鲜明个性。

【情景案例 9－4】

丹尼斯——营销的感觉是温馨

房山商务网 1999 年 5 月 1 日～14 日，郑州丹尼斯百货公司为庆祝“母亲节”，开展了一次公关促销活动，活动的全名是“温馨五月天，康乃馨，温暖妈妈的心”。活动的目的是在顾客心中形成一个“想到丹尼斯，就想到亲情”的感觉，使商场与顾客之间有情感的交流。这也体现了公司所倡导的理念——“爱、贴心、亲和力”。此次系列酬宾活动的主要内容有：(1)全店流行服饰惊喜 1 折起，超市除生鲜外，全面 9 折。(2)凡当天累积购物满 200 元，凭购物发票送精美礼品。(3)“母亲节”到来之际，您最想对妈妈说的话是什么？5 月 1 日～14 日，您可将最想对妈妈说的话填写在丹尼斯的“母亲节留言卡”上，贴于广场的留言板上，表达您对母亲的爱。(4)丹尼斯百货还将评选最相像的母子或母女，将有华丽的贴心礼物回馈。(5)5 月 14 日，去“母亲河”——黄河游览。

事实证明，活动的影响是巨大的，效果是明显的，策划是较成功的。单从广场留言板上的“母亲节留言卡”来看，顾客对此活动甚为关注，已有百余张留言卡被贴上。从字体看，既有小孩的，又有成人的。而在丹尼斯百货商场内，前来购物的，给自己的母亲留言的，观看孩子给自己留言的，参加最相像母子或母女评选的，到黄河游览报名的，还有来看热闹的顾客和公众簇拥在一起，热闹的购物活动洋溢着亲情，温馨一片，弥漫在暖洋洋的空气中。

讨论题：

1.丹尼斯百货公司“爱、贴心、亲和力”的企业宗旨有何独到之处？起到了什么作用？对此你有何体会？

2.从丹尼斯公司为庆祝“母亲节”开展的公关活动看，你认为主要是以什么来维系买卖之间关系的？有何重要意义？

四、广告效果的评价

为了保证对广告活动的有效控制，企业必须对广告的效果进行评价。广告效果是指对社会、对企业产生的效益。广告效果包括两个方面：一是传递效果，二是销售效果。

1.广告的传递效果

广告的传递效果是指企业的广告活动对社会受众在知识、心理、意识和偏好等方面的影响。

(1)对广告注意度的测定。是指各种广告媒体吸引人的程度和范围，主要测定读者比率、收听率、收看率、点击率等。

(2)对广告记忆度的测定。是指消费者对于广告的主要内容，如企业名称、产品名称、广告语等记忆度的测定，从中检查广告主题是否鲜明、突出。

(3)对广告理解度的测定。是指消费者对于广告内容、形式理解度的测定，从中可以检查广告的设计和制作中存在的问题并加以解决。

(4)对购买动机形成的测定。了解广告与消费者购买动机形成之间的关系，进而研究广告在促销中的作用，为企业调整营销策略提供依据。

2.广告的销售效果

广告信息的传递效果不等于广告的销售效果，传递效果好并不意味着产品的销售量就好。因此，越来越多的企业在关注广告传递效果的同时，开始关注广告对企业销售的促进作用。在对广告的销售效果进行测定时，企业经常会采用广告费用占销率法、广告费用增销率法、单位费用促销率法等。

第四节　市场营业推广促销策略

一、营业推广的概念

营业推广又称销售促进或销售推广，它是与人员促销、广告和公共关系并列的四大促销手段之一。营业推广活动最早可以追溯到18世纪末。1853年,美国一家帽子商店曾经做过这种活动。凡在该商店购买帽子的顾客,均可参加免费拍摄一张戴帽子的照片作为纪念的活动。由于当时照相机并未普及,顾客对出示戴帽子的照片给亲朋好友们欣赏感到自豪。因此,该活动一开始就吸引了大批顾客,有的甚至来自数十里以外的地区。在20世纪60年代的美国,营业推广得到广泛的应用。在我国,随着社会主义市场经济的发展,营业推广的规模不断扩大。如今,营业推广活动已经渗透到我们生活的方方面面。

关于营业推广的定义,学术界存在着不同的见解。营销大师菲利普·科特勒认为营业推广"是刺激消费者或中间商迅速或大量购买某一特定产品的促销手段,包含了各种短期的促销工具"。Webster将其定义为"对顾客购买行为的短期激励活动"。美国市场营销协会的定义是"人员推销、广告和公共关系以外的,用以增进消费者购买和交易效益的那些促销活动,诸如陈列、展览会、规则的、非周期性发生地销售努力"。

综合以上几种观点,本书认为,营业推广是指人员推销、广告和公共关系以外的,在特定的时间范围内,在某一个目标市场上所采用的、能够迅速刺激消费者产生购买行为的一系列促销工具。

二、营业推广的特点

1.非规则性

营业推广不像广告、人员促销和公共关系那样经常使用,它着眼解决一些更为具体的问题,呈现出非周期性、非连续性的特点。

2.短期性

营业推广常常用作短期考虑,有着限定的时间和空间范围。

3.形式的多样性

营业推广由花样繁多的各种促销工具组成,包括折价券、赠品、积点、抽奖、竞赛、会员制促销、联合促销、服务促销等等。

4.效果的可测量性

相对于广告、公共关系活动的效果需要较长的时间才能见效,并且结果难以准确测量,营业推广只要运用得当,效果立竿见影,而且比较容易被检测。

三、营业推广的作用

1.加速新产品入市的进程

在新产品入市之初,消费者由于对新产品缺乏一定的了解,而不愿承担风险进行购买。企业可以通过一些必要的营业推广工具的采用,打消消费者的顾虑,降低其消费成本,促使他们尝试去购买新产品。如让消费者免费试用,鼓励消费者了解新产品，增加对新产品的兴趣。如果试用效果较好，就会提高消费者的购买频率，使新产品在市场上迅速扩展开来。

2.培养消费习惯，提高销售额

营业推广如果符合消费者的消费需求，可强化他们的购买意愿，鼓励其持续购买，培养消费者的购买习惯。而且，商家在特定的时间内承兑给消费者一定的额外利益，受利益的刺激和驱动，经销商会大量进货并积极销售，忠实消费者会提前大量购买，甚至会增加消费者购买的数量和次数，从而有助于产品销售量的增加。

3.有效抵御竞争对手的进攻

营业推广是抵御和击败竞争对手的有力武器。当竞争者采取大规模的促销活动时，企业如果能及时地、争锋相对地采取有效的促销措施，有利于抵消对手对自身的冲击，从而稳定和扩大自己的消费队伍，抵御竞争对手的侵蚀。

四、营业推广的形式

针对不同的促销对象，营业推广的方式也是多种多样的，主要包括：

1.针对消费者的营业推广

向消费者进行推广，其根本目的是刺激消费者，引导其购买习惯，促使其购买某种商品。具体又包括：

(1)免费赠送样品：主要是指企业将某种产品的样品免费赠送给消费者，让消费者免费试用或品尝，从而增加消费者对该产品的好感，促进消费者的购买行为。

(2)赠品：是指消费者在规定时间内，购买某种特定的商品后可以获得额外的赠品。这种赠品可以是购买的商品，也可以是其他有关联的商品或礼品。

(3)优惠：是指消费者在特定的时间内，以低于商品的正常价格购买到某种产品。

(4)抽奖和竞赛：企业经常会举办一些富有趣味性或知识性的抽奖和竞赛活动，吸引消费者购买，促进产品的销售。

2.针对中间商的营业推广

其目的是鼓励中间商增加进货，寻求他们对某个品牌产品提供积极的配合和支持。

(1)折扣：是指企业为鼓励中间商大批量进货，给予达到一定标准的中间商一定的回扣。

(2)销售竞赛：根据各个中间商销售产品的实绩，分别给予优胜者以不同的奖励，从而加快商品达到消费者手中的速度。

(3)延期付款：制造商为了说服中间商迅速铺货，允许中间商先进货，过一段时间后再按合同约定一次付清余下货款。

3. 针对销售人员的营业推广

其主要目的是振奋销售人员及其组织的推销士气，鼓励他们热情推销某种产品。包括举办销售人员与销售人员、销售小组与销售小组之间的竞赛，对于达到一定销售目标的销售人员，给予特定的奖励。

五、营业推广的实施及控制

企业在制定营业推广方案时，必须考虑以下几个方面：营业推广的规模、受众范围、活动期限、活动地点和方式、人员安排、广告宣传、活动费用预算。

在具体运用各种营业推广方式时，如果有条件，应先进行试验后才实施。通过试验，可以明确选用推广工具是否适当、效率如何等，以便及时作出取舍。

营业推广是一种效果比较显著的促销方式，但倘若使用不当，不仅达不到促销的目的，反而会影响产品销售，甚至会损害企业的品牌形象。因此，企业在运用营业推广方式促销时，必须注意：首先，禁止弄虚作假。营业推广的主要对象是企业的潜在顾客，因此，企业在营业推广全过程中，一定要坚决杜绝徇私舞弊的短视行为发生。在市场竞争日益激烈的条件下，企业的信誉是十分重要的竞争优势，企业没有理由自毁商誉。本来营业推广这种促销方式就有贬低商品之意，如果再不严格约束企业行为，那将会产生失去企业长期利益的巨大风险。因此，弄虚作假是营业推广中的最大禁忌。其次，注重中后期宣传。开展营业推广活动的企业比较注重推广前期的宣传，这非常必要。营业推广活动在中后期面临的十分重要的宣传内容是营业推广中的企业兑现行为。这是消费者验证企业推广行为是否具有可信性的重要信息源。令消费者感到可信的企业兑现行为，一方面有利于唤起消费者的购买欲望，另一个方面可以换来社会公众对企业良好的口碑，树立良好的企业形象。

第五节　市场公共关系促销策略

一、公共关系的含义及特征

1. 公共关系的含义

公共关系是从英文“Public Relations”直译过来的，英文缩写为“PR”，中文简称“公关”。国际公共关系协会将公共关系定义为：“公共关系是一种经营管理的功能，属于一种经常性与计划性的工作，不论公共或私人的机构或组织，均通过它来保持与其相关的公众之间的了解、同情和支持，亦即审度公众的意见，使本机构的政策与措施尽量与之配合，再去用有计划的大量资料，争取建设性的合作，而获取共同的利益。”

1978年8月，世界公共关系协会在墨西哥城召开的会议上指出：“公共关系是有计划地服务于本机构和公众利益的一门艺术和社会科学。公共关系的实践是分析趋势，预测后果，向机构和组织领导人提供意见。”

《大英百科全书》将公共关系定义为：“公共关系是旨在传递关于个人、公司、政府机构和其他组织的信息，以改善公众对他们态度的政策或行为。”

公共关系既是一门科学，又是一门艺术。由以上有关公共关系的定义可以看出：公共关系，亦即公众关系，是指组织为了更好地实现为社会公众利益服务，增进公众对组织的认识、理解、信任和支持，塑造和维护良好的组织形象，而进行的一系列信息传播活动。

随着商品经济的发展，以企业为中心的“产品中心地位”逐步让位于以消费者为中心的“市场中心地位”。为了争取更多的消费者、占领更广阔的市场，公共关系被广泛应用于市场营销的促销活动中。公共关系对于建立企业信誉、维护企业形象、提高企业的竞争力和市场占有率、增强企业内在凝聚力具有十分重要的作用。

2.公共关系的特征

(1)公众性。公共关系的出发点是公众。组织与社会公众之间的联系是客观的，组织工作的中心就是公众。

(2)互动性。公共关系是一个组织与其各种不同公众之间的相互关系，是信息的传播与沟通活动。组织通过信息传播的手段来平衡利益、协调关系，营造一种良好的公共关系状态。

(3)真实性。组织在开展公关活动时，必须贯彻实事求是的原则，传递的信息要真实、客观、全面，不能够隐瞒、歪曲、造假。

(4)互惠性。公共关系活动应真诚地对待公众，设身处地为公众着想，不能片面地追求组织利益。只有在公众利益同样受惠的基础上，才可能得到公众的支持和合作。

(5)长期性。公共关系达到的目标是树立组织的良好形象，创造良好的社会关系。这一目标的实现需要有计划、有步骤地努力，是一个长期的过程。公共关系应着手于平时努力，着眼于长远打算。

二、公共关系的构成要素

公共关系的构成要素包括主体——社会组织、客体——社会公众、媒介——传播。

1.公共关系的主体——社会组织

社会组织是人们有计划、有目的地建立起来的一种社会机构，它有领导与目标，有着规范的制度规章，有着明确的分工和职责范围。在公共关系活动中，社会组织是公共关系的主体，包括各种经济组织、政治组织、文化组织等。在市场营销中，公共关系的主体是指开展公关活动的各类企业。

2.公共关系的客体——公众

公众是与社会组织的运行发生相互联系的个人、群体和社会组织的总称。不同的组织，由于活动目标和利益不同、性质和内容不同、价值观和管理理念不同、人员结构和运作方式不同、环境不同等，必须面对不同的公众。公众是公共关系活动的直接对象或客体。在市场营销活动中，公共关系的实际内容就是企业用各种不同的方法维持与公众之间的良好关系，从而在公众中树立本企业的良好形象。

3.公共关系的媒介——信息传播

传播是联结公共关系主体和客体的纽带和中介。公共关系的传播过程是社会组织与公众之间进行双向沟通的过程，是密切组织内外部关系的一种重要方式。

三、公共关系的活动方式

在市场营销活动中，企业要达到特定的公关目标，必须善于应用各种公共关系活动方式。常见的主要有以下几种：

1.利用新闻宣传工具

新闻传播工具具有主导性、时效性强、传播面广、影响大等特点，因此，运用大众传播媒介，发布和传播信息，能够让社会公众更加了解企业，从而形成良好的社会舆论氛围，使企业获得更多的支持和机会。

2.赞助和参加社会福利、慈善事业等公益性活动

通过举办各种社会性、公益性、赞助性活动，来开展公共关系活动，可以为企业树立一个负责、积极的社会形象，达到增强企业美誉度、扩大社会影响力的目的。

3.参加各种社会交际活动

企业可以通过各式各样的招待会、座谈会、宴会、茶话会、舞会、联谊会、考察会、邮件往来等，与社会公众进行直接沟通，进行感情上的联络，为组织广结良缘，建立广泛的社会关系网络，形成有利于企业发展的人际环境。

4.加强与社会公众的联系

企业通过开展各种咨询业务、设立监督电话、处理举报和投诉、制作调查问卷收集用户信息等方式，了解社会舆论，加强双向沟通，了解消费趋势，为企业的经营管理决策提供参谋。

5.提供特色服务

企业以提供优质服务获取公众的好感、信任和支持，有助于树立和维护企业形象与声誉。企业用实实在在的服务，拉近与公众之间的距离，加深双方的感情，从而获得公众的认同。

四、公共关系活动的组织和实施

1. 公共关系调查

公共关系调查是组织有效开展公共关系活动的前提和基础，是开展一项公共关系活动的首要步骤。只有经过调查，了解公众对组织的认知、态度和行为，确定组织所面临的问题，才能确保其他活动的有效展开。公共关系调查的内容包括组织基本情况调查、社会公众状况调查和社会环境调查。

2. 确立公共关系目标

公共关系目标是组织期望达到的形象标准。确定目标对于搞好公共关系工作十分重要。公共关系的目标设定是同调查分析中所确认的问题密切相关的。组织在前期调查的基础上，分析组织的优势和劣势、机会和风险、资源与条件，根据组织的性质和需要，确立公共关系活动的目标。因此，目标必须具体、量化、可控。

3. 选择目标受众

组织必须依据目标的需要，去确认哪些是公共关系活动必须关注、交流和影响的受众，明确目标受众的范围，确定各类目标受众的需要。只有掌握了这些信息，组织的活动开展才更有针对性，才能更好地提高资源的使用效益。

4. 选择公共关系活动的方式和媒介

公共关系活动的主题要紧紧围绕组织的目标而提炼，要迎合社会公众的心理需要，符合时代特征，能够体现出一定的审美情趣。要达到预期的效果，公共关系策划者必须选择适当的公关方式和媒介，善于通过各种组合，形成优势互补。因此，必须根据公共关系活动的目标、传播对象、组织实力以及组织的环境条件等来选择最有效的活动方式和媒体。

5. 公共关系活动的具体实施

选择正确的时机是提高公关活动效率的必要条件。公关人员必须认真分析形势，考虑影响行动时机的因素；在实施计划的过程中，要严格控制工作进度，保证具体计划与整体目标的一致性。

6. 公共关系活动的效果评价

公关活动由于经常是与其他促销手段配合使用的，因此，对其活动效果的检测是比较困难的。常用的方法主要包括计算宣传报道在新闻媒体上的展露次数和时间、消费者对企业的态度和偏好变化情况、企业公关前后的销售额变化情况。

【核心概念】

促销 推式策略 拉式策略 人员推销 广告 营业推广 公共关系

【复习思考题】

1.在企业营销活动中,促销的地位和作用如何?

2.企业在制定促销组合策略时,应考虑哪些因素?

3.比较人员推销、广告、营业推广和公共关系。

4.结合所学内容,试为某种产品制定促销组合方案。

【技能训练】

王老吉的促销活动系列观

●"福到吉到团圆到"春节促销活动

1.活动时间:2006年1月至2月

2.活动主题:"福到吉到团圆到"

3.活动对象:全国范围内的消费者

4.活动方式:消费者购买王老吉产品可参与抽奖,有机会获得价值1680元的团圆饭一桌

5.活动费用:全国1000桌×1680元/桌=1680000元

春节是饮料销售的旺季,也是中国最重要的传统佳节,王老吉在春节期间进行"福到吉到团圆到"促销活动,是一个与全国消费者交流感情的很好机会,不但抢占了旺季市场、提升了产品销量及市场整体表现,而且红罐的王老吉迎合了中国人幸福安康、合家团圆、喜庆吉祥的节日文化氛围。

●"开心假期,王老吉相伴"五一促销活动

1.活动时间:"五一"黄金周

2.活动主题:"开心假期,王老吉相伴"

3.活动对象:全国范围内的消费者

4.活动方式:路演活动、商场买赠活动、婚庆促销活动

5.活动费用:全国大约100万元

5月份,天气转热,是饮料市场的一个销售高峰,又时逢"五一"黄金周,王老吉在"五一"黄金周期间进行"开心假期,王老吉相伴"的促销活动,有动感十足的路演活动,每个销售区域有10～20场路演活动;有奖品丰富的商场买赠活动,单支、6联、12联的产品均有礼品赠送;还有专为假期办喜事的新人推出的婚庆促销活动,如每桌喜宴送2罐。

●"不怕上火的世界杯"主题促销活动

1.活动时间:2006年6月至7月

2.活动主题:"不怕上火的世界杯"

3.活动对象:全国范围内的消费者

4.活动方式:短信竞猜游戏、路演足球游戏、商场促销活动

5.活动费用:全国大约158万元

2006年四年一度的世界杯无疑是当年最热门的体育赛事,吸引着大批球迷熬夜观看,王老吉"不怕上火的世界杯"促销活动在全国100多个大中城市全面展开,王老吉不怕上火球队竞猜规则:1张红牌为2个上火指数,1张黄牌为1个上火指数,整场下来哪个球队的上火指数高即为不怕上火的球队。消费者可以参加"不怕上火球队"短信竞猜游戏,也可以参加路演足球游戏活动以及商场促销活动,赢取加多宝集团送出的世界杯主题精美礼品。

● "双节庆团圆,好礼送万家"中秋促销活动

1.活动时间:2006年10月1日至2006年10月6日

2.活动主题:"双节庆团圆,好礼送万家"

3.活动对象:全国范围内的消费者

4.活动方式:短信抽奖

5.活动费用:全国大约100万元

中秋节是中国最重要的传统佳节之一,是家庭团圆、合家欢乐的日子,也是饮料的一个销售旺季。2006年的中秋节是10月6日,正好与国庆黄金周重合,双节合一。红色罐装王老吉在全国范围内展开了"双节庆团圆,好礼送万家"主题促销活动,消费者在活动商场购买王老吉吉庆促销装,在2006年9月21日至10月10日期间发送刮刮卡密码到9169458,就有机会赢得数码相机、Ipod nano、免费手机图铃等意外惊喜奖项。

案例分析与研讨:商家应如何着手开展促销活动,以维系其与消费者之间的关系?

第十章 市场营销组织、执行与控制

【案例导入】

沃尔玛在不同地区进行市场营销组织

沃尔玛曾在美国本土市场开发了有数个足球场大的商店，但很快就关闭了它们。商店实在太大了：通道挨着通道，货架有数层楼高。这样的商店必须吸引相当于正常折扣商店4倍的购物者并使交易量增加1倍，才能获得成功，而这显然太难了。

沃尔玛试图大规模地进入墨西哥市场，但却发现它的美国做法常常不再奏效。墨西哥人趋向于以家庭为单位购物，并将之当作周末娱乐的一部分，这就要求商店的通道宽一些。由于墨西哥人的汽车拥有率并不像美国人那样高，零售商们必须使他们的商店靠近居民区。在杂货店的食品区，墨西哥人喜欢商品和肉类能像他们的当地市场那样摆放，墨西哥消费者认为事先包装好的商品是不新鲜的。

沃尔玛曾进入巴西市场而且也没有取得很好的业绩。它于1995年开始营业并大胆地预言这将是一场零售革命。沃尔玛非常傲慢地认为只需要通过降价，就将立即消灭那些已为巴西人服务了数十年的零售商。但典型的巴西购物者同他们的零售商有着一种长久以来的关系，这是沃尔玛无法与之匹敌的。

不同地区有不同的实际情况和特点，对销售地域非常广泛的大型企业来说，按地区组织营销，有针对性地开展营销活动，并给予有效的控制是非常必要的。

思考题：分析沃尔玛是如何在不同地区进行市场营销组织的？

【学习目标】

1. 知识目标：掌握市场营销组织、执行与控制的基本概念与意义；了解市场营销组织的形式以及市场营销执行的过程；了解市场营销组织的演变过程；了解决定市场营销组织的因素、市场营销执行中的问题与原因；熟悉年度计划控制、盈利能力控制、效率控制和战略控制的方法。

2. 能力目标：经与实践结合后，能根据企业状况和需要初步选择、构建相应的市场营销组织；获得一定的市场营销执行所需要的技能；能够初步运用年度计划控制、盈利能力控制、效率控制和战略控制等市场营销控制的方法。

第一节 市场营销组织

市场营销计划必须依托其职能组织才能得以实施和完成。“组织”是指按一定的宗旨、规范和人员体系组成的集体。市场营销组织是企业为了实现营销目标，制定和实施市场营销计划的职能部门。但在某些地区、某些企业，市场营销组织常常没有成为一个科室或者机构。由于企业对市场营销活动的重视程度或实际情况的不同，市场营销组织的形式和名称也有差别。具体而言，其组织形式受到以下三个因素的制约：宏观环境和国家经济体制；企业的营销管理哲学，企业的经营理念和指导思想；企业本身所处的发展阶段、业务经营范围和特点。

一、营销组织的发展和演变

现代普遍采用的市场营销组织方式，是市场经济发达的西方国家，随着经营思想的发展和企业管理的经验积累逐渐发展和演变形成的。它经历了五种典型形式。

1. 简单推销部门

20 世纪 30 年代以前，西方国家企业市场营销活动主要以生产观念为指导，其内部市场营销组织属于简单销售部门。当时推销和财务、生产都是企业最基本的职能构成，财务部门管理资金、账务，生产部门负责产品制造，推销部门则管理产品销售。推销部门由一位副总经理负责，管理推销人员及其促销工作，如图 10－1 所示。推销部门只负责把生产出来的产品销售出去，不过问生产的质量、种类、规格，也不管生产过程。

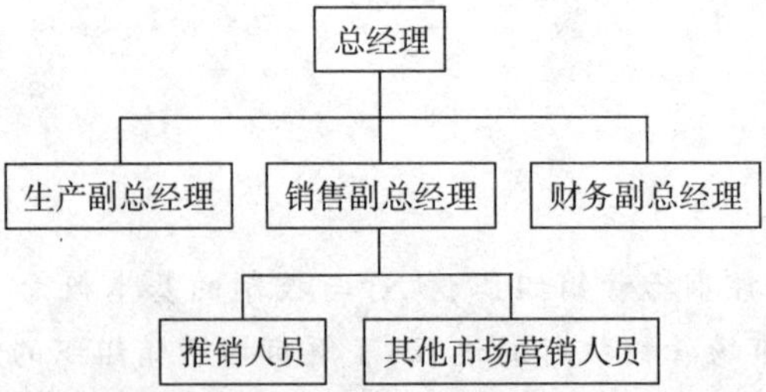

图 10－1 简单推销部门

2. 具有辅助功能的推销部门

这是指推销部门除了推销产品之外，也承担如市场调研、广告宣传和销售服务等推销辅助功能。30 年代以后，很多企业进一步扩大规模，市场竞争趋于激烈，销售工作变得更为复杂。在推销观念的指导下，很多企业通过市场研究、广告等促销活动积极推动销售。而随着这方面的工作量的增加，便需要设立市场营销主管，负责这些具体、专门的工作，如图 10－2 所示。

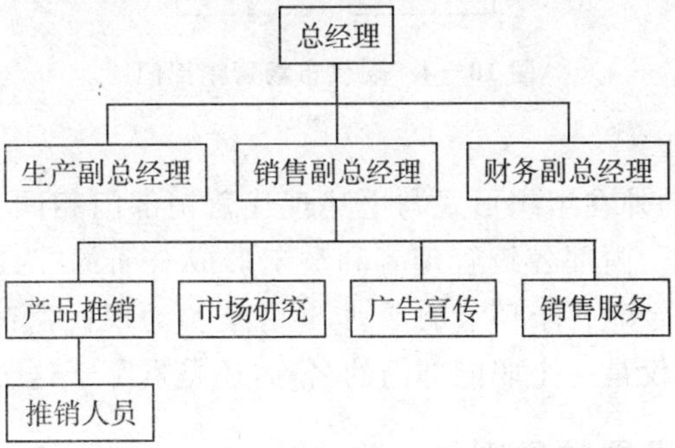

图 10－2　具有辅助性功能的推销部门

3. 独立营销部门

随着企业经营规模和业务范围的进一步扩大，原来只作为辅助功能的市场调研、广告促销甚至产品开发等工作需要进一步加强，原有的推销部门工作量和管理难度大大增加，于是市场营销部门随着一系列工作的独立而脱离出来，成为一个与推销并立的职能部门，由一位市场营销副总经理负责，与推销副总经理同时直接由总经理领导，如图 10－3 所示。

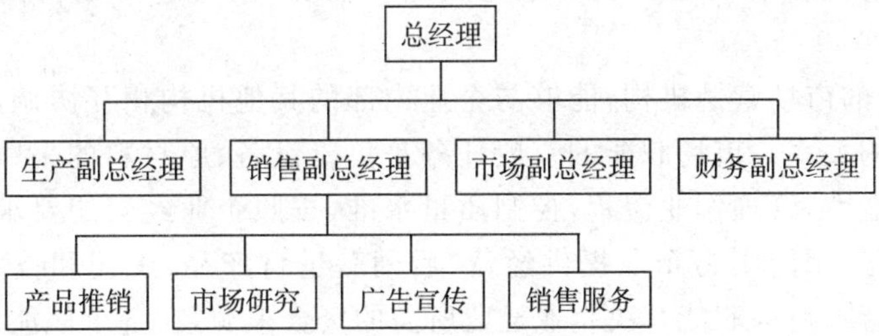

图 10－3　独立营销部门

4. 现代营销部门

在经历独立营销部门之后，逐步诞生了现代营销部门。推销与营销部门活动的出发点有差异，前者追求当前单纯的销售量，营销部门从产品开发、产品形象、市场开发等方面全面考虑企业的各项活动，从企业各环节考虑满足顾客的需求。两者在矛盾中整合，销售和营销归由市场营销副总经理全面负责，下辖市场营销职能部门和推销职能部门，如图10—4所示。

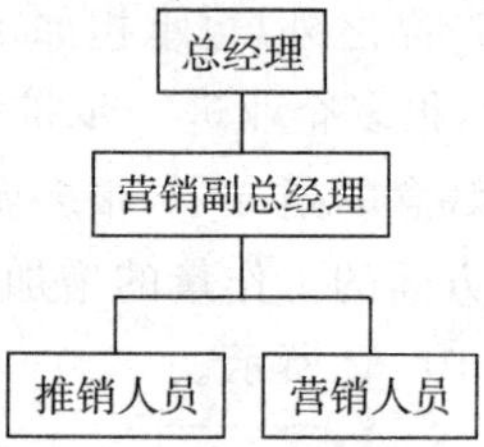

图10—4 现代市场营销部门

5.现代营销企业

现代营销企业的外在组织形式与上述现代营销部门相同，但当企业在现代市场营销观念的指导下，内部各级管理者和员工形成全面的“为顾客服务”，围绕“满足顾客需求”而开展企业各个环节的活动，这才能称为现代营销企业。在现代营销企业中，市场营销不仅是一个职能部门的名称，还是贯穿于这个企业的指导思想。

二、营销组织设置的原则

1.整体协调性原则

协调是管理的主要职能之一。设置市场营销机构需要遵循整体协调性和主导性原则，可从以下几个方面加以认识：

(1)设置的市场营销机构，能够对企业与外部环境，尤其是对市场、顾客之间关系的协调，发挥积极作用。企业的目的是创造市场、创造顾客。失去了市场、顾客，企业也就失去了存在的资格和生存的条件。满足市场的需要，创造满意的顾客，是企业最基本的宗旨和责任。更好地完成这一任务，是组建市场营销部门的基本目的。

(2)设置的市场营销机构，能够与企业内部的其他机构相互协调，并能协调各个部门之间的关系。市场职能的一般任务是负责设备、原材料的采购、供应，形成和发展生产能力，管理作业流程，控制质量水准，按照企业经营的要求完成生产任务；研究与开发职能则为企业提供经营“后劲”，进行产品、工艺和技术的开发、改造、更新和设计；财务职能解决企业经营所需的资金来源，在各个职能部门、各个业务项目、各个流程环节之间进行资金分配，对资金的使用进行监督、管理，核算成本、收益；人力资源管理通过对“人”这一资源的开发、使用，帮助实现企业目标。没有了顾客，企业就会失去存在的价值。因此，无论是生产管理、研究与开发管理还是财务管理、人力资源管理，都应当服从于市场营销，成为市场营销的支持性职能；市场营销则是企业管理和经营中的主导性职能，所以不能简单地作为一般的职能部门看待。

(3)市场营销部门内部的人员机构以及层次设置，也要相互协调，以充分发挥市场营销机构自身的整体效应。只有做到从自身内部到企业内部再到企业外部的协调一致,市场营销机构的设置才能说是成功的。

总之,市场营销部门应当做到在面对市场、面对顾客时,能够代表企业;面对企业内部各个部门、全体员工时,又能代表市场、代表顾客。同时,自身内部又具有相互适应的弹性机构,是一个有机的系统。

2.幅度与层次适当原则

管理跨度又称管理宽度或管理幅度,是指领导者能够有效地直接指挥的部门或员工的数量,这是一个"横向"的概念;管理层次又称管理梯度,是一个"纵向"的概念,是指一个组织属下不同的等级数目。管理职能、范围不变,一般来说,管理跨度与管理层次是互为反比关系的:管理的跨度越大,层次越少;反之,跨度越小,则管理层次越多。

应当指出的是,市场营销组织管理跨度以及管理层次的设置不是一成不变的,机构本身应当具有一定的弹性。企业需要根据变化着的内部外部情况,及时调整市场营销部门的组织结构,以适应发展的需要。应当记住,组织形式和管理机构只是手段,不是目的。

3.有效性原则

"效率"是指一个企业在一段时间内可以完成的工作量。一个组织的效率高,说明它内部结构合理、完善,能够顺利地生存和发展。在企业内部,各个部门的效率表现在:能否在必要的时间里完成规定的各项任务;能否以最少的工作量换取最大的成果;能否很好地吸取过去的经验教训,并且在业务上不断有所创新;能否维持机构内部的协调,而且及时适应外部环境、条件的变化。

达到有效性,实现工作的高效率,必须具备一些基本条件:市场营销部门要有与完成自身任务相一致的权利,包括人权、物权、财权和发言权、处理事务权;市场营销组织要有畅通的内部沟通和外部信息渠道;善于用人,各司其职。

三、营销组织形式

为了实现企业的营销目标,企业必须建立适合企业自身特点的营销组织,同时必须适应市场营销活动的四个方面,即职能、地理、产品和消费对象。市场营销组织具有五种基本模式,企业可以选择其中一种或者综合几种模式来组织自己的营销部门。

1.职能型

企业的市场营销活动包括市场调研、销售计划、广告推销、新产品开发等。在企业设立职能型的营销副总经理管理营销事务,由若干名市场营销专家各执行某一方面的营销职能,他们都对营销副总经理负责,接受营销副总经理的领导。其中,营销行政事务经理主管营销日常工作;广告与营业推广经理主管产品的促销工作；销售经理主管推销人员的招募和管理；市场研究经理主管市场调查、分析与预测等工作，新产品经理主管新产品的开发与研制工作。其组织结构见图 10－5：

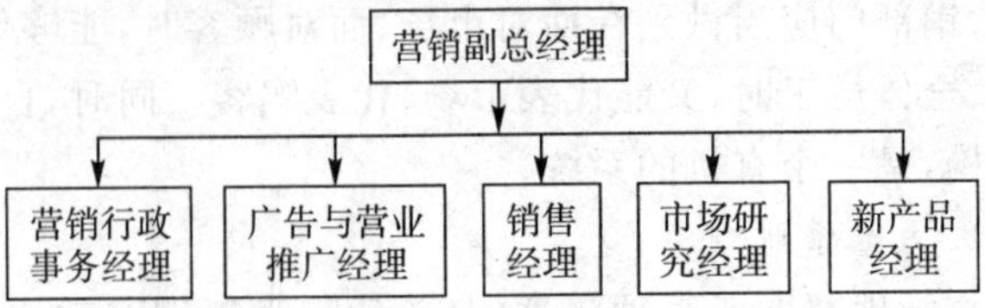

图 10－5　职能型营销组织

职能型营销组织形式的主要优点是：其一，贯彻了专业分工的要求，有利于在人力资源利用上提高效率；其二，职责分明，落实各类人员对各类工作成果的责任；其三，集中管理、统一指挥，有利于维护领导对指挥和控制活动的权利和威信。不过，随着企业产品增多、市场扩大，这种组织形式可能暴露出其效益较差的弱点，即没有一个职能组织为具体的产品或市场负责，每个职能组织都力求与其他职能组织对等的地位，因而面临着如何进行协调的问题。

2. 地区型

一个在全国范围内销售产品的企业通常按地理区域设置营销机构，安排销售队伍，这种营销组织形式称为地区型营销组织。其组织结构见图 10－6：

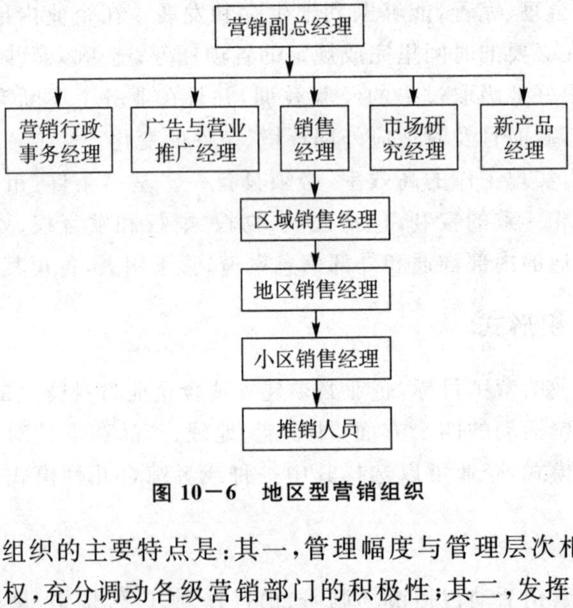

图 10－6　地区型营销组织

地区型营销组织的主要特点是：其一，管理幅度与管理层次相对增加，这样便于高层管理者授权，充分调动各级营销部门的积极性；其二，发挥该地区部门熟悉该地区情况的优势，发展特定市场。它的主要缺点是：各地区的营销部门自成体系，容易造成人力资源的浪费，因为地区销售经理更多地只考虑本地区的利益。

3. 产品管理型

产品管理组织形式，生产多种产品或品牌的企业，常常建立一个产品或品牌经理组织形式，这种形式并没有取代职能式组织形式，只不过是增加一个管理层次而已。产品管理组织形式由一名产品主管经理负责，下设几个产品大类经理，产品大类经理又监督管理某些具体产品经理。最早的产品管理组织形式出现于 1927 年的宝洁公司，当时，该公司开发的一种新肥皂景况欠佳。一位名叫纳尔·麦克埃尔罗伊的年轻人(后来升任宝洁公司总经理)，受命统筹开发和推销，他取得了成功，于是公司随之增设了其他产品经理。从那时起，许多公司，特别是生产食品、肥皂、化妆品和化工产品的公司，都建立了产品管理组织。其组织结构见图 10－7。

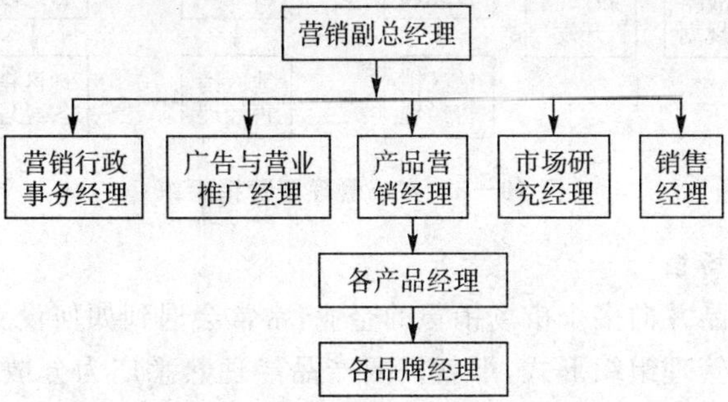

图 10－7　产品管理型营销组织

产品经理的主要任务是制定发展产品的长期经营和竞争策略，编制年度营销计划，并负责全面实施计划和控制执行结果。

产品管理组织形式的优点有：其一，产品经理能够将产品营销组合的各种要素较好地协调起来；其二，能对市场上出现的问题迅速作出反应；其三，较小的品种或品牌由于有专人负责而不至遭忽视；其四，由于涉及企业经营的各个领域，对年轻经理们而言是接受锻炼的好机会。

然而，这种组织形式也有不足之处：其一，产品经理未能获得足够的权威，以有效地履行自己的职责，只有靠劝说的方法取得广告、销售、生产等部门的配合；其二，只能成为本产品的专家，很难成为职能专家；其三，这种管理形式的费用常常高出原先的预料；其四，产品的经理任职期限较短，因而使市场营销计划缺乏长期连续性。

4. 市场管理型

市场管理组织形式是指企业按照市场的不同划分建立市场管理组织。这种组织形式由副总经理统一领导协调各职能部门的活动。其组织结构见图 10－8。

市场管理组织形式的结构与产品管理形式的结构基本相同，只是由面对不同类型产品改为面对不同类型市场，各个市场由市场经理负责，他们的职责与产品经理类似。市场管理组织最大的优点是,市场营销活动是按满足各类显然不同的顾客的需要来组织安排的,而不是集中在营销功能和销售地区的扩大造成营销费用的增加。

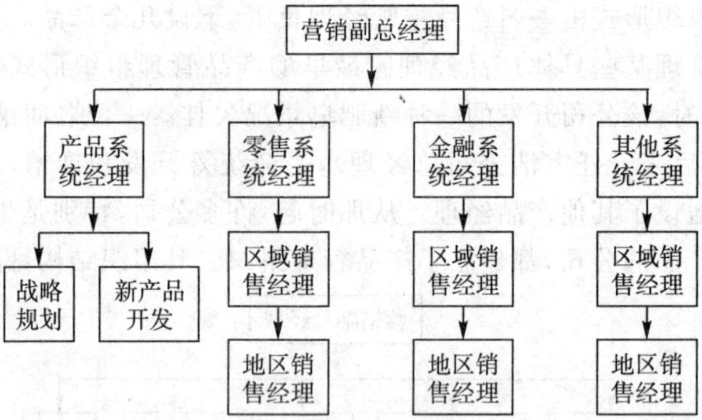

图 10-8 市场管理型营销组织

5.产品—市场型

生产多种产品并向多个市场销售的企业,常常会遇到如何设置机构的难题,它们可以采取产品管理组织形式,那就需要产品经理熟悉广为分散的各种不同的市场;也可以采取市场管理组织形式,那就需要市场经理熟悉销往各市场的五花八门的产品;或者还可以同时设置产品经理和市场经理,形成一种矩阵式结构。其组织结构见图 10-9。

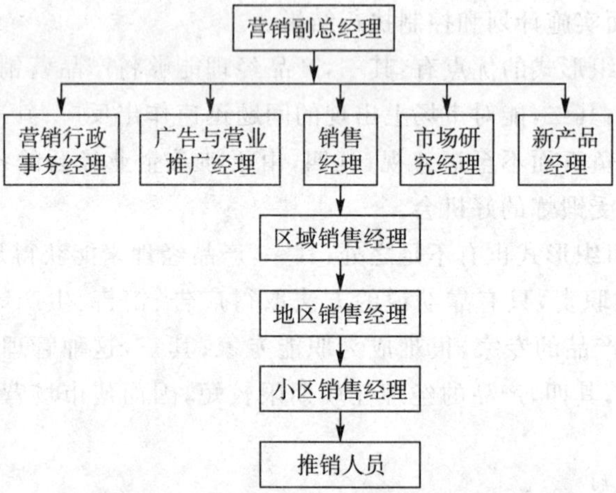

图 10-9 产品—市场型营销组织

产品经理负责产品的销售利润和销售计划,为产品寻找更广泛的用途;市场经理负责开发现有和潜在的市场,着眼市场的长期需要,而不只是推销眼前的某种产品。这种组织形式适用于多角化经营的企业,不足之处是费用较大,而且由于权利和责任的界限比较模糊，易产生矛盾。

第二节 市场营销执行

市场营销执行是指将市场营销计划转化为行动方案的过程，并保证这种任务的完成，以实现计划的既定目标。分析市场营销环境、制定市场营销战略和市场营销计划是解决企业市场营销活动应该“做什么”和“为什么要这样做”的问题；而市场营销执行则是要解决“由谁去做”、“在什么时候做”和“怎样做”的问题。

市场营销执行是一个艰巨而复杂的过程。管理人员常常难以诊断市场营销工作执行中的问题，市场营销失败的原因可能是由于战略战术本身有问题，也可能是由于正确的战略战术没有得到有效的执行。

一、市场营销执行不良的原因

企业在实施市场营销战略、计划过程中为什么会出现偏差？正确的市场营销战略为什么不能带来出色的绩效？其主要原因如下：

1. 计划脱离实际

企业的市场营销战略、计划通常是由上层的专业计划人员制定的，而执行则要依靠市场营销人员，由于这两类人员之间往往缺少必要的沟通和协调，导致下列问题的出现：

(1)企业的专业计划人员只考虑总体战略而忽视执行中的细节，结果使计划过于笼统而流于形式。

(2)专业计划人员往往不了解计划执行过程中的具体问题，所制定的计划脱离实际。

(3)专业计划人员和市场营销人员之间没有进行充分的交流与沟通，致使市场营销人员并不完全理解需要他们去执行的战略，从而在执行战略的过程中经常遇到困难。

(4)脱离实际的战略导致计划人员和市场营销人员相互对立和不信任。

现在，许多西方企业已经认识到，不能光靠专业计划人员为市场营销人员制定计划，正确的做法应该是让计划人员协助市场营销人员制定计划。因为市场营销人员比专业计划人员更了解实际，让他们参与企业的计划管理过程，会更有利于市场营销的执行。因此，许多西方企业裁减了庞大的计划部门的人员。

2. 长期目标和短期目标的矛盾

市场营销战略通常着眼于企业的长期目标，涉及今后 3 至 5 年的经营活动。但是，企业对于具体执行这些战略的市场营销人员通常是根据他们的短期工作绩效，如销售额、市场占有率或利润率等指标来评估和奖励的。因此，市场营销人员常选择短期行为。对美国大公司的一项调查表明，这种情况非常普遍。许多公司正在采取适当措施，克服这种长期目标与短期目标之间的矛盾，设法求得两者的协调。

3. 因循守旧的惰性

企业当前的经营活动往往是为了实现既定的战略目标，新的战略如果不符合企业的传统和习惯，就会遭到抵制。新旧战略的差异越大，执行新战略可能遇到的阻力也就越大。要想执行与旧战略截然不同的新战略，常常需要打破企业传统的组织机构和供销关系。

4. 缺乏具体、明确的执行方案

有些战略计划之所以失败，是因为计划人员没有制定明确而具体的执行方案。

实践证明，许多企业之所以面临困境，就是因为缺乏一个能够使企业内部各有关部门协调一致的具体实施方案。

企业的高层决策和管理人员不能有丝毫“想当然”的心理，恰恰相反，他们必须制定详尽的实施方案，规定和协调各部门的活动，编制详细周密的项目时间表，明确各部门经理应担负的责任，只有这样，企业市场营销执行才有保障。

二、市场营销执行过程

市场营销执行过程包括如下几个主要步骤：

1. 制定行动方案

为了有效地实施市场营销战略，必须制定详细的行动方案。这个方案应该明确市场营销战略实施的关键性决策和任务，并将执行这些决策和任务的责任落实到个人或小组。另外，还应包含具体的时间表，明确行动的确切时间。

2. 建立组织结构

适宜的组织形式在市场营销执行过程中具有决定性的作用，合理的组织可将战略实施的任务分配给具体的部门和人员，规定明确的职权界限和信息沟通渠道，协调企业内部的各项决策和行动。具有不同战略的企业，需要建立不同的组织结构，也就是说，组织结构必须同企业战略相一致，必须同企业本身的特点和环境相适应。组织结构具有两大职能：第一，提供明确的分工，将全部工作分解成几个部分，再将它们分配给各有关部门和人员；第二，发挥协调作用，通过正式的组织联系沟通网络，协调各部门和人员的行动。

3. 设计决策和报酬制度

为实施市场营销战略，还必须设计相应的决策和报酬制度。这些制度直接关系到战略实施的成败。就企业对管理人员工作的评估和报酬制度而言，如果以短期的经营利润为标准，则管理人员的行为必定趋于短期化，他们就不会有为实现长

期战略目标而努力的积极性。

4. 开发人力资源

市场营销战略最终是由企业内部的工作人员来执行的，所以人力资源的开发至关重要。这涉及人员的选拔、安置、考核、培训、激励等问题。在考核、选拔管理人员时，要注意将适当的工作分配给适当的人，做到人尽其才。为了调动员工的积极性，必须建立完善的工资、福利等奖惩制度。此外，企业还必须明确行政管理人员、财务管理人员和一线工人之间的比例。

应当指出的是，不同的战略要求具有不同性格和能力的管理者。“拓展型”战略要求具有创新和冒险精神的、有魄力的人员去完成；“维持型”战略要求管理人员具备组织和管理方面的才能；而“紧缩型”战略则需要寻找精打细算的管理者来执行。

5. 建设企业文化

企业文化是指一个企业内部全体人员共同持有和遵循的价值标准、基本观念和行为准则。企业文化对企业经营思想和领导风格、对职工的工作态度和作风均起着决定性的作用。企业文化包括企业环境、价值观念、模范人物、仪式、文化网五个要点。企业环境是形成企业文化的外界条件，它包括一个国家、民族的传统文化，也包括政府的经济政策以及资源、运输、竞争等环境因素。价值观念是指企业员工共同的行为准则和基本信念，是企业文化的核心和灵魂。仪式是指为树立和强化共同价值观，有计划地进行各种例行活动，文化网则是传播共同价值观和宣传介绍模范人物事迹的各种非正式的渠道。

总之，企业文化主要是指企业在其所处的一定环境中，逐渐形成的共同价值标准和基本信念。这些标准和信念是通过模范人物塑造加以体现，通过正式和非正式组织加以树立、强化和传播的。由于企业文化体现了集体责任感和集体荣誉感，甚至关系到企业员工的人生观和他们所追求的最高目标，它能够起到把全体员工团结在一起的“黏合剂”作用。因此，塑造和强化企业文化是执行企业战略不容忽视的一环。

与企业文化相关联的是企业的管理风格。有些管理者的管理风格属于“专权型”，他们发号施令，独揽大权，严格控制，坚持采用正式的信息沟通，不能容忍非正式的组织活动。另一种管理风格称为“参与型”，他们主张授权，协调各部门的工作，鼓励下属的主动精神和非正式的交流与沟通。这两种对立的管理风格各有利弊，不同的战略要求不同的管理风格。具体需要什么样的管理风格取决于企业的战略任务、组织结构、人员和环境。

【情景案例 10－1】

从 IBM 总裁看互动营销的有效执行

现代企业进行互联网营销已经是大势所趋。当中有成功的，也有失败的，原因是多样的。由于中国互联网发展还处于初级阶段，企业对互联网的营销效能仍存在种种质疑。普遍看来，大部分的企业涉足互联网是抱着“一试无妨”的心态的。确实，不可否认，在新事物出现之初，所有质疑和保留态度都是正常的，这么“一试”确实是无妨的。但问题在于初涉并不等于可以马虎对待，所有的低投入和不重视都只会注定尝试的结果是失败。然而，企业在失败之后，便“理所当然”地否定这个新事物的潜力。

以笔者看来，其实企业进行互动营销的成败关键，在很大程度上在于执行力。针对这个问题，笔者特别引用了IBM的互动营销案例。而我们这次的讨论重点不再是营销事件本身，而是事件的执行者——人。

IBM网络营销总裁辛迪·卡特先后亲自领导了三次互联网营销活动，积极地推动Web2.0在公司营销上的应用。为提高消费者对产品的认知度，卡特特意在公司内部组建“创新委员会”，发动公司人员开发创新思维，进行社区网络建设，实行有效的病毒式传播营销。同样，卡特利用病毒式营销，以视频作为传播载体，启动SOA的推广项目。卡特拍摄了名为《启动》的视频电影，以电影情节和角色展示SOA的特点。为此，卡特在公司内部建立一支业余的专业团队，让那些非常有创造力、有想法的员工以及真正了解产品的员工等不同类型的人一齐同心协力拍摄该电影。该电影在youtube等各大视频网站发布后大受好评，消费者非常高兴，表示通过该视频在获得娱乐的同时获得了产品信息。

在IBM中，身体力行地实施营销活动的总裁并不只是卡特。负责大型机销售的全球销售副总裁鲍勃·霍伊也曾经参与一个幽默视频的拍摄。该视频的剧情是以“销售课程”为蓝本，鲍勃·霍伊以幽默的方式饰演一个愚蠢的自己。剧中霍伊训练两个员工，他们经常被老板混合的比喻和充满激情的废话弄得不知所措。之后，销售人员开始试图照着霍伊的建议去做，并把他的比喻改成了一句宣传标语。视频以一种幽默的方式把大型机塑造为一种经济型产品，并传递出保证IT安全的产品信息。在视频粘贴出来的1个月后，集团网站的点击率翻了1倍，大型机博客的流量增长了10倍。“销售课程”系列的第一个视频已经被点击播放超过了8.5万次。同时，鲍勃·霍伊收到了很多邮件，许多人都想和他谈谈大型机。

毫无疑问，我们看到的是IBM的高官们对互动营销的全情投入，通过自身的实际参与带动了整个团队对项目的有效执行。相反，我们国内很多企业，好一点的是领导有一股互动营销激情，但激情只是他们的，根本没有将其渗透到下面的员工中。员工只是按指令做事，没有那种真正参与的观念，以致最后效果不理想。而差一点的则是领导和员工都没有激情，纯粹随意尝试，这样的投入要看到实效，可能吗？

作为企业灵魂人物，领导的带头作用和渲染能力是非常重要的，领导如何点燃员工的激情，正是有效执行的关键。只有大家都投入互动营销的革新，才有可能看到互联网带来的实效，才不致在随意中错失一个营销创新的好工具。

讨论题：分析 IBM 总裁是如何进行"互动营销"有效执行的，对你有什么启发？

第三节 市场营销控制

市场环境和企业内部环境都处于动态发展的过程中，任何策划完备的计划都可能因环境变化导致实施结果偏离预期目标甚至完全失败。由于执行人员对计划的理解不同或者执行力度不均也将使策划的营销目标不能很好地实现。因此，营销管理者对营销活动进行监督和控制十分必要。

所谓营销计划控制，就是企业营销管理部门为了营销目标的实现，保证营销计划的执行取得最佳效果而对实施过程中各营销要素进行监督、考察、评价和修正。营销计划控制的程序包括以下几个方面：确定控制对象、设置控制目标、建立衡量尺度、确定控制标准、比较实际效果、分析偏离原因、采取改进措施。

具体而言，控制方式有年度控制、盈利控制和效率控制三种。

一、年度控制

在企业实际工作中，很多企业都对自己的营销活动制定周密的计划，但执行的结果总是与之产生比较大的距离，除了外部因素，往往是由于执行过程中不能及时找出偏离问题并加以解决。年度控制是指企业在本年度内，针对销售额、市场占有率和营销费用进行实际效果与计划之间的检查，以便及时采取改进措施，保证、促进营销计划目标的实现与完成。年度控制包括四个主要步骤：制定标准，分解计划目标，确定本年度各个阶段的目标、任务；测量绩效，将实际实施效果与计划预期目标相对比；因果分析，剖析研究发生偏离的原因；修正行为，及时采取补救和调整措施，缩小差距，努力使实施效果与计划目标相一致。

企业营销管理人员通常可以运用下列绩效根据进行年度控制：

1.销售分析

销售分析是用于衡量和评估市场营销人员所制定的计划销售目标与实际销售额之间关系的方法，包括两个工具。

(1)销售差额分析。这种方法用于分析各个不同因素对销售绩效的不同程度的影响。

(2)地区销售量分析。这种方法可以衡量导致销售差额的具体产品和地区。

2.市场占有率分析

在企业经营活动中，销售额增加了，但由于企业所处的整个经营环境发生改变，也可能因为其营销效果相对于竞争者有不同的经营表现。市场占有率剔除一般环境营销来考察企业本身的经营情况。如果企业产品的市场占有率升高，表明其较之于竞争者绩效更好，反之则差。衡量市场占有率有以下几种度量方法。

(1)总体市场占有率。这以企业的销售额占整个行业销售额的百分比来表示。注意：第一要正确认定行业的范围，即明确本行业所应包括的产品、市场等；第二要以单位销售量或销售额来表示市场占有率。

(2)可达市场占有率。以企业的销售额占企业所服务市场的百分比来表示。可达市场一是指企业产品适合的市场；二是指企业市场营销努力所及的市场。企业可能有近100%的市场占有率，却只有相对较小百分比的全部市场占有率。

(3)相对市场占有率(相对于市场领导者)。以企业销售额相对于市场领导者的销售额的百分比来表示。相对市场占有率超过100%，表明该企业是市场领导者；相对市场占有率等于100%，表明企业与市场领导者同为市场领导者；当相对市场占有率小于100%且增加时，表明企业正接近市场领导者。

(4)相对市场占有率(相对于三个最大竞争者)。以企业销售额对最大的三个竞争者的销售额的总和的百分比来表示。

二、盈利能力控制

盈利能力控制是用来测定不同产品、不同销售区域、不同顾客群体、不同渠道以及不同订货规模盈利能力的方法。由盈利能力控制所获取的信息，有助于管理人员决定各种产品或市场营销活动是扩展、减少还是取消。下面拟就市场营销成本以及盈利能力的考察指标等作一介绍。

1. 市场营销成本

市场营销成本直接影响企业利润，它由如下项目构成：

(1)直销费用，包括直销人员的工资、奖金、差旅费、培训费、交际费等。

(2)品牌宣传费用，包括企业CIS导入费用、各类公关费用、展览会费用。

(3)促销费用，包括广告费、产品说明书印刷费用、赠奖费用、促销人员工资等。

(4)仓储费用，包括租金、维护费、折旧、保险、包装费、存货成本等。

(5)运输费用，包括托运费用等，如果是自有运输工具，则要计算折旧、维护费、燃料费、牌照税、保险费、司机工资等。

(6)其他市场营销费用，包括市场营销人员的工资、办公费用等。

营销费用和生产成本构成了企业的总成本，直接影响到企业的经济效益。其中有些与销售额直接相关，称为直接费用；有些与销售额并无直接关系，称为间接费用；有时两者也很难区分。

2. 盈利能力的考察指标

取得利润是每一个企业最重要的目标之一，正因为如此，企业盈利能力历来为市场营销人员所重视,因而盈利能力控制在市场营销管理中占有十分重要的位置。在对市场营销成本进行分析之后,应该考察盈利能力指标。

(1)销售利润率。销售利润率是指利润与销售额之间的比率,表示每销售100元产品,企业获得的利润,它是评估企业获利能力的主要指标之一。销售利润率=(本期利润÷销售额)×100%。

(2)资产收益率。资产收益率是指企业所创造的总利润与企业全部资产的比率。资产收益率=(本期利润÷资产平均总额)×100%。

(3)净资产收益率。净资产收益率是指税后利润与净资产的比率。净资产是指总资产减去负债总额后的净值。净资产收益率=(税后利润÷净资产平均余额)×100%。

(4)资产管理效率。可通过以下比率来分析:

资产周转率。资产周转率是指一个企业以资产平均总额与产品销售收入净额的比率。资产周转率=产品销售收入净额÷资产平均占用额。

资产周转率可以衡量企业全部投资的利润效率,资产周转率高说明投资的利用效率高。

(5)存货周转率。存货周转率是指产品销售成本与产品存货平均余额之比,其计算公式如下:存货周转率=产品销售成本÷产品存货平均余额。

存货周转率是说明某一时期内存货周转的次数,从而考核存货的流动性。存货平均余额一般取年初和年末余额的平均数。一般来说,存货周转率次数越高越好,说明存货水准较低,周转快,资金使用效率较高。

三、效率控制

效率分析的目的是分析效率,找出高效率的方式,使之更好地管理销售人员、广告、销售促进及分销工作。

1. 销售人员效率控制

企业各地的销售经理要记录本地区内销售人员效率的几个主要指标,包括:每个销售人员销售访问次数;每次销售访问的平均时间;每次销售访问的平均收益;每次销售访问的平均成本;每百次销售访问而订购的百分比;每期间的新顾客数;每期间丧失的顾客数;销售成本对总销售额的百分比。

在作出销售人员效率评估之后,营销管理人员需要比照计划的差距促使企业对效率低下的环节加以改进。企业从以上的分析中,可发现一些非常重要的问题,如销售代表每天的访问次数是否太少、每次访问所花时间是否太多、在每百次访问中是否签定了足够的订单、是否增加了足够的新顾客并且保留住原有的顾客。

2. 广告效率控制

企业市场营销人员应做好广告效率分析,如可作以下统计:各种媒体类型、媒体工具接触每千名购买者所花费的广告成本;顾客对每一媒体工作注意、联想和阅读的百分比;顾客对广告内容和效果的意见;广告前后顾客对产品态度的变化;受广告刺激而引起的询问次数。

企业市场营销管理人员可以采取若干步骤来改进广告效率,包括进行更加有效的产品定位、确定广告目标、选择广告媒体、进行广告后效果测定等。

3.促销效率控制

对每次促销活动,企业市场营销管理人员应该对促销的成本及对销售的影响作好记录,如作下列统计:由于优惠而销售的百分比;每一销售额的陈列成本;赠券收回的百分比;因示范而引起询问的次数。企业还应观察不同销售促进手段的效果,从而选用最有效果的促销手段。

4.分销效率控制

分销效率是指对企业存货水准、仓库位置及运输方式进行分析和改进,以达到最佳配置并寻找最佳运输方式和途径。如分销网点的市场覆盖面,销售渠道中的各级各类成员,分销系统的结构、布局以及改进方案,存货控制、仓库位置和运输方式的效果等等。

【情景案例 10－1】

雕牌的营销控制

"妈妈,我能帮你洗衣服了。"这句经典而令人眼圈发红的广告词,赚得了人们的眼泪,也使得雕牌肥皂和洗衣粉为人们所熟知,成为纳爱斯集团的两大支柱品牌之一。1992年5月,纳爱斯与香港丽康发展有限公司,合作成立"中外合资浙江纳爱斯日用化学有限公司",6月雕牌超能皂问世,短短7年,浙江纳爱斯集团使它的雕牌洗衣皂的产销量从行业倒数第二跃至全国第一;仅仅一年,纳爱斯又把它的新产品——雕牌洗衣粉送上了行业"龙头"的宝座。纳爱斯从重新进入洗衣粉行业到获得该行业第一名仅仅用了2年时间。2001年它的销量达到89万吨,相当于所有在华跨国公司洗衣粉总量的5倍,超过国内前10家的总和。雕牌的快乐与亢奋就在2001年达到了极致:"在20世纪的最后一年,我们的确腾飞了。"庄启传,浙江纳爱斯集团董事长兼总经理在2001年集团的职工代表大会上自豪地说。而这一品牌是如何运作并成功地推向市场的呢?雕牌在广告战略和价位上的优势是其异军突起、后来居上的重要原因,而强大的分销体系则是雕牌得以顺利走向市场的最坚实的后盾和铺开市场的重要通道。

通过20多个贴牌生产厂商,货物被直接地销售和运送到2000多家客户手中。而这些客户大部分身处当地最大的批发市场。他们利用批发市场的客源和极其低廉的成本,或者买主自提,或者空车配货的方法,把雕牌洗衣粉迅速地销售到更深入的乡镇商店内。而对比国际客户的三级分销方式和送货下乡,雕牌的渠道通路的优势是绝对的。即便是和“奇强”的办事处模式来比较，这种直运的模式显然也是更为经济和有效的。

纳爱斯集团在雕牌皂粉的分销中，采取了相当有效的铺市措施，并给予经销商以足够的优惠，如在与经销商签订合同时，都会向经销商许诺年底给予一定的返利，从经销商的角度，保证了他们在年底得到相应的回报，这在很大程度上提高了经销商的积极性，而大力度的广告宣传也使经销商对产品的大众接收程度充满信心。另外，促销也是雕牌给经销商的额外支持。在低价的基础上，100 箱加赠 14 箱足以让经销商分外惊喜了。

纳爱斯也将市场经营工作重心放在超市、卖场上，开创城市辐射农村的新局面。因为有了多年流通网络建设的基础和经验，又实行了保证金制度，使得雕牌在市场的开拓上有足够的优势，也让雕牌皂粉走进广大的农村市场显得游刃有余。于是雕牌开始转变市场战略，走了一条中国革命取得胜利的道路——农村包围城市，在全国各地实行分公司建制，直接做超市、商场，最终形成城市辐射农村的格局。推行网络扁平化管理，减少中转环节，降低经营成本。同时，继续推行经销商保证金制度。这是对品牌经营和品牌忠诚度的“试金石”。

针对苏果、时代、家乐福等超市安排的促销产品也适销对路，销量提升明显，其中苏果超市与第一、二季度销售相比增长率分别为 76.09%和 60.88%。纳爱斯、雕牌产品受到了消费者的广泛青睐，分公司三季度终端销售与第一、二季度相比分别增长 124.45%和 47.83%，实现了终端销售的三级跳。

同时，随着与各超市合作的层次不断提升，渠道不断拓宽，销量大幅提升，获得了双赢，从而形成了战略伙伴关系。很多卖场、超市的采购经理通过数据分析，对公司产品的市场竞争力一致看好，纷纷称赞集团终端销售理念和灵活多变的操作方式适应了市场竞争环境。

此外，委托加工、营销网络的本土化是纳爱斯集团又一个性化的分销特点。在前文中提到的包括德国汉高的四个洗涤剂生产厂和宝洁的两个工厂在内的遍布全国的 19 个省的 30 家企业，它们每天都在生产着雕牌的产品。也就是说，这些知名企业的在华制造商同时生产着和它们竞争市场的竞争对手的产品。

纳爱斯集团看到了终端销售和渠道铺陈带给整体产品市场的巨大推动力。2004 年 10 月 31 日至 11 月 3 日，纳爱斯集团召集各分公司经理、终端办负责人、区域经理举行了为期 4 天的销售研讨会，共商 2005 年的销售策略。

在 2004 年，点对点、门对门的终端销售在不少区域取得显著效果，许多分公司、代理（分销）商尝到了网络细化的甜头，送货积极性高涨，同时也认识到这是今后发展的趋势。

纳爱斯集团进一步实行扁平化区域代理制，因地制宜，继续推广和加强点对点、门对门送货。终端在原有基础上又有很大提升，尤其铺货陈列、品牌形象大为改善。集团把终端分销放在了重中之重的位置上。

讨论题:分析雕牌营销控制的方法和主要特点。

【核心概念】

市场营销组织 市场营销执行 市场营销控制

【复习思考题】

1. 营销部门的组织形式主要有哪几种基本类型? 各自的优缺点是什么?
2. 市场营销执行不良的原因主要有哪些?
3. 市场营销执行过程主要包括哪几个步骤?
4. 简述市场营销控制的程序。
5. 市场营销控制的方式有哪些?

【技能训练】

杜邦公司的矩阵式组织

杜邦公司选择了矩阵式组织,在纺织纤维部门里,既有为人造丝、醋酸纤维、尼龙、澳纶、涤纶等配备的相互独立的产品经理,又有为男子服装、女子服装、家庭装饰、工业市场安排的彼此分离的市场经理。产品经理要制定其所管辖的纺织纤维品种的销售计划和盈利计划,并且要努力提高盈利水平,开辟这些产品的新用途。这其中需要有市场经理的协助,只有提供各个市场上的销量预测,才能够使产品经理制定出切实可行的计划。另一方面,市场经理有责任负责发展杜邦纤维的现有的和潜在的盈利市场。他们以长远的眼光看待市场需求,对适合市场的合适产品更为关注,而不是只注重推出特种纤维。为了准备市场计划,他们要同每个产品经理联系,对计划价格和各种材料的供应量有所了解。市场经理和产品经理的最终销售额的预测总数应当是相同的。

案例分析与研讨:杜邦公司的此种组织方式在产品经理与市场经理之间容易造成冲突和矛盾,你认为杜邦公司应该如何组建推销队伍? 应该由谁为特定的产品或市场制定价格?

案例分析与研讨:案例中涉及市场营销控制中的哪种控制方式? 结合从案例中获得的启示,请尝试为现实中的某家企业提出类似的控制措施。

第十一章　国际市场营销

【案例导入】

美国 Anheuser—Busch 公司开拓国际市场

美国最大的啤酒、饮料制造商 Anheuser—Busch 公司长期以来主要通过许可证方式进入国际市场进行国际营销。它的合作伙伴遍及加拿大、英国、德国和日本等国家。该公司的国际营销战略是以国际主要啤酒、饮料制造商的形象进入国际市场，而不仅仅是把自己定位于一家在美国本土生产和靠产品出口的企业。在加拿大，Anheuser—Busch 公司将其“百威”品牌授权给 Labatt 酿造公司并迅速获得成功。在日本，Anheuser—Busch 公司不再销售“百威”啤酒，转而将“百威”品牌授权给日本的 Suntory 公司，其啤酒生产量最小但却是主要的白酒酿造商，主要目的就是将“百威”啤酒的零售价格降下来以占领日本市场。在德国、法国和英国，“百威”啤酒均由当地主要酿造商通过许可证方式进行生产。

思考题：美国 Anheuser—Busch 公司是如何开拓国际市场的？

【学习目标】

1. 知识目标：明确国际市场营销的概念及特点；理解国际市场的营销环境对营销活动的影响；熟悉国际市场营销的市场细分和目标营销的内容；掌握国际市场营销组合策略的内容、步骤和方法。

2. 能力目标：通过对本章的学习，能明确国际市场营销与国内营销的区别和联系；能正确选择企业进入国际市场的方法和路径；具备开展国际营销的能力。

第一节 国际市场营销概述

自20世纪80年代以来，伴随着全球经济一体化的迅速发展，市场国际化和竞争国际化的趋势更加明显，越来越多的企业认识到开展国际市场营销、拓展海外市场是企业在激烈的竞争中进一步发展壮大的必然选择。如在中国加入WTO后的今天，世界500强企业中有400多家在中国投资或设立研发中心，中国正逐步成为全球重要投资基地和投资研发中心，并已经成为全球最重要的市场之一。与此同时，中国企业参与全球市场竞争，对外投资也成为必然的趋势。企业只有顺应世界经济形势的发展，着眼于国际市场，树立国际市场观念，才能立于不败之地。

一、国际市场营销的概念与特点

1.国际市场营销的概念

国际市场营销(International Marketing)，是指企业在两个或两个以上的国家从事跨国界的市场营销活动，是企业将产品或服务由一国(地区)销售给另一国(地区)的消费者或用户的商业行为。全球日益开放的市场经济，为企业开拓国际市场营销活动提供了必要条件；同时，从理论上讲，国际营销可以不受国界的限制，哪儿有市场、有利可图，企业就会到哪儿从事市场活动，利用全球资源来满足国际市场的需要，以实现企业经营目标。

2.国际市场营销的特点

国际市场营销是国内市场营销的延伸和发展。从联系的角度看，国际市场营销与国内市场营销有很多共同之处：两者总的环境因素是相似的，都包括社会、经济、法律、政治、地理等；两者都是以企业为主体，通过市场的交换，实现企业的利润和经营目标；两者解决营销问题总的方式基本相同，都要在了解市场需求的基础上，确定适当的营销战略和营销组合策略。因此，国内市场营销的经验是可以为国际市场营销提供借鉴的。

但是，国际市场毕竟不同于国内市场，国际市场营销必须跨越国界，由于不同国家(地区)的营销环境和分销渠道不同，国际市场营销要比国内市场营销更复杂，涉及的问题更多，风险更大，策略更多。与国内市场营销相比，其主要有以下特点：

(1)国际营销环境更复杂。世界各国的经济、文化、政治与法律等因素存在差异，同时存在贸易障碍多、市场调查不易、了解贸易对手资信情况困难、商务谈判不便等因素，而且这些因素在不同国家又会表现出许多不同的特点，使得国际市场营销要比国内市场营销复杂得多。

(2)国际营销策略的手段多。由于国际市场营销超出了国界，涉及国家之间的关系，因此，国际市场营销除了利用 4P(即产品、价格、渠道和促销)营销手段以外，还要运用政治力量、公共关系及其他经济手段等，这就使国际市场营销的手段多于国内市场营销。

(3)国际营销的风险大。由于国际市场营销超出了国界，因此其承担的风险要大大高于国内市场营销。具体表现为信用风险、汇兑风险、运输风险、价格风险、政治风险和商业风险等。

(4)国际的营销管理的难度更大。当一个企业在许多国家开展营销活动时，就需要统一协调和管理，使整体效益大于局部效益的总和。只有这样，国际市场营销以至全球性营销战略才能取胜。

企业要充分利用国际市场上的营销机会，实现由内向型到外向型、从单纯的出口贸易向全球营销的转变，要在激烈竞争的国际市场上取得某种优势，就必须认真学习和研究国际市场营销的理论、策略和方法。

二、企业开展国际市场营销的动因

20 世纪 80 年代以来，世界经济中最显著的变化之一，就是全球经济一体化和企业经营的国际化。在主要工业化国家的带动下，各国企业纷纷在国际市场上寻求新的营销机会，拓展新的生存空间。

目前，人类正在进入世界各国相互依存、经济全球化、网络化的新时代。在这个时代，企业从事国际市场营销的主要动因包括：

(1)开拓国际市场，可为企业提供更多的营销机会；同时可增加销量，降低成本，增加利润。

(2)发展中国家的企业通过国际市场营销可换取外汇，用于购买先进的技术和设备。同时，发展中国家的某些产品在国外市场上的售价要比国内高，因此，企业可获利润也比国内多。

(3)发达国家的企业在国外相对落后的地区生产和销售，可降低成本，增加收益。

(4)开发国外市场，可延长产品的生命周期。如某些产品在本国市场已处于或接近衰退期，而在另外一些国外市场上却还处于介绍期或成长期，这样就可以延长产品在市场上的寿命。

(5)市场的多样化要比产品的多样化有更多的优越性。典型的例子是，美国里格利(Wrigley)公司只有箭牌口香糖一个产品系列，但其生产和营销业务遍及全世界各主要市场，该公司一直保持在美国《财富》杂志列出的 500 家大公司之列。

(6)处于全球性生产的企业往往将全世界看成是一个市场，它可在全球任何适宜的地方集资，获取原材料和零部件，生产和销售产品，从而可取得极大的竞争优势。

此外，还有一些其他因素促使企业进入国际市场。譬如，从事国际市场营销可给企业带来更高的声誉；可使企业更富有竞争活力。

企业在决策时，既要看到国际市场上的机会，又要考虑本企业是否已具备管理、资金、技术、人员等方面的基本条件，只有当资源条件适合利用这些机会时·能作出进入国际市场的决策。

三、企业参与国际市场营销的程度

各个企业在参与国际竞争的历史、现有实力和战略决策上存在差异，它们介入国际营销的程度是不同的。大致分为以下五种情况：

1. 不直接对外营销

企业尚未直接在境外发展客户，但其产品已经到达国外市场。产品销售主要是通过专业外贸公司或直接找上门来的外国公司。有时，产品还可能被国内批发商或分销商自发地销到国外。

2. 偶尔性对外营销

国内市场需求的上下波动，有时会造成部分产品滞销或剩余，促使企业偶尔搞一些对外营销。但因剩余产品不定量、不定期，企业在国外市场无法保持稳定的客户和市场地位，企业组织结构和产品线仍保持原状。

3. 经常性对外营销

企业已具备一定的生产能力，可长期供应国外市场所需产品，产品可通过本国或国外的中间商，或依靠自己的销售队伍销售至国外市场。有些企业甚至在重要的国外市场设有分销机构，部分产品经过修改以适应特定外国市场的需要，但产量的大部分还是销往国内市场；企业对国内和国外的价格和盈利政策基本一致。有些企业开始着手在国外投资，建立生产或组装基地，有些企业海外分支机构的收益已成为它不可或缺的利润来源。

4. 国际营销

企业已完全投身于国际营销活动之中，在世界各地不断寻找市场机会，并有计划地生产和提供各国市场所需的产品和服务。它们不仅在世界各地销售，而且在世界各地生产。由于各国市场之间存在许多差异，企业针对各国市场的特点设计和实施不同的营销方案，实施当地化战略。这类企业称为多国公司或跨国公司。

5. 全球营销

处于全球性营销阶段的企业，将包括本国市场在内的整个世界看作一个统一的大市场。它们认为，世界各国人们的需求和消费行为具有共性，而且还可不断挖掘新的共性。依据这些发现，企业开发和实施适用于各国市场的统一的标准化营销战略，在全球范围内开展营销活动。如福特公司的“世界卡车”，这种全球化的营销活动可取得最佳规模效益和竞争地位。这类公司被称为全球公司（Global

Company)。

一般说来,企业介入国际营销的程度是由浅入深、由低级向高级渐进发展的,但也有些大企业越过了某些低级阶段,直接进入全球性营销的高级阶段。

第二节 国际市场营销环境

国际营销与国内营销之间最主要的区别在于营销环境的差别。企业的国际营销活动是在一个复杂多变的国际环境中进行的。营销环境对企业的营销决策的影响至关重要。企业要进入国际市场,必须熟悉和了解各国不同的营销环境,对此进行调查研究,以便制定和适时调整企业的营销战略和组合策略,有效利用由于环境因素的变化而带来的机遇,取得营销活动的成功。

国际营销环境主要包括经济环境、文化环境和政治法律环境等。

一、国际市场营销的经济环境

市场营销从本质上说是一种经济活动,因此,国际市场营销必然受到各国经济环境的影响,营销人员在进行国际市场营销决策时一定要适应各国的经济环境。

1. 经济特性

经济特性包括自然条件、经济发展类型和经济基础设施等多方面的因素。

(1)自然条件:自然条件主要包括一国的自然资源、地形、气候、水文、植被等。这些因素会在不同程度上给企业的营销决策带来影响。

(2)经济发展类型:世界各国经济发展阶段和发展水平的不同、居民收入的高低不同、消费者对产品的需求也不同,这些会直接或间接地影响国际市场营销。

根据各国经济发展状况差异及其发展阶段,可以将经济发展大致划分为原始农业型、原料输出型、工业发展型和工业发达型四种类型。

原始农业型国家是比较落后的、封闭的农业国家。由于劳动生产力水平低,产品大部分供自身消费,能够用于出口的产品有限,因而缺乏支付手段。因此,企业进入这类国家的市场机会很少。原料输出型国家通常拥有某种重要的自然资源而且储量非常丰富,该种资源的出口创汇成为国家的经济支柱。由于自然和历史的原因,原料输出型国家的经济结构都较单一,经济发展具有很大的倾向性和局限性,但有大量的自然资源出口,人们的收入颇高,支付能力强,它们需要进口各类生活用品、原料加工设备、运输设备等。工业发展型主要指一些新兴工业化国家和地区。它们是在近 30 年迅速发展起来的,进出口贸易额呈大幅度增长趋势,它们对原材料、先进的技术设备、中高档消费品的需求量大。工业发达型国家主要指北美、西欧、日本、澳大利亚、新西兰等。这类国家工业基础雄厚、生产力水平高、技术先进，是工业品和资本的重要输出国，同时需要进口大量原材料和能源；国内消费市场庞大、消费水平高，是中高档消费品的最佳市场，但市场竞争异常激烈。

(3)经济基础设施：经济基础设施是指为经济提供服务的公共设施，包括能源供给、交通运输、通讯设施、金融机构、市场调研及咨询机构等。经济基础设施不仅制约着市场的供应和需求，而且还影响到投资环境的优劣，因而它和国际营销的关系极其密切。如果不了解一国的经济基础设施，企业的国际营销活动就会受到影响。

2. 收入水平与市场规模

(1)收入水平是衡量一个国家生活消费水平、消费品市场规模的重要依据。由于各国经济发展水平不同，消费者收入水平分为低收入、较低收入、较高收入、高收入等多种类型，还有一些国家消费者收入极为悬殊，所以这些不同类型国家对于消费品的需求，在数量、品种、结构等方面均存在很大差异。从市场分析的角度看，消费者收入通常分为个人收入、个人可支配收入和个人可任意支配收入三种类型，其中对消费者影响最大的是个人可任意支配收入。在个人可任意支配收入低的国家，人们用于生活必需品的开支比例大，很少有多余的收入购买豪华奢侈品；而个人可任意支配收入高的国家则是豪华奢侈品的消费市场。

(2)企业在进入某国市场之前，首先需要了解该国的市场规模。如果市场规模太小、潜量不大，就不值得去开发；如果市场规模较大，值得开发，须再进一步研究该市场的其他特性。

决定市场规模的主要两个因素是人口和收入。人口是构成市场的一个主要因素，许多产品的消费量是与人口数量有关的。在其他条件相同的情况下，人口愈多，市场愈大。

收入是构成市场的另一个主要因素。人们在分析一国收入水平时，通常用人均收入、国民生产总值(GNP)和收入分配三个指标。但分析这些指标时必须注意各国数据的可比性，例如，以汇率为换算因子得出的 GNP 数据一般缺乏可比性。因此，联合国国际比较项目开发处以购买力平价为国际可比尺度测算 GNP 的方法。购买力平价是指在本国市场上购买货币单位的数量。收入分配与市场规模、市场细分和目标市场的确定有很大关系。目前最为流行的衡量收入分配不均等的指标是基尼指数。基尼指数的最小值是 0，表示完全均等；最大值是 100%，表示绝对不均。企业必须对处于两极的消费者的购买力和需求特性作具体分析，并制定相应的营销战略和策略。

市场规模还取决于产品的特性。在衡量高档消费品的市场规模时，人均收入指标可能更有用。这说明，对这些产品用国民生产总值衡量两国的市场规模更合适。

二、国际市场营销的文化环境

文化环境是指一个社会的民族特征、知识、信仰、艺术、道德、语言、风俗习惯和教育水平等的总和。各国家、各民族的文化都存在着差异，都有各自的社会习俗、准则和禁忌；同时，不同的文化又在相互摩擦和撞击中逐渐变化。文化的差异和变化导致各国的购买者具有不同的需求特点和消费行为。从事国际市场营销的企业只有悉心分析和掌握所要进入国家的文化环境，进而了解并满足该国市场的不同需求，才能取得营销的成功。

构成国际市场营销文化环境的主要因素可分为以下几个方面：

1.物质文化

一个社会中的物质文化是指人们在生产过程中所使用的工具、知识、技术、方法以及生产出来的产品和产品的分配、消费方式。各国的物质文化水平差别很大，使各国的需求和商业习俗表现出不同的特点，企业应据此采取不同的营销策略。

2.教育水平

一个国家的教育水平通常是由经济发展水平决定的。由于国际经济发展的不平衡，各个国家的教育水平也就存在着差异。教育水平的高低对消费水平、消费结构和购买行为有着重要的影响。一般来说，受教育程度高的消费者对新产品的鉴别能力强，购买时的理性程度也高，容易受到文字宣传的影响，所以，在教育水平高的国家里，新产品、新技术的销路就好；而在教育水平低的国家里，则恰恰相反。企业在选择目标市场、制定产品策略（产品复杂程度、包装文字、产品目录及说明书等）和促销策略（如广告信息和媒体策略）时，应特别注意要适应各国的教育程度。

3.语言

世界各地语言大约有3000种，它们在国际营销策略中起着特殊的作用。语言是国际市场营销中人们互相沟通信息、洽谈生意必不可少的工具，要充分理解一种外国语言的真正含义绝非易事，对国际通用语言或对象国语言缺乏了解，不能准确地加以运用，极有可能导致营销机会的丧失。

即使同一种语言，在不同国家，有些词的含义也不同，如英语“billion”在美国表示10亿，在英格兰却表示万亿。语言的差异妨碍着营销信息的有效传播。在与中间商和消费者的沟通过程中，营销人员如能熟练运用当地熟悉的语言，就能增强自己的说服力，使推销活动顺利进行；反之，促销效果就会受影响。

4.宗教

世界上许多国家和民族都有自己的宗教信仰。宗教对国际市场营销的影响表现在：其一，不同宗教的信仰者有着不同的价值观念和行为准则，从而导致不同的需求和消费方式；其二，各种宗教都有自己的节日，而宗教节日前后需求量往往大涨大落，用于节日的各种商品必须及时运到，一旦错过时机，再好的货物也难以出手；其三，宗教偏好和禁忌影响着人们的消费行为；其四，宗教组织本身既是大型的集团购买者，又是教徒购买者的重要影响者；其五，不同宗教或不同教派之间的对立可能导致敌对行为，甚至引起动乱，从而给在那里的经营活动带来风险。

5.审美观

各国消费者在审美观念上差别很大。中国产品要想更多地打入欧美市场，其设计师必须懂得东西文化在审美观上存在的差异，从而使产品更好地迎合欧美消费者的喜好习惯。

6.价值观念

价值观念主要是指人们对于事物的评价标准和崇尚风气。在特定时期内，不同民族、不同国家的人往往具有不同的苦乐观、时间观、成就观、主次观、风险观等。以时间观为例，在美国等高度发达国家，“时间是金钱，效率是生命”，人们生活节奏快，消费者常以省时省力为食品、日用品的首选标准，即速食品、速溶饮料、快速摄影机等很受欢迎；人们在商务活动中争分夺秒，效率意识强。相反，在一些发展中国家，省钱是消费的第一原则，有些消费者为了省钱，不惜耗费大量时间和精力寻购廉价品；商人办事拖拉，经常不守时。在这类国家做生意，要有足够的时间和耐心。

7.社会组织和阶层

它是指一个社会中人与人发生关系的方式，它确定了人们在社会上所扮演的角色以及人们的权责模式，是人类行为的基准之一。不同文化传统的社会组织也存在着很大差别。很多产品（如炊具、电视机、洗衣机等）都是以家庭为单位购买的，在家庭的含义和规模不同的国家中，这些产品的市场需求特点会有所不同。但是，随着经济的发展，当代亚洲国家的家庭规模已经逐渐缩小，社会机构也有许多变化。这些变化应该引起从事国际市场营销的企业足够的重视。

【情景案例 11－1】

美国七种主要社会阶层的特征

美国一些社会学家根据人们的职业、收入、财富、受教育水平等因素将美国社会划分为七个阶层。

上上层（不到总人口的1%）：上上层是指可继承大量遗产、出身显赫的达官贵人。他们捐巨款给慈善事业，经常举办社交活动的舞会，拥有两处以上的住宅，送孩子到最好的学校读书。这些人是珠宝、古玩、住宅及度假用品的主要购买者。他们的采购和穿着常较保守，不喜欢炫耀自己。这一阶层的人的消费决策向下扩散时，往往会成为其他阶层消费决策的参考依据。

次上层（占总人口的2%左右）：次上层由于在职业和业务方面能力非凡而拥

有高薪和大量财产，他们对社会活动和公共事业颇为积极，喜欢为自己的孩子采购一些与其地位相称的产品，诸如昂贵的住宅、游艇、游泳池及汽车等。他们中有些是暴发户，这些人摆阔、挥霍、浪费的消费形式是为了给低于他们这个阶层的人留下印象。这一阶层的人的志向在于被接纳为上上层。

中上层(占总人口的12%)：这一阶层既无高贵的家庭出身，又无多少财产，他们关心的是“职业前途”，他们已获得了类似于自由职业者、独立的企业家以及公司经理等这样的职位。他们相信教育，希望其子女成为专业工作者或是管理技术方面的人才，以免落入比自己低的阶层。这个阶层的人善于构思，很有公德心。他们是住宅、衣服、家具及家用电器的最适宜的目标消费者。

中间层(占总人口的32%)：中间层是中等收入的白领和蓝领工人，他们居住在“城市中较好的地区”，并且力图“干一些与身份相符合的事”，他们通常购买时尚的产品。他们中大部分人看重时尚，有25%的人拥有进口汽车。中间层认为有必要为他们的子女在“值得的见识”方面花较多的钱，他们要求子女接受大学教育。

劳动阶层(占总人口的38%)：劳动阶层包括中等收入的蓝领工人和那些过着劳动阶层生活方式的人，而不论他们的收入多高、学校背景及职业怎样。劳动阶层主要依靠亲朋好友在经济上和其他方面的帮助，依靠他们介绍就业机会，购物听从他们的忠告，困难时期依靠他们的接济。度假对于劳动阶层的人来说，指的是“待在城里”，“外出”指的是到湖边或去车程不到两小时的地方。劳动阶层仍然保持着明显的性别分工和传统习惯。

次下层(占总人口的9%左右)：次下层虽然在工作，但是他们的生活水平刚好在贫困线之上，他们干着那些无技能的工作，工资低得可怜，而且往往缺少教育。

下下层(占总人口的6%左右)：下下层与财富不沾边，一看就知道贫困不堪，常常失业，他们对寻找工作缺乏信心，长期依靠公众或慈善机构的救济。

讨论题：你认为美国不同社会阶层的人的消费行为有什么不同？

三、国际市场营销的政治法律环境

国际政治法律环境是影响国际市场营销的一个重要强制因素，这主要包括：

1. 政治稳定性

各国的政治环境都在变化，但变化的急缓程度不同。平缓的变化使企业有调整策略的余地，而急剧的变化往往使企业措手不及。因此，在进入某一国家的市场之前，必须首先考察其政治是否稳定，包括两个方面的情况：一是该国政局是否稳定，是否存在动乱、战争等不安定因素；二是该国政策法规是否具有连续性、稳定性，对那些朝令夕改、变化无常的国家，必须慎入。

2. 民族情绪

各国人民都有民族自尊心和爱国主义精神，因此，民族情绪都不同程度地存在着。如果当地民族情绪非常强烈，就可能会把外国企业和外国产品视为对本民族的一种威胁，从而有可能发起抵制外商、外货的风潮。因此，从事国际市场营销的企业必须尊重各国的民族利益和民族感情。

3. 政治干预

政治干预是指各国政府采取各种措施对外商营销活动进行干预，具体形式主要有没收、征用和国有化、外汇管制、市场管制、进口限制、税收管制、价格管制以及对劳动力管制等。从事国际市场营销的企业应密切关注和预测东道国政府的政局和政策变化，及时调整策略，避免或减少干预，降低政治风险。

4. 法律规定

从事国际市场营销的企业在决定进入某国时，必须全面了解该国有关市场营销的各项法规，这些与企业的营销活动都有直接关系，稍有失误，企业就会受到法律制裁，造成不必要的损失；或者根本就进入不了该国市场。

此外，还要注意各种国际条约和国际惯例，国际市场营销人员应对所有有关法规、条约和惯例进行详细了解，严格遵守，并用来保护自己的合法权益。

总之，当代的市场营销正处于一个动态的全球环境中。环境的迅速变化能使昨日制胜的战略很快作废，国际营销者在新世纪正面临许多新的挑战，如全球竞争的激化，世界经济的萧条，更大的社会责任和道德的要求，以及其他为数众多的经济、政治和社会挑战，但这些挑战也提供了营销机会。

第三节　国际市场的选择与经营方式

一、国际目标市场的细分与选择

1. 国际目标市场的细分与选择

国际市场相对于国内市场来说，是一个既庞大又复杂多变的市场。国际市场可按多种不同的标准进行分类，如按经济发展水平可以划分为工业发达国家市场、发展中国家市场和不发达国家市场；按消费性别可以划分为男性用品市场和女性用品市场；按产品用途可以划分为产业用品市场、消费品市场、服务市场、工业品市场、日用品市场。

与国内市场开展营销活动类似，国际市场细分也要在市场分类的基础上进行。所谓国际市场细分，就是根据各国顾客的不同需要和不同购买行为，用一定的标准将其划分为不同的消费者群。划分标准可选择收入水平、家庭规模、气候条件、职业、文化程度、宗教、种族、社会阶层、爱好程度、个性、生活方式等因素作进一步区分，使其成为一个个具体的、有局限性的、有特性的市场。

由于国际市场营销环境与国内市场营销环境不同，因而细分国际目标市场的标准也有所差异。一般要考虑：

(1)市场规模。没有规模的市场，就不可能有规模经济；没有一定的市场规模，市场的发展也就非常有限。考察市场规模，通常要分析人口和收入水平等因素。

(2)风险程度。由于国际营销比国内营销风险要大，必须规避贸易风险。所谓贸易风险，是指由自然灾害、意外事故、战争、政局不稳定、两国关系不正常以及原材料供求变化、货币贬值等因素造成合同废除、货物丢失、交货不到等情况。一般来说，风险性比较小的国家，容易进行国际市场营销，为企业的产品进入目标市场提供有利条件。

(3)营销费用。一般包括国际市场调研费、运输费用、保险费用、税收、人员工资等费用。营销费用的多少，直接关系到产品成本和利润的高低。

(4)竞争的相对优势。相对优势是指进入别国市场的产品，无论在成本、质量、价格、花色品种等方面都优于其他国家的产品。

2. 选择国际目标市场的作用

企业在进行国际市场营销活动时，需要在国际市场细分的基础上，有针对性地选择目标市场。因为，一方面，对任何国家的任何一个企业来说，由于资源的限制，不可能生产或提供国际市场上所有的产品和服务；另一方面，并不是每个分市场都对企业有机会或有利可图。所以，企业在进行国际营销决策时，必须要确定具体的服务对象，即选择必要的目标市场。其作用为：其一，可以使企业扬长避短，发挥自己的优势，生产特色的产品，更好地满足国际市场的需要；其二，可以使企业的营销更准确、更有效、更有针对性；其三，可以使企业积极寻求潜在的市场和购买者，开辟新的国际市场。

【情景案例 11－2】

美国芝加哥大学对国际市场的经济细分法

这种细分法根据运输、能源、农业生产、人均消费指数、国内生产总值、对外贸易、人口统计及其他 8 项共 43 个变量比较分析 95 个国家的情况，依经济发展的观念选择其中一些国家并将其分为五大类。

表 11—1　按经济发展观点对部分国家分类

第一级	最发达国家	美国、德国、日本、法国、英国、意大利、加拿大、荷兰、比利时、瑞士、澳大利亚、瑞典、丹麦、奥地利、新西兰、挪威等
第二级	较发达国家	芬兰、南非、西班牙、爱尔兰、希腊、土耳其、葡萄牙、以色列、冰岛等
第三级	次发达国家	墨西哥、巴西、阿根廷、智利、乌拉圭、黎巴嫩、沙特阿拉伯、阿联酋、哥伦比亚、秘鲁、萨尔瓦多、巴拿马等
第四级	不发达国家	摩洛哥、阿尔及利亚、伊拉克、菲律宾、加纳、厄瓜多尔、刚果、叙利亚、坦桑尼亚、乌干达、玻利维亚、伊朗、巴基斯坦、多米尼加、印度尼西亚、尼加拉瓜等
第五级	最不发达国家	尼日利亚、海地、缅甸、老挝、喀麦隆、孟加拉、斯里兰卡、苏丹、巴拉圭、约旦、加蓬、利比亚、圭亚那、埃塞俄比亚、布隆迪、科特迪瓦、马里、卢旺达、阿富汗、塞内加尔等

讨论题：从美国芝加哥大学对国际市场的经济细分法案例中，你是如何看待国际市场细分的？

二、国际营销经营方式

一个企业要进入国际市场，首先需要选择进入国际市场的最佳方式。通常可选择的方式有出口贸易、许可证贸易、合资合作、国外直接投资、战略联盟等。从以上几种方式的顺序看，一个企业对国外市场的介入程度、所需要承担的风险和可能获得的收益，也都随顺序增大。

(一)出口贸易

在刚刚进入国际市场时，许多企业都采用出口贸易这种方式来进行国际营销。这是因为，一方面，许多国家并不具备进行当地生产所必需的足够大的市场机会，因此，国际公司可以通过出口实现国内集中生产而在国外分散销售，以实现规模经营的目标；另一方面，一些企业由于缺乏国际营销的经验，因而在介入国际市场之初，往往采取出口方式来逐步渗透。国际营销的出口策略有两种：一是通过国内中间商进行产品出口，即间接出口；二是通过国外中介机构出口或自己经营出口，即直接出口。

1. 间接出口

间接出口是指企业将生产出来的产品卖给国内出口商或委托国内的代理商，

由其负责经营出口业务。这种方式的优点是：利用出口公司的销售渠道和市场经验，有助于企业将产品迅速地销往国外市场；可利用出口公司的融资能力摆脱出口资金方面的负担，规避外汇风险及各种信贷风险；利用出口公司在外贸知识、外贸程序和单据方面的专长，减少可能发生的纰漏和延误；不必增设专门办理出口业务的机构和人员，可节省费用开支。

出口企业所能找到的国内中间商主要有两种形式：一种是出口卖断。企业将产品卖断给有该产品出口经营权的公司，由后者对外销售。这里涉及国内贸易和国际贸易两种合同关系：企业与出口公司之间属于国内贸易合同关系，而出口公司与国外的购买商之间属于涉外合同关系。另一种是出口代理。出口代理商负责寻找国外的销售机会，并代表制造商与进口商洽谈交易，收取佣金。这种方式涉及企业与国外客户之间的外销合同和企业与出口代理商之间的出口代理合同。出口代理商不承担外销合同中的主体商的责任。

间接出口也有局限性：企业对国外市场的控制程度很低或根本不能控制；没有国外营销的直接经验，不能迅速掌握国际市场信息。因此，间接出口主要适用于中小企业。

2. 直接出口

直接出口是指通过国外中介将产品销往国外市场或自己经营全部出口业务的出口方式。这种方式要求企业具有相同的国外市场的操作经验；同时可使公司能够在较高程度上控制分销渠道。直接出口可选择的国外中间商有两类：代理商或分销商。国外代理商是在目标市场上代表制造商的独立中间人，它不拥有产品所有权，只是通过为制造商寻求客户、磋商交易合同获得佣金；国外分销商是国外独立的分销机构，它在取得制造商的产品所有权后，再转售给其他中间商或最终顾客，一般还是以销售为主。

公司也可以在目标国建立自己的销售机构以取代国外独立中间商。这种分支结构一般有两种：一种是国外分公司，另一种是国外子公司。分公司不具备与母公司相分离的法律身份，子公司则有其独立的法律身份。

以上形式，企业可根据自己的具体情况选择采用。

与间接出口相比，直接出口具有以下优点：直接参与国际市场竞争；更直接地接触国外客户，能深入了解国际市场需求动态；独立完成各项出口业务，增加了企业对国外营销的控制权。

直接出口的缺点是：企业独立完成各道出口程序，要承担更高的费用，占用更多的资金；需要增加外贸方面的专业人才；脱离外贸公司，需要自己建立国外分销渠道。

此外，为了促进出口，企业可以直接在国外设立办事机构，其主要职能是搜集情报，联系客户，推销产品，提供服务、零部件、维修等。设立办事机构可以更直接地接触市场，掌握需求动态，提高服务水平。

(二)许可证贸易

许可证贸易是指国内企业(许可人)将其可用的无形资产(专利、商业秘密、专有技术、商标及公司名称)转让给国外公司(被许可人)，以取得技术提成费或以其他形式支付的报酬。许可证贸易是一种出口贸易，只不过它所出口的不是有形产品而是无形资产。通过这种方式，国际营销公司没有实物投入便可实现其打入国际市场的目标。

企业采用许可证贸易方式进入国际市场的优点是：可以避开关税、配额、高运费、竞争等不利因素，较容易进入国外市场；由于向目标市场提供了先进技术，更容易得到东道国政府的批准；没有进行对外直接投资，风险较小。

这种贸易方式的缺点是：控制程度低——在许可证协议下，发证方的许可费用通常以受证方的销售额的百分比来计算，这样发证方的利益就只能依靠受证方的销售能力。培养了潜在竞争对手——由于许可证协议通常有一定的时间期限，许可协议终止后，过去的受证方可以独立地使用同样的技术。因此，以前的合作者变成了现在的竞争者，对公司的进一步发展构成了威胁。为了保持竞争优势，从事许可交易的公司必须重视对新技术、新产品的开发与研究，以使受证方对公司产生持久的依赖。

(三)国外制造

在目标国生产和销售，比在本国生产和销售更有优势，但选择当地生产的进入方式比其他方式所需要考虑的因素要多。选择这种方式进入国际市场之前，必须作更全面的决策研究，以选择恰当的当地生产方式。

1.合同制造

合同制造是指企业与国外某家生产企业签订合同，规定由对方按照本企业的要求生产某种产品，而产品的整个营销工作仍由本企业自己负责。如果本企业的资源优势在于工艺和营销而不在于生产制造，那么，采用这种形式进入海外市场是比较合适的。

这种贸易方式的优点是：投资少、风险小；产品销售和市场的控制权掌握在自己手中。缺点是：在国外不容易找到合适的生产企业；一旦合同终止，对方可能成为本企业的竞争对手；产品质量难以控制等。

2.组装方式

组织方式是指企业在国内将所有或绝大部分的产品零件制造完成后，运往国外市场组装，完成整个生产过程，然后将成品就地销售或再出口。这种贸易方式的优点是：零配件运费较低、关税低；目标国组装工人的工资也低；成品的销售价格也较低，增强了产品在目标市场上的竞争力。

(四)合资经营

合资经营是指外国投资者与当地的投资者合伙组成一个当地的企业,双方共享所有权,实行共同管理,共负盈亏,共担风险。合资的方式可以是外国的投资者购买当地企业的股权,也可以是当地的企业购买经营中的外国企业的股权,还可以是双方共同新建一个企业。与许可证贸易、合同制造相比,其优点是:可实现优势互补;对生产和营销的控制程度更高一些;能更快、更多地获得当地市场信息和营销经验。其缺点是需要投入较多的资金和管理资源,风险较大。

(五)战略联盟

战略联盟是指企业与海外公司在销售渠道、技术转让、生产等方面建立的互惠互利的合作关系。战略联盟是国际营销中新出现的现象,不同于传统的合资经营。合资经营是不同投资者共同投入资源建立的企业,双方共享股权、共同管理。在战略联盟中,两个企业均可向不受合资经营约束的合作项目直接投入资源,并且不一定要求建立实体,合作伙伴均拥有双方之间可以互补的技术和资源,双方均希望通过结盟从相互的经验中获利。

第四节　国际市场营销组合策略

国际市场营销与国内市场营销一样,也必须制定适应特定市场环境的产品策略、渠道策略、定价策略和促销策略或其组合。但由于国际市场营销的复杂性、多变性和差异性等,因此,国际市场营销的策略也具有自身的一些特点。

一、国际市场营销产品策略

由于国内外营销环境的差异性,国际市场营销要考虑产品与国际市场的需求是否符合、是否适应。因此,企业在制定国际营销产品策略时,一般采用以下几种方式:

1.产品和宣传直接延伸策略

这种策略是产品的效用和使用方式在国内外市场完全相同时采用的。一般在国际市场上采用相同的产品信息传递策略,以此建立相同的产品形象;或者直接出口产品。这种策略的优点是:可以节省研究与开发、生产与营销方面的成本;直接延伸有利于树立产品的国际市场统一的形象。

2.产品和宣传改造策略

这种策略是指根据国际市场的不同区域和不同要求改造产品,改变产品宣传传递策略。产品和宣传改造通常有以下两种形式:

(1)产品直接延伸,宣传传递改变策略。这是指当产品的效用在不同国家相同但用途发生变化时，采用产品保持不变、宣传传递需要修改的策略。

(2)产品修改，宣传传递直接延伸策略。这是指当产品的效用和用途基本相同，但在不同国家使用的条件发生变化时，对产品作适当的修改，而广告宣传方式不变。

3.产品和宣传传递双重改变策略

这是指当产品的用途和使用方式在各国都不相同时，对产品和宣传传递两者都进行改变的策略。导致产品和宣传传递改变的原因是多方面的，如各国的气候条件、技术水平、收入水平等，进入国际市场的企业要根据这些因素进行产品和宣传传递策略改造。

4.发展全新产品出口策略

有时对产品和广告宣传等部分的改变仍不能适应国外市场的需要，在这种情况下，为了更好地适应国外目标市场的需要和偏好，企业要设计全新的产品占领市场。这是一种风险和回报都很高的国际营销策略，因此对企业的要求也很高。

以上几种策略，并非绝对，如当百事可乐进军德国市场时，就采用了第一种策略，将PEPSI的产品和宣传直接延伸到了德国，产品很快为市场所接受，但其广告语却极大地影响了其产品的销售，原因是百事可乐将其在美国的宣传语："Come Alive With Pepsi"直接延伸到了德国，殊不知这句广告译成德文，其意思是"从坟墓中来的百事可乐"。可见，企业国际营销能否取得成功，不仅仅取决于其营销策略，还取决于对国际市场的认知程度和对市场需求的把握程度。

二、国际营销渠道策略

企业分销渠道的选择是由所处的特定的营销环境决定的。由于各国的营销环境有很大的差异，因此，各国选择的分销渠道也各不相同。总的来说，主要有以下几种渠道可供选择：

1.窄渠道策略

这种策略是指出口商在国际市场上，给予客商或代理商在一定时期内独家销售特定商品或服务的权利的渠道策略。这种渠道策略通过签定协议，明确买卖双方的利益、权利和义务。

窄渠道策略主要包括独家包销和独家代理两种形式。独家包销是指双方在互惠的前提下，把专卖权与专买权作为交易条件加以明文规定，产品的所有权发生了实质性的转移，即产品买断，包销商自负盈亏。独家代理则是卖方把产品交给代理商代销，双方是委托与被委托的关系，代理商只收取佣金而不承担国际风险。

这种策略的特点是：有利于鼓励中间商开拓国际市场，并依据市场需求订货和控制销售价格。不足之处是：这种策略是独家经营，覆盖面相对较窄，而且有一定风险。

2. 宽渠道策略

这种策略是指出口商在国际市场上各个层次的环节中尽可能多地选择中间商来推销其产品的分销渠道策略。这一策略的特点是:中间商之间形成强有力的竞争,有利于该商品进入更广阔的国际市场。但是,中间商都不愿意承担广告费用,而且产品的最终市场价格不易控制,部分中间商削价竞销,会损害该产品在国际市场上的形象。

3. 长渠道策略

这种策略是指出口商在国际市场上选用两个以上环节的中间商为其推销产品的渠道策略。国际市场由于受到国际政治、经济、社会文化和地理等因素的影响,其分销渠道都较国内市场营销渠道长。这一策略的特点是商品能进入更广阔的市场地理空间和不同层次的消费者群,但容易形成该商品较大的市场存量,并增加销售成本,最终导致售价上升。

4. 短渠道策略

这种策略是指出口商在国际市场上直接与零售商或该商品用户从事交易的渠道策略。这一策略包括两种形式:一是出口商越过中间环节,直接与大物资经销商、大百货公司、超级市场、大连锁商店等从事交易,降低商品成本,让利于零售商和消费者。二是出口商直接在世界各地建立自己的直销网络,让利给消费者,以低价策略开拓国际市场;出口商自营直销网络,常常受到企业的人、财、物的规模限制,只有少数跨国大企业能够采用这种策略。

【情景案例 11－3】

广州雅芳公司营销渠道策略

雅芳公司在进入中国市场时,它采用了与众不同的商业媒介,不是由中间商推销产品,而是由代销员(雅芳小姐)直接上门向顾客销售产品。雅芳公司在广州有8000多名雅芳小姐,多为业余兼职。上门推销在美国已经有100多年的历史,雅芳公司是美国化妆品行业的顶尖公司之一。其主要产品都是1美元左右的大众化妆品,并且品质优良,深受消费者的好评。

讨论题:雅芳公司采用什么营销渠道策略?它有什么特点?

三、国际营销定价策略

国际市场营销的定价策略,主要是出口产品的定价。通常,出口商以出厂平均成本为基础,再加上出口所必须发生的和可能发生的其他费用,来制定价格。

1. 市场的商品价格构成

商品进入国际市场，延长了分销渠道，增加了关税、运输和保险费用、汇率差价等费用，因此，出口商品的定价，除了考虑成本费用以外，还要考虑以下因素：

(1)关税。是指国家为了保护国内市场而对进出口商品征收的各种关税。关税税率的高低、最惠国的待遇、关税的减免等直接影响国际产品的价格。

(2)国际中间商成本。商品分销渠道的延长必然导致增加中间商的成本。由于进入国际市场的分销渠道有长有短，营销方式也因国别或地区不同而不同，所以没有统一的国际中间商加成标准，这也增加了国际市场营销定价的难度.。

(3)运输和保险费。出口需要把商品运到异国，这就增加了运输成本，而且，许多国家的进口关税是按到岸价计征。

(4)汇率变动。是指汇率变动对出口商品定价产生的影响。

2. 正确选择计价货币

由于各国的货币不同，国际市场营销活动，在贸易时要正确选择计价货币。一般来说，国际交易要受交易周期、汇率波动、政局稳定等因素影响，正确选择计价货币是国际市场营销的重要定价策略。

在选择计价货币时应注意以下问题：

(1)出口国与进口国是否签订了贸易支付协定，是否规定使用某种计价货币。

(2)如果两国间没有签订计价货币的协议，一般选用可兑换货币。可兑换货币是指那些可以在国际外汇市场上自由进行交易的货币，

(3)出收"硬"、进取"软"的计价策略。是指在出口商品时宜争取用"硬货币"计价；而在进口商品时宜争取用"软货币"计价。硬货币是指该国的外汇收支顺差、外汇存底较大、币值呈上升趋势、对外信用好的货币。软货币是指该国的外汇收支逆差较大、国家外汇储备较少、在国际外汇市场上是抛售对象、可能贬值的货币。

(4)如果因各种条件限制，只能以软货币计价时，可以根据该货币币值疲软趋势加价，也可以在交易合同中订立保值条款，规定该货币贬值时按贬值率加价。

【情景案例 11－4】

中国的绣花鞋在美国为什么卖不过韩国的绣花鞋

几年前，中国某厂家的绣花鞋和韩国某厂家的绣花鞋同时在美国市场出售。从质量方面来看，二者相差无几，从价格上来看，中国绣花鞋的价格为韩国绣花鞋价格的1/8。以常理推断，中国鞋必定要占领这一市场了。然而事情偏偏超出了人们的意料：韩国鞋畅销，中国鞋滞销，并一直被挤到了地摊上去。

讨论题：是什么原因使低价卖不过高价呢？

3. 国际转移定价

国际转移定价是指跨国公司为了集团的整体利益而进行的内部定价。当今世界上，许多跨国公司都把国际转移定价作为国际市场营销的重要定价策略，通常在跨国公司内部不同国家之间产品转移时，把产品价格定得偏离正常的国际市场价格，以实现其利润的最大化。常用方法有四种：

(1)如果 A 国采用从量税，B 国采用从价税，而且关税较高，当产品需要从 A 国向 B 国转移时，则采用较低的国际转移价格，以减少应纳关税。

(2)如果某国采用较高的所得税，当产品转移到该国时则把转移价格定高，而将产品转出时把转移价格定的较低，采取高进低出的转移价格，这就可以降低跨国企业在该国的利润，使企业在该国少纳所得税。

(3)如果某国出现较高的通货膨胀率，当向该国子公司转移产品时，可采用高进低出的转移价格，避免资金在该国大量积聚。

(4)如果某国实行外汇管制，跨国公司转移产品进去时就要采用高定价，而在转移出来时则使用低定价，降低在该国的利润，从而既避免利润汇出的麻烦，又可少纳所得税。

跨国公司人为地操作国际转移价格，虽然有利于跨国公司整体利益的最大化，但损害了某些国家的民族利益，因此，许多国家都把防止国际避税作为处理国际贸易的重要工作。

四、国际营销促销策略

国际促销是指企业将其产品和服务的信息通过一定方式传递给国外的目标市场，旨在扩大销售，提高企业的声誉。促销的实质是企业与购买者之间的信息传递。促销的方式主要有：

1. 人员促销策略

在国际营销中，人员推销最易受到目标市场国家的社会、文化和语言等因素的影响，因为这种面对面的推销活动往往是两种文化的直接接触和交流。

(1)人员促销的主要特点。这种策略的优点是促销人员可以面对面与对方洽谈与交流，实现信息的双向沟通；还可以与对方建立起一定的关系和友谊，培养感情。人员促销的缺点是费用较高，而且销售覆盖面有限。根据人员促销的特点，这一方式主要适用于技术含量较高的产品、价格较高的产品或竞争激烈的新市场。

(2)人员促销的目标。各类企业的人员促销目标都有所不同，但归纳起来，大致有以下几个：发现并培养新顾客；将产品和信息传递给顾客；推销产品，包括接近顾客，介绍产品，回答顾客意见以及达成交易；提供服务或进行市场调研等。

(3)人员促销管理。国际的人员促销策略的人才来源、人员培训、销售人员的激励与考核不同于国内的人员促销策略。

● 销售人才来源。国际市场的营销人员，首先是选择目标市场国家中能驾驭两种特定外语的当地人，特别是那些具有销售经验的人才，既可利用他们在当地的社会关系资源，也能减弱国际企业在当地的外来形象。其次是选择母公司所在国移居到目标市场的人才。他们懂得两国的语言和文化，只需学习推销技术和公司的政策，就可能成为优秀的推销员。再次是选择母公司所在国具有外语基础并愿意到国外工作和生活的人员。他们最好能具有推销技能，懂得目标市场的社会文化、政治、法律等环境因素。这类人才容易与母公司沟通，忠诚度较高，会在市场上加强公司的外来形象。

● 销售人员培训。每一个理想的推销人员都是培训出来的。国际市场营销，如果企业招聘不到理想的推销人才，必须在母国和东道国选择基本素质比较好的人员进行培训，培训内容包括一个国家的社会文化和语言、市场营销的技能等。

● 销售人员激励。常用的激励方法有三种：固定薪金加奖励——推销人员实行固定薪金，完成任务较好则发给一定的奖金。这种激励方法的优点是有利于企业控制推销人员的活动，但不利于调动推销人员的积极性。佣金制——根据推销人员完成的销售额或利润额的大小支付一定比例的报酬。国际市场营销活动中的一般做法是，完成基本任务可按 5%提取佣金，超额部分按 7%计酬。这种方法的优点是能最大限度地刺激推销员的积极性，但企业不易控制推销员的活动。薪金与佣金混合制——即对推销员实行部分固定工资，另一部分酬金则按完成推销任务的好坏提取佣金。

【情景案例 11—5】

“奥芬”香水的直销大军

有一位叫戴维·麦克涅尔的美国青年，依靠向家庭妇女们推销杂志谋生。

麦克涅尔在推销杂志时，发现一些不爱出门购物的家庭主妇时常让他捎带买一些日常生活用品。麦克涅尔在助人为乐的同时，也决定捎带一些小商品。他选择了香水。因为香水体积小、便于携带，而且售价高、获利大。推销香水的结果使麦克涅尔大吃一惊，原来小小的香水比他多年推销的书刊有魅力得多，无论是销量还是利润都比图书杂志高出好多倍。

于是，麦克涅尔于 1886 年创建了加利福尼亚香水公司。

麦克涅尔成立香水公司后，首先决定雇佣家庭妇女作为推销员上门直销，并且规定：雇佣的家庭妇女推销员只准在自己家附近做上门直销工作；对于质量差、不合格的香水，公司一律包退包换。

制定这两条规定是麦克涅尔的高明之处。只在自己家附近推销，是因为推销员与自己家附近的顾客有天然的密切关系，即使不全是熟悉的邻居，但至少是见过面或听说过的人，因此一般不必担心受骗上当，顾客增加了购买香水时的信任感和安全感。而对不合格的产品包退包换，又免除了家庭妇女推销员的后顾之忧。

麦克涅尔发明的这种营销方式，使原本相当于一家小手工作坊的香水公司到1905年经营区域已从加利福尼亚州扩大到得克萨斯等其他州，经营品种从单一的香水扩展到多种化妆品，雇佣的家庭妇女推销员已超过1万名。

20世纪30年代的世界经济危机中，麦克涅尔反而扩建工厂，专门生产一种名为“奥芬”的新品种香水。这种香水获得了巨大的成功，销售业绩成倍增长。1939年，加利福尼亚香水公司更名为奥芬公司。

奥芬公司的存在基础就是那30万人组成的“推销大军”，这是决策者们头脑里最清醒的认识。因此，奥芬公司所采取的基本措施是要把推销员个人利益与公司的利益紧密联系起来，公司决定把推销收入总额的40%分给推销员，从而保障公司的推销组织的稳定和扩大，保证营业收入的稳定增长。

直至今日，奥芬公司始终依赖直销推销员销售产品，已成为全美最大的化妆品公司之一。

讨论题：这家公司采用什么促销方式？它为什么能取得成功？你从中得到了哪些启示？

2.广告促销策略

广告是企业开拓国际市场的一种重要的宣传工具，广告的基本功能是传播企业及产品和劳务的信息，扩大市场，促成交易。国际营销的广告策略一般有三种：

(1)广告的标准化或个性化策略。企业在做国际广告时所面临的一个主要选择，就是广告信息标准化和个性化。标准化广告策略是指把同样的广告信息和宣传主题传递给各国市场。这种策略要求撇开各国市场的差异性，突出基本需求的一致性。其特点是可节约广告费用，有利于保持企业和产品的统一性。

个性化广告策略是指同一产品在不同的国家和地区传递不同的广告信息，突出各国的差异性。其依据是不同的国家和地区在政治制度、法律、自然地理、经济发展状况等方面存在着巨大的差异，广告信息的传递应针对这些差异作出调整。这一策略的特点是针对性强，广告促销效果好，但广告成本较高。

企业在考虑采用标准化还是个性化策略时，一般应注意以下几点：

- 产品特性。工业品的广告信息比较适合标准化，消费品多适用个性化。
- 法律限制。各国法律对广告，特别是广告信息都有不同的限制。
- 社会限制。某些社会习俗对广告信息及其传播方式具有一定影响。
- 市场的同质或异质。如果两个市场的一些特质如收入、教育程度、职业结构等相似，那么可以推断两个市场消费者的需求、态度、习惯可能相似，可采用标准化策略。反之，则可采用个性化策略。

(2)广告媒体选择策略。广告媒体的种类很多，主要包括报纸、杂志、电视、广播、直接邮寄、户外广告等。在选择国际广告媒体时，除了考虑各种特点外，还要考虑产品性质、媒体的可获性、媒体成本、法律限制、教育普及程度等因素。

- 产品性质。工业品和消费品、高技术产品和一般性产品，应选用不同的媒体。
- 媒体可获性。有些被视为最合适的广告媒体在某些国家根本不存在，或受到严格限制。
- 法律限制。各国法律对媒体的使用及广告产品都有程度不同的限制。

(3)国际广告控制策略。国际广告的控制策略主要采用以下三种方法：

- 高度集中管理国际广告，控制营销成本。
- 分散管理广告，国外分销商或子公司按销售额的一定比例提取广告费，开展个性化广告促销。
- 按广告职能的不同，分别采取分散或集中的国际广告管理。

3.公共关系促销策略

国际公共关系是指一个企业进入国际范围投资经营，与其他国家的企业或相关组织以及当地公众发生的非国家性的关系。在国际营销活动中，公共关系促销策略的地位越来越高，对企业的影响越来越大。现代跨国企业为了进入目标市场国家，特别是进入某些封闭性较强的市场，更要采用各种公关策略，如与政府官员、当地名人以及工会、社团、教育界等人士交往，为初期产品进入市场领取钥匙；并采用各种公关活动在东道国树立良好的形象。当今国际市场营销活动中，采用的公共关系的活动主要有以下六种方式：

(1)尊重和支持当地的政府目标，与当地政府保持良好的关系，让当地政府认识到国际企业的经营活动有利于当地经济的发展。

(2)利用各种宣传媒介，以第三者身份正面宣传企业的经营活动和社会活动，使当地人对国际企业产生好感。

(3)听取和收集各种不同层次的公民对本企业的各种意见，迅速消除相互之间的误解和矛盾。

(4)与国际企业业务活动有关的各重要部门和关键人物保持良好的关系。

(5)积极参加东道国的各种社交活动，对当地的教育事业、文化活动、慈善机构等定期捐助，并积极组织国际教育和文化交流。

(6)协调企业内部的劳资关系，尊重当地雇员的社会文化偏好、习惯和宗教信仰，调动员工的积极性。

4.国际促销的特殊形式

国际促销的特殊形式是指除了国内促销常用的促销形式以外采用的特殊形

式，一般有三种形式。

（1）积极争取政府制定有利于本国企业开拓国际市场的外交和外贸政策，争取政府支持开拓国际市场。一般国家的政府都能帮助本国在国际市场上开展促销活动，各国驻外使馆一般都为本国企业提供当地市场的信息。企业则要积极参加政府组织的贸易代表团，参加并赞助有关的国际研讨会，参与组建海外贸易中心或出口开发办事处等活动。

（2）积极参加与本企业有关的综合性和专业性国际博览会。国际博览会的主要作用是：把产品介绍给国际市场，宣传和树立企业和产品的良好国际形象；利用各种机会，就地开展交易活动。

（3）积极参加或主办国际巡回展览，向目标市场国家的消费者介绍企业的情况和产品信息。这是当代跨国公司常用的促销策略之一。

【核心概念】

国际市场营销 全球营销 间接出口 直接出口 许可证贸易 战略联盟 国际营销产品策略 国际营销渠道策略 国际营销定价策略 国际营销人员促销策略

【复习思考题】

1. 试比较国际市场营销与国内市场营销的异同点。
2. 根据企业参与国际市场营销的程度不同，可以将国际营销分为哪几种类型？
3. 国际营销中的社会文化环境包括哪些内容？
4. 分析国际营销中有几种产品策略可供企业选择？
5. 如何根据产品特性来选择分销渠道策略？

【技能训练】

日清食品公司智取美国快食市场

日本日清食品公司始终坚持“只要口味好，众口也能调”的独特经营宗旨，从人们的口感差异性出发，不惜人力、物力、财力在食品的口味上下工夫，终于改变了美国人“不吃热汤面”的饮食习惯，使日清公司的方便面成为美国人的首选快餐食品。

日清公司在准备进入美国食品市场之前，曾高薪聘请权威机构对方便面的市场前景进行全面细致的调查和评估。可是，其结论却令日清大失所望——“由于美国人没有吃热汤面的饮食习惯，绝不会把面条和热汤混在一起食用。因此，汤面合一的方便面不会成为美国人的快餐食品”。日清并没有迷信这种结论，而是派出自己的专家考查组前往美国进行实地调研。经过千辛万苦的商场问卷和家庭访问，得出了与美国权威机构完全相反的结论——美国人的饮食习惯虽呈现出“汤面分食，绝不混用”的特点，但随着世界各地不同种族移民的大量增加，这种饮食习惯正在悄悄地发生着变化。再者，美国人在饮食中越来越注重口感和营养，只要在口味和营养上投其所好，方便面有可能迅速占领美国食品市场，成为美国人的饮食“新宠”。

日清公司基于亲自调查的结论，从美国食品市场动态和消费者饮食需求出发，确定了“四脚灵蛇舞翩跹”的营养策略，全力以赴地向美国食品市场大举挺进。“第一脚”——他们针对美国人热衷于减肥运动的需求，巧妙地把自己生产的方便面定位于“最佳减肥食品”；在声势浩大的公关广告宣传中，刻意渲染方便面“高蛋白、低热量、去脂肪、剔肥胖、价格廉、易食用”等种种食疗功效；针对美国人好面子、重仪表的特点，精心制作出“每天一包方便面，轻轻松松把肥减”、“瘦身最佳绿色天然食品，非方便面莫属”等颇具煽情色彩的广告语，挑起美国人的购物欲望，获得了“四两拨千斤”的营销奇效。“第二脚”——他们为了满足美国人以叉子用餐的习惯，果敢地将适合筷子夹食的长面条加工成短面条，为美国人提供饮食之便；并从美国人爱吃硬面条的饮食习惯出发，一改方便面适合东方人口味的柔软特性，精心加工出稍硬又有劲道的美式方便面，以便吃起来更有嚼头。“第三脚”——由于美国人“爱用杯不爱用碗”，于是别出心裁地把方便面命名为“杯面”，并给它起了一个地地道道的美国式副名——“装在杯子里的热牛奶”，期望“方便面”能像“牛奶”一样，成为美国人难以割舍的快餐食品；他们根据美国人“爱喝口味很重的浓汤”的独特口感，不仅在面条制作上精益求精，而且在汤味佐料上力调众口，使方便面成为“既能吃又能喝”的二合一方便食品。“第四脚”——他们从美国人食用方便面时总是“把汤喝光而将面条剩下”的偏好中，灵敏地捕捉到了方便面制作工艺求变求新的着力点，一改方便面“面多汤少”的传统制作工艺，研制生产了“汤多面少”的美式方便面，并将其副名更改为“远胜于汤”，从而使“杯面”迅速成为美国消费者人见人爱的“快餐汤”。

挟“四脚灵蛇舞翩跹”的营销策略，日清公司果敢挑战美国人的饮食习惯和就餐需求，以“投其所好”为一切业务工作的出发点，不仅出奇制胜地突破了“众口难调”的产销瓶颈，而且终于打入了美国快餐食品市场，开拓了一片新天地。

案例分析与研讨：

1. 日清公司的方便面进入美国市场进行了哪些适应性修正？

2. 结合本案例分析，国际销售与国际营销的区别。

第十二章　市场营销人员素质与道德

【案例导入】

卖梳子

有一家大型生产梳子的企业，准备在三个业绩最好的推销员中选出一人，作为以后市场开拓的大区经理。但三个人能力都非常强，难以取舍，所以董事长决定给他们一项任务，到一个寺庙里去销售梳子，谁销售得多，算谁获胜。

一段时间后，三个推销员都回来汇报自己的业绩。推销员甲汇报说："我总算卖出了一把梳子。这个任务太艰难了，我费了好大力气，向每一个和尚都说明了梳子的特点和好处。但那边根本没有这个市场，全是光头，没有办法卖。后来，终于有个老和尚被我的诚意打动了，向我买了一把，说我佛慈悲，不能让你空手而回。"董事长听了点点头，表示理解。推销员乙汇报说："我卖出了 50 把梳子。"董事长大惊，问怎么卖的？乙回答说，我去那个庙观察了一下，发现到庙里参拜的人不少，但是由于上山的时候风沙很大，来的人头发又脏又乱。于是我就对主持建议说，不如在这庙里准备一些梳子，为香客整理一下头发，也是积善行德啊。主持一听很有道理，于是买了 50 把。董事长听了大为满意。推销员丙汇报说："我卖了 500 把，而且还签订了长期合同。我是这样销售的，我在寺庙考察，来参拜的人很多，而且衣冠整齐，都是富贵人家。于是我对方丈说，如果大家能够慷慨解囊，多做善事，那该多好啊。方丈当然乐意。接着我就向方丈提议，不如由主持您刻上'积善梳'字样，作为一种给参拜的人的捐赠回报。这样既可以让客人梳理一下才参拜，又能够为庙里多添点香钱。方丈听后，十分高兴，于是向我订购了 500 把，还和我们签定了长期的合同。"董事长听后大悦。

思考题：

1. 如果你是甲乙丙其中的一位营销员，你会怎么去销售？
2. 营销人员要想获得成功，需要具备哪些素质？

【学习目标】

1.知识目标:了解市场营销人员的素质和道德的定义;掌握市场营销人员素质的三个方面;在营销中知道如何对一线的营销人员进行管理。

2.能力目标:通过本章的学习,应能掌握营销人员的素质和道德模型;将市场营销人员的素质和道德模型在实践中加以运用,并以之指导实践。

第一节　营销人员的基本素质

营销人员直接与广大顾客接触,负责产品最终的分销。他们既是企业的代表,传达企业的文化和理念,更是顾客的顾问和参谋,为顾客谋取最大的利益。有句俗话说:"企业的营销人员只有两个去处,要么在市场,要么在去市场的路上。"营销人员必须具有良好的职业素质和职业能力,在会见客户时还得掌握营销人员的基本礼仪,只有这样,才能娴熟地运用各种技巧,完成企业的各种营销任务。下面我们就来详细介绍这些问题。

一、营销人员的职业素质

营销人员每天要与各种各样的人打交道,可以说每天都向公众展示着自己形象,体现自己的素质,并由此而展示自己所代表的企业的素质。一名优秀的市场营销人员应具备什么样的职业素质呢?营销人员不是先天就具备优秀的推销素质,而是依靠自身的不断努力去提高和完善的。

(一)思想素质

营销事业要求营销人员具有较高的思想素质。这种思想素质包括以下几个方面:

1.具有强烈的事业进取心和责任感

营销人员应充分认识到自己工作的价值,热爱营销工作,要有献身于营销事业的精神,对自己的工作充满信心,积极主动,任劳任怨,全心全意地为顾客服务;忠实于企业,忠实于顾客,忠实于自己。

2.具有良好的职业道德

营销活动是一项塑造形象、宣传企业的长期事业。它要求营销人员具有优秀的道德品质和高尚的情操,诚实严谨,恪尽职守。在代表企业进行社会交往和协调顾客关系中,不谋私利,不徇私情,切实从企业、顾客角度出发,能充分履行自己的社会责任、经济责任和道德责任。

3. 具有正确的营销观念

市场营销观念是指以消费者的需求为出发点，强调企业整体营销活动。营销人员在正确的理念下营销产品，要竭尽全力地为国家和企业着想，全心全意地为顾客服务，把顾客需要的满足程度视为检验营销活动成功与否的标准，努力使顾客从满意转到忠诚上来。

【情景案例 12－1】

奥城良治的故事

有一个小男孩，有一次在田埂间看到一只瞪眼的青蛙，就调皮地向青蛙的眼睛撒了一泡尿。不过他发现，青蛙的眼睛非但没有闭起来，而且还一直张眼瞪着他，让他感觉到不可思议。当然，我们知道，青蛙有一层透明的眼睑。长大后，他成了一个市场营销员，当遇到客户的拒绝或辱骂时，他每每便想到那只被尿浇也不闭眼的青蛙。用“青蛙法则”来对待客户，客户的拒绝犹如尿撒在青蛙的眼睛上：要逆来顺受，睁眼面对客户，不惊慌失措。这位推销员就是后来荣获日本日产汽车 16 年销售冠军的奥城良治。

讨论题：奥城良治为什么会取得成功？

(二)业务素质

推销人员是否具有良好的业务素质，直接影响其工作业绩。一般来说，业务素质主要包括以下几个方面：

1. 企业知识

营销人员要熟悉本企业的发展历史、企业规模、企业目标使命、规章制度；企业同行的竞争力以及企业的地位等。

2. 产品知识

营销人员要了解产品的性能、用途、价格、使用方法、维修、保养和售后服务等知识；了解市场上竞争产品的优劣情况。对产品的更新速度和市场周期也需要进行详细了解。

3. 顾客知识

营销人员应该善于分析顾客的特点，了解顾客的需求。要能够在最短的时间内洞悉顾客的购买动机、购买习惯、购买条件、购买决策等情况，针对不同顾客的不同心理状况，采取不同的方法。

4. 市场知识

营销人员要会分析本地市场、区域市场等范围，掌握市场调研与预测的基本方法，了解产品的市场趋势、规律和市场行情的动向。

5. 法律知识

营销人员不仅要了解本国的各种法律，还要熟悉国外的一些和营销有关的法律条文。如《经济法》、《合同法》、《反不正当竞争法》等，就需要营销人员去了解和掌握。

(三)身体素质

现代市场销售人员是企业的先锋，必须具有良好的身体素质。这里所讲的身体素质，既包括个人的体格、体质及其健康状况，还包括个人的举止、言谈及其仪表风范等。

就个人的体格和体质而言，要求市场销售人员经常锻炼身体，保持强健的体魄和旺盛的精力。

就个人的举止、言谈和仪表风范而言，存在不少必须遵守的营销人员礼仪和行为规范。良好的个人气质和营销行为会促进营销工作，有助于增强营销人员的说服力。

二、营销人员的职业能力

营销人员应具备的职业能力主要包括推销能力、观察能力、记忆能力、思维能力、沟通能力、演示能力、核算能力、应变能力、反馈能力和自学能力。其中，推销能力最为重要，应从以下几个方面培养：

1. 自信

你必须对你推销的产品、你的公司、你自己都充满信心，才有可能取信于客户，没有建立顾客信赖感的时候就不要去谈产品。

2. 助人思想

所谓助人，就是愿意不计一切地去帮助他人。推销员的主要职责就是帮助你的客户选择他们所需的产品。此时，你若能站在客户的立场帮他选购的话，你一定能够成为一个广受欢迎的推销员。

3. 热诚

热诚是全世界推销专家公认的一项重要的人格特征。当你作为一个推销人员出现时，你的热诚会引起客户的共鸣，让顾客对你产生友好感，进而对你的话深信不疑。

4. 友善

对人友善，必获回报。表示友善的最好方法就是微笑。

5. 随机应变

营销人员在推销过程中如果拘泥于一般的原则而不会变通，往往会导致推销行为的失败。因此，营销人员一定要有随机应变的能力，对顾客说的话，应该知道

深层次的意思是什么。

【情景案例 12－2】

金姆——出奇制胜推销法

美国雷顿公司总裁金姆曾当过推销员，而且他的推销业绩一直都非常的棒。在一次定货会上，规定每人只有10分钟登台推销的时间。金姆先将一只小猴装在用布蒙住的笼子里带进会场，轮到他上台时，他将小猴带上讲台并将其从笼子里放出来，让它坐在自己肩膀上，任其跳窜，也不说任何一句话，一时间场内轰乱，众人感觉非常惊奇。9分钟以后，他收起小猴，场内恢复平静，金姆只说了一句话，我是来推销"白索登"牙膏的，谢谢。说完便飘然离去，结果他推销的产品风靡全美。

金姆采用的出奇制胜推销法，别出心裁，别具一格，短短一句话给人留下了极深刻的印象，达到了最佳的广告宣传效果。

思考题：你觉得金姆的推销方法好在什么地方？

三、营销人员的职业礼仪

(一)营销礼仪的含义

礼仪在营销活动中的运用即为营销礼仪，也就是营销人员在营销活动中表示尊敬、善意、友好等意图的一系列道德规范和行为准则。

(二)营销礼仪的作用

"读书是学习，使用也是学习，而且是更重要的学习"，毛主席曾如是说，学习的目的全在于运用。当前，营销礼仪之所以被提倡，之所以受到社会各界的普遍重视，主要是因为它在各个方面都有重要的功能，既有助于营销活动，又有助于营造企业和社会的良性互动关系。

1. 礼仪有助于提高营销人员的自身修养

在人际交往中，礼仪往往是衡量一个人、一个社会的文明程度的重要标尺。礼仪不仅反映一个人的交际技巧与应变能力，而且还反映一个人的气质风度、阅历见识、道德情操、精神风貌。因此，在这个意义上，完全可以说礼仪即尊重，而有道德才能尊重，有教养才能文明。营销人员学习礼仪，运用礼仪，有助于提高自身的修养。将其运用在营销中，会让营销变得更加艺术和完美。

2. 营销礼仪有助于塑造良好的个人形象

营销人员学习礼仪，运用礼仪，无疑将有益于营销人员更好地、更规范地设计、维护个人形象，更好地、更充分地展示营销人员的良好教养与优雅的风度。

3.营销礼仪是塑造企业形象的重要工具，有助于提高企业的经济效益

对企业来说，营销礼仪是企业价值观念、道德观念、员工整体素质的整体体现，是企业文明程度的重要标志。营销礼仪服务能够最大限度地满足顾客在服务中的需求，使顾客获得物质需求和精神需求满足的统一。以礼仪服务为主要内容的优质服务，是企业生存和发展的关键所在。

4.营销礼仪有助于促进营销人员的社会交往，改善人际关系

运用礼仪，除了可以使营销人员在交际活动中充满自信、胸有成竹、处乱不惊之外，其最大的好处就在于，它能够帮助营销人员规范彼此的交际活动，更好地向交往对象表达自己的尊重、敬佩、友好与善意，让顾客对自己有更好的印象，增进彼此之间的了解与信任。

(三)服饰礼仪

着装是一门艺术，它既要讲究协调、色彩，也要注意场合、身份，同时它又是一种文化的体现。一个人的着装要与他的年龄、体形、职业和所在的场合相宜，表现出一种和谐，这种和谐能给人以美感。不同年龄的人有不同的穿着要求，不同的场合也有不同的穿着要求。此外，着装还必须遵循不同的规范与风俗。

服装是一种情感符号，是一个人社会道德感、责任感和公德意识的自然流露，人们可以通过服装来表达自己的情感和心理感受。营销人员给消费者的第一印象非常重要，因为"良好的开端，是成功的一半"，营销人员必须以良好的着装去满足消费者视觉上和心理上的要求，以适当的服装显示出自己的身份，体现自己所扮演的角色。

服饰的穿着没有固定的模式，应该根据预期的场合、所推销商品的类型等灵活处理，而且因人而异。营销人员着装总的原则应该是：得体大方，整洁干净，没有奇装异服。落到实处，营销人员的服饰应该遵循 TPO 原则，即根据不同的时间(Time)、地点(Place)、场合(Occasion)来选择相应的服装。在正式隆重的场合应穿礼服或深色西服，而在一般休闲场合就可以穿各式外衣、衬衣、运动服装等。

1.职业男士着装规则

现代营销活动中，男性最正统的服装是西装。穿西装要得体，要穿出风度来。营销人员的着装必须与其身份、年龄、体型、气候、场合等相协调，最美的服装，应该是"一种恰到好处的协调和适中"的服装。着装还应注意整洁。不规范着装，自以为是，往往会贻笑大方，影响自身形象和交际效果。

(1)西装：西装必须合身，宜选择套装。西装的领子应贴近衬衫领口且低于衬衫领口 1～1.5cm，上衣的长度以垂下手臂时与虎口相平为宜，西装的袖口处衬衫应露出 1.5cm 左右。穿西装除了上衣内侧口袋可以放名片夹或名片外，其他外部口袋包括裤子的后口袋都不要放任何物件，以免有低俗之感。领带的搭配也很重要，领带的质地以真丝为最佳，其图案与色彩要与衬衫和西服的颜色相差不大。因

为穿西服总的原则是全身上下颜色不能超过三种，如果多了，就有花里胡哨的感觉。领带头下端一般应长及皮带上下边缘，领带夹夹在衬衣的第四颗纽扣上下。

(2)休闲服装：在非正式的场合，可穿着休闲西装或一般休闲服装。穿休闲西装可以不打领带，只是衬衫最上面的那粒扣子应当不系；穿一般休闲装，应该适合气候、场合、环境。运动服装在休闲时穿也是一大亮点，但要注意的是，运动服装是不能和皮鞋搭配的，而且要和发型相搭配，发型不能太刻板。

(3)企业工作服：如果企业配有工作服，可以穿工作服，但应注意衣服整洁，不能有任何的污垢，要注意领口和袖口的干净，夏天时要注意熨平，去会见客户的时候，如果能穿工作服，会让你的客户更加信任你。

【情景案例 12—3】

商务谈判失败

国内一家效益很好的大型企业的总经理许某，经过多方努力和上级有关部门的牵线搭桥，终于获得德国一家著名的家电企业老总同意与之见面会谈的机会。谈判时为了给对方留下精明能干、时尚新潮的好印象，许某穿了一件新潮T恤衫，下穿一条时尚的牛仔裤，脚蹬一双旅游鞋。当他精神抖擞、满怀信心地带着秘书出现在那位德国家电老总的面前时，对方瞪着不解的眼睛上下打量了半天，对许某第一印象非常不好，显然这次合作没能成功。

思考题：许某与德国某家电企业老总的这次会谈失败的原因是什么？

2. 职业女性着装规则

女性在市场营销中的地位和信心越来越高，其工作时的服装也尤为重要。穿着打扮，就得因人而异，并注意扬长避短。职业女性着装要注意时代的特点，体现时代精神，要注意个人性格特点；应选择适合自己气质、脸型和年龄等特点的服饰，并选择适当的发型来增添自己的魅力。

(1)选择套装。套装往往在职场女性中显的非常重要，但过分花哨、夸张的款式绝对要避免，总体来说，就是庄重保守，颜色以素淡为主，可以在套装上面稍微放点配饰，但不能过多。在正式社交场合，一般选择长过膝的裙装，不宜选择长裤。因为裙装是正装，裤装是便装。高大较胖的女士应选择长度过腰的上衣，身材娇小的女士则应选择上下色彩一致的套裙。营销活动中不能穿着过分性感或暴露的服装，否则会惹来不必要的麻烦，更会给消费者留下“花瓶”的印象，在营销过程中要么容易吃亏，要么失去营销成功的机会。

(2)选择其他服装。职业女性不仅穿着套装非常适宜，但凡能够表现职业女性应有风范的服装都可以穿，在一定的规则之下，可尽情享受穿着的乐趣。另外，丝袜是女性衣着必不可少的一部分。但有许多女性却不注意穿丝袜的细节，而只考虑衣服、首饰、鞋帽、手袋的搭配。结果，虽然其他的搭配都很协调，却因丝袜的搭配不当，而影响了整体效果。因此，女性营销人员在穿着上也应注意穿丝袜的细节。首先，丝袜要高于裙子下摆，无论是坐是站，都不能露出大腿来。不然，会给人留下轻浮的感觉，让人不信任。其次，不要穿有走丝或破洞的丝袜，与其穿这样的丝袜，还不如光着脚。

(四)形态礼仪

1.形体语言

全世界的人都借助示意动作，有效地进行交流。最普遍的示意动作，是从相互问候致意开始的。了解一些示意动作，可以帮助辨别什么是粗俗的，什么是得体的。在进行无声的交流时，应善于观察，以避免误解。

(1)微笑。微笑可以表现出温馨、亲切的表情，能有效地缩短交往双方的距离，给对方留下美好的心理感受，从而形成融洽的交往氛围，也可以反映本人高超的修养、待人的至诚。

微笑有一种魅力，它可以使强硬者变得温柔，使难办的事变得容易解决。微笑是人际交往中的润滑剂，是广交朋友、化解矛盾的有效手段。微笑要发自内心，要真诚，不能给人以虚伪的感觉。

(2)握手。它是一种常见的“见面礼”，看似简单，却蕴涵着复杂的礼仪细节，承载着丰富的交际信息。标准的握手姿势应该是平等式，即大方地伸出右手，用手掌和手指用一点力握住对方的手掌，时间大概是3～4秒。握手时，伸手的先后顺序是上级在先、主人在先、长者在先、女性在先。握手力度不宜过猛或毫无力度，要注视对方并面带微笑。要避免交叉握手、与第三者说话(目视他人)、摆动幅度过大、戴手套或手不清洁等不当的握手方式。

2.正确举止

优雅的举止是人有教养、充满自信的完美表达。美好的体态，会使你看起来年轻得多，展现一个积极的、健康的、乐观的、向上的营销人员的风采。人们常说的“站如松、坐如钟、行如风”就是对正确体态的描述。

(1)站姿

正确的站立姿势应该是：抬头，挺胸，收腹，两腿稍微分开，脸上带有自信，给人以挺拔的感觉。女性可站丁字步，男性可将两腿自然分开，用跨立姿势也可。在正规场合，不宜将手插在口袋里或交叉抱于胸前，否则会给人以紧张拘谨的感觉。

(2)坐姿

正确的坐姿是男性上身挺直，女性上身微倾。女性后腿能够碰到椅子，轻轻坐下，两个膝盖一定要并起来，不可以分开，手可以放中间或放两边。女士的裙子如果很短的话，一定要小心盖住。

(3)行姿

正确的行姿是抬头，挺胸，收腹，肩膀往后垂，手要轻轻地放在两边，轻轻地摆动，步伐也要轻快、利索，不要拖泥带水。

3. 会客、待客礼仪

在会客时，要考虑到空间距离的问题，它主要受到双方的关系、交往的内容、交往的环境以及不同的文化、心理特征、性别差异等因素的影响。美国心理学家霍尔在他的《无声的空间》一书中，将人们所处的空间划分为四个层次，如表 12－1 所示。

表 12－1　人与人之间空间层次的划分

空间层次	距离	适用范围	与社交活动的关系
亲密空间	15～46cm	最亲的人，如父母、妻儿	社交不能侵犯这一区域
个人空间	46cm～120cm	亲戚、朋友	在适合的时间和地点进入，会增进彼此的感情
社交空间	1.2～3.6m	凡有交往关系的人都可进入的空间	彼此保持距离，会产生威严感、庄重感
公众空间	大于 3.6m	任何人都可进入的空间	一般有礼节性地打个招呼就可以了

【情景案例 12－4】

商务礼仪

老师带领快要毕业的大学生前往一集团公司参观。公司老总是该老师的大学同学，老总亲自接待不说，还非常客气。工作人员忙着为每位同学倒水，席间有位女生表示自己只喝绿茶，有位男同学在席间还抽起香烟。学生们在有空调的大会议室坐着，谈天说地，声音很大，没有半分客气。当老总办完事情回来后，不断向学生表示歉意，说照顾不周，竟然没有人应声。当工作人员拿来笔记本，老总亲自双手送到每位同学跟前时，学生们大都随意接过，没有起身，也没有致谢。只有一个同学起身双手接过工作人员倒的茶和老总递来的笔记本时客气地说："谢谢，您辛苦了！"当然，只有这位同学最后收到了这家公司的录用通知。有同学很疑惑甚至不服："他的能力并没有我好，凭什么让他去而不让我去？"老师叹气说："我给你们创造了机会，是你们自己白白地失去了。"

讨论题：是什么原因使这些同学失去机会的？这些同学有哪些行为是不合乎礼仪的？

四、营销人员的其他礼仪

营销人员除了要知道上述的共性礼仪外，还必须知道作为营销人员应该掌握的一些礼仪，我们重点从三个方面来介绍。

(一)登门拜访礼仪

登门拜访是营销人员一项非常重要的工作。首先要选择好拜访时机，对顾客的拜访以安排在顾客的休闲时间为宜，最好是节假日的下午或平日的晚饭之后，在这段时间，正常的拜访不会引起主人的反感。营销人员在拜访顾客前，应对拜访的顾客有一个深入的了解，并提前进行电话预约。如有预约好的客户，就一定要遵守时间，不得无故失约。其次是要尊重主人，营销人员到达拜访对象的门口时，应该按门铃或敲门，等主人开门后，主动行握手礼，简单问候并自报家门，经过允许方可入屋洽谈。主人点烟倒茶时，应起身说“谢谢”，双手迎接。自己身体不适的时候不要登门拜访客户，客户身体不适的时候应尽量避免前往谈业务，只宜探望慰问。

(二)电话礼仪

电话礼仪分为接电话和打电话两个方面，首先我们来看一下接电话时需要注意的一些问题。

1.“铃声不过三”原则

在电话铃声响起后，如果立即拿起，会让对方觉得唐突；但若在响铃超过三声以后再接听，是缺乏效率的表现，又会给来电者留下公司管理不佳的第一印象，对方可能不耐烦，变得焦急。如果因为客观原因，如电话机不在身边，或一时走不开，不能及时接听，就应该在拿起话筒后先向对方表示自己的歉意并作出适当的解释，如“很抱歉，让你久等了”等。

2.规范的问候语

在工作场合，接听电话时，首先应问候，然后自报家门。对外接待应报出单位名称，若接内线电话应报出部门名称。如“您好，某某公司”自报家门是让对方知道有没有打错电话，万一打错电话就可以少费口舌。规范的电话体现的不仅是对对方的尊重，而且也反映出本单位的高效率和严管理。

3.学会记录并引用对方的名字

营销人员应该有意识地训练自己的听辨能力。假如对方是老顾客，经常打电话来，一开口就能听出他或她的声音，那么可以用合适的称谓问好：“您好，王经理。”这样一来，会给对方留下特别受到重视的感觉，增强对方对你的好感。

4.应在对方挂电话后再挂电话

当对方向你说“再见”时，你别忘了也应该说“再见”，并等对方挂了以后再挂电话，不要一听到对方说“再见”就马上挂电话，尤其不能在对方一讲完话，还没来得及说“再见”就把电话挂了。注意挂电话时应小心轻放，别让对方听到很响的挂机声。

营销人员在打电话的时候同样也要注意一些细节问题，主要有三点内容。

(1)确定合适的时间 。当需要打电话时，首先应确定此刻打电话给对方是否合适，也就是说，要考虑此刻对方是否方便听电话。应该选择对方方便的时间打电话，尽量避开在对方忙碌或是休息的时间打电话。要避开对方的吃饭和休息时间。总的来说，早晨8点以前，晚上10点以后，给对方家里打电话是不合适的，除非有紧急的事。

(2)打电话开头语很重要。无论是正式的电话业务，还是一般交往中的不太正式的通话，自报家门都是必要的，这是对对方的尊重，即使是你熟悉的人，也应该主动报出自己的姓名，因为接电话方往往不容易通过声音准确无误地确定打电话人的身份。另外，自报家门还包含着另外一层礼仪内涵，那就是，直接将你的身份告诉对方，那么，对方就有是否与你通话的选择权，或者说，有拒绝说话的权利。

(3)通话尽量简短。在做完自我介绍以后，应该简明扼要地说明通话的目的，尽快结束交谈。因为，随意占用对方的电话线路和工作时间是不为对方考虑的失礼行为。

(三)名片礼仪

1.递送名片

递送名片时，应身体微微前倾、面带微笑、眼睛注视对方，双手呈上名片，将正面的字迹面向对方，并大方地说："这是我的名片，请……"还可以说一声："请关照"、"欢迎联系"等等。如果自己的姓名中有不常用的字，最好能将自己的名字读一遍，以便对方称呼。

2.接受名片

接受名片也要注意礼节，在对方取名片时就要有很感兴趣的表示。用双手接过后要认真地看一遍，然后郑重地装入上衣口袋里。若有名片盒，可以放入名片盒内。千万不要看也不看就装入口袋，也不要顺手往桌上一扔，更不要往名片上压东西，这样对方会感到受到了轻视。名片收到后，要说一句"很高兴认识你"或"一定拜访"等。需要交换名片时，可以掏出自己的名片与对方交换。如果对方要求交换名片，而你没有准备名片，可以向对方作自我介绍，必要时，可以在纸条上临时写一下。

第二节　营销人员职业道德与社会责任

研究营销人员的职业道德，可以更好地服务我们的市场营销。面对道德的感召和金钱的诱惑，营销人员该如何去抉择？

一、营销人员职业道德概述

所谓营销人员职业道德，就是营销人员在营销行为过程中处理企业、顾客、供应商、渠道商、竞争者、政府等利益相关者之间相互关系的准则。它包括营销人员的职业观念、职业理想、职业态度、职业良心、职业作风等多方面的内容。

（一）营销人员职业道德的主要内容

1. 平等互惠，不做损人利己之事

这是营销工作者最基本的行为准则。营销工作者在工作中不要耍手腕，不能坑蒙消费者，不能擅自压价或变相提价，要有合作共赢的意识，不能因为顾客急需就提价，否则到最后只能损害自己的利益。要恪守营销承诺，绝不可为图一时之利而损害企业信誉。

2. 当好参谋，引导顾客消费

营销是生产者与消费者之间的媒介和桥梁，营销工作者要在与消费者的沟通中，了解不同对象的不同需求，引导消费者接受新的消费观念。营销人员应该有这样一个观念：不是去销售产品给你的顾客，而是要帮你的顾客去选好产品，当好参谋。

3. 公私分明，不占公家一分一厘

企业往往赋予营销人员一定的职权，营销人员应经得起利益的诱惑，不赚取规定之外的私利。如营销人员在出差的时候每天都有出差补助，这就要求营销人员应按节俭、实际的原则报账。

（二）诚信营销是营销人员职业道德的核心

在市场高度发达的今天，市场竞争优胜劣汰，企业靠的是信誉、质量、维护消费者的利益以赢得市场。在市场经济条件下，营销人员有诚信才会有市场，在营销活动中，只有诚信并养成守规、勤业和敬业的职业态度，才能赢得潜在顾客，最终实现销售。

【情景案例 12—5】

分公司巨额亏损

王某是一位普通的北方农民子弟，刚从大学毕业一年不到，因在实习期间表现突出，后调回总部重点培养，半年之后被外派至南方某分公司任总经理。此时，王某还找了一个漂亮温柔的女朋友，应该说是事业、爱情双丰收。然而，美好的日子总是那么短暂，半年之后，分公司发生巨额经营亏损，营业费用超支严重，王某立即被辞退。

王某从一个人人羡慕的精英一下子变成了一文不值的过时人物，关键的原因在于王某社会阅历、营销经验太少；而且，起点太高，导致骄傲自负，对其他同事、上级领导不屑一顾。他仅仅凭借自己的一腔热情，就幻想将这个市场踩在自己脚下，忘记了自己还根本不懂经营；加上经不住女朋友在旁边诱惑，挪用了公司的钱，造成分公司发生巨额亏损，最终也只得黯然离开公司，坐失良好的发展机会。

讨论题：王某的离去归根结底是什么原因造成的？

二、营销人员不道德行为的表现

当今社会，市场营销人员的不道德行为种类繁多，概括起来主要可分为对企业内部不道德和对企业外部不道德两类。

（一）对企业内部不道德的表现

1. 身在曹营心在汉，为多个公司销售产品

企业对出门在外的营销人员的管理，一直受到一个问题的困扰：企业辛辛苦苦培养起来的营销员，有些人竟身在曹营心在汉，原本三天办完的事现在要拖五天来办，不是因为能力问题，而是因为同时在兼职营销其他公司的产品。

2. 营销人员吃回扣，从费用中谋取私利

我们看到，从十来个人的乡镇企业到大型企业，营销人员吃回扣谋私利的现象普遍存在，小到一张车票一顿饭，大到数万元的产品销售。这些在我们看来其中的区别仅在于程度轻重、数量多寡、手段优劣而已，但企业营销费用的增加却是个不争的事实。

3. 为一己私利，出卖公司的商业机密

无论是营销人员通过出卖本公司的商业机密给竞争对手谋取私利，还是企业采用不正当手段获取竞争对手的商业机密，都是不道德的行为。营销人员在外做市场的时候，要时刻警惕这种事情的发生。如一个公司的人力资源部准备挖你过去的时候，是否让你将客户也一起带过去呢？营销道德的建设对内、对外都是一个亟待解决的问题。

（二）对企业外部不道德的表现

1. 在价格方面

一些营销人员从企业利益或自身利益出发，不按市场规律从事销售活动，采取违背社会道德和法律规范的价格手段谋取暴利，如漫天要价、随意"宰客"，采用短斤少两、以次充好等手段；有的营销人员投机倒把、变相涨价。这些都是不道德的行为。

2. 在营销渠道方面

有些企业能正确选择中间商或通过正常的途径销售其产品。有些企业则不

然，它们在销售商品的过程中，骗买骗卖，进行非法传销；有些营销人员不讲商业道德，不尊重当事人的愿望，强买强卖；还有的利用某种优势，限制竞争，进行垄断等。

3.在促销策略方面

有些企业只注重眼前利益，采取一系列违背道德及法律的手段来获取高额利润。如：不论真假在广告中大张旗鼓地说其药品有多么地好，最后顾客买回去才知上当。在人员推销中，回扣行贿，吃喝玩乐，把公关庸俗化；在营销推广中，用“最后三天促销”等欺诈手段，骗顾客购买。有些还在促销活动中传播一些文化糟粕以及不健康的价值观，打黄色文化的擦边球。

【情景案例 12－6】

推销员职业道德

一名推销员在某夫妇俩都不在家的时候，擅自走进他们的家，向其独自在家只有 13 岁的女儿小林推销产品并要其购买。小林在开门后发现来人是一位陌生女子，20 岁左右。对方表示自己的公司在搞活动，要为小林介绍一种“新生牌油烟机清洗剂”。

“我不认识她，而且爸妈也都不在家，所以就要她出去，但是她就是不走”，小林说。这名推销员不听劝阻，开始向小林演示起这种清洁剂的用法，在大赞产品功能的同时竭力要求小林购买她推销的产品，并表示，如果小林一次性购买 3 瓶的话，可以加送 2 瓶。据小林介绍，当时这名推销员还表示平时得买 10 瓶才能送 1 瓶的，现在买非常合算。在百般纠缠之下，小林只好花了 100 元钱买了 3 瓶，外加附送的 2 瓶，总共 5 瓶。

中午夫妻俩回家知道这件事情后，认为推销员太没有商业道德，便来到推销员所在公司质询。公司领导得知情况后，非常重视，立刻对这名推销员作出了严肃的处理。

思考题：这名推销员所犯的错误是什么？应该如何做？

三、营销人员不道德行为的原因

营销人员不道德行为引起的原因很多，但归结起来，大体有三个方面的原因，分别是营销人员自身素质问题、企业管理问题和消费者问题。

1.营销人员自身素质问题

(1)思想道德品质不高，不能坚持以消费者为中心，在营销过程中，损人利己，通过各种不合理、不正当手段牟取私利。

(2)业务能力不强，营销工作要求营销人员既要有一定的专业知识，又要求有丰富的社会、经济及法律等方面的知识，要求营销人员既专又全。然而现阶段，不少营销人员的业务素质太低，在营销的过程中，容易出现重大偏差。

(3)从业态度不端正，过分追求短期利益。有些营销人员长期驻外，对公司的归属感、凝聚力普遍弱化，加之天高皇帝远，在遭遇利益诱惑时，心理的防线轻易就破。在做市场的时候，难免会遇到贿赂，从而走上违背公司和顾客利益的道路。

2.企业管理问题

公司管理不善是引发营销人员不道德行为的又一个原因。

(1)管理制度不健全，运作流程不明确，特别是监控体系欠缺.这些会令营销人员感到有机可乘，尤其是对于一个成立时间短、业务发展快、短期内摊子就铺得很大的企业，管理水平的提高跟不上企业发展的步伐，最易产生营销人员道德失范现象。

(2)利益分配不合理，营销人员工作积极性受挫。如工资补贴偏低、业务提成久拖不发、销售指标脱离实际难以完成、晋升制度混乱等等，都会导致销售人员人心涣散，人浮于事。公司对利益的分配问题要格外注意。

(3)奖惩体系不完善，企业领导不重视与营销人员进行沟通。营销人员对企业缺乏忠诚度。有些员工最初确实心无杂念，一心只想通过努力工作换取合理回报，但是，当看到其他营销人员在获得灰色收入却仍能做得很好时，心中的天平会产生倾斜，最后很有可能就同流合污了。

3.消费者问题

当今社会，消费者自我保护意识不强和市场信息的不对称导致企业不良营销行为有机可乘。主要表现在：

(1)消费者受自身知识及文化素质的影响，缺乏必要的商品知识、技术知识及营销方面的知识，对企业不良营销行为缺乏鉴别力，有些消费者还和营销人员达成协议，损害公司的利益。

(2)消费者主人翁意识与责任感不强，对企业的违法犯罪活动抱着事不关己、高高挂起的态度。殊不知，这种处理方式，会滋生企业和营销人员的腐败和堕落，让自己的长久利益受损。所以，我们要提高自己的责任感和主人翁意识，不让任何人有机可乘。

(3)消费者缺乏权益保护方面的知识，法律观念淡薄，对损害自身利益的营销行为既不投诉，又不诉诸舆论，更不能用法律武器来维护自身利益。

四、营销人员职业道德建设

从上面我们已经看到营销人员的不道德行为主要表现在对企业内部和外部两个方面。我们应如何建设营销人员的职业道德呢？

1. 加强营销职业文化建设

建设营销职业文化具有重要意义，学校有学校文化，企业有企业文化，国家有国家文化，营销职业也有自己独特的文化。它有助于增强营销职业系统与其他社会系统之间的互动，更有助于营销人员自身素质的提高，提高营销人员的自身文化修养和法律意识才是最根本的。

2. 加强市场法规建设，规范企业的营销行为

法规不仅为治理企业的营销失德行为提供依据，而且使企业有了参照的底线。但从我国实际情况来看，认真执法比完善法律更重要。市场违规的惩罚机制严重失衡。政府监管部门必须加大执法力度，严厉处罚违法行为，努力完善社会主义市场经济体制，进而对其他经营者起到警示作用。再者，政府应充分发挥新闻媒体的作用，加强舆论宣传与监督。

3. 注重企业自身营销道德建设

一个优秀的企业应该是道德的楷模。企业不但要遵守社会公认的道德标准，而且应建立具有自己特色的良好道德体系，并通过各种途径向公众传达，以提高企业的美誉度。因此，拥有良好职业道德的企业可以针对营销人员的道德问题制定相关的营销道德准则，并把道德准则放在优先位置，建立一套广泛而固定的与广告标准、定价标准、产品开发、对顾客的服务等有关的道德标准。

4. 开展营销道德教育

企业要建立有效的职业道德激励机制。坚持开展营销道德教育，如培训、竞赛、座谈会、专家报告会等，针对现实的道德难题，给出多种选择方案，让营销人员讨论，再给予明确的答复，使员工明确道德上的判断并提高其处理实际问题的能力。激励是指通过对某种思想和行为的肯定，使这些思想和行为得到强化和推广。凡是违背营销人员职业道德的应受到制约、惩罚，而对遵守营销人员职业道德的模范个人、模范单位、模范行业，应予以奖励。对成绩突出者予以一定的物质和精神奖励，形成一种导向力量，养成营销人员的自律习惯。

五、企业营销的社会责任

1. 企业营销社会责任

社会责任是一个很难把握的概念，著名的管理大师哈罗德·孔茨认为，企业的社会责任就是认真地考虑公司的一举一动对社会的影响。而营销大师菲利普·科特勒把企业营销的社会责任问题定义为：组织的任务是确定诸目标市场的需要、欲望、利益，并以保护或者提高消费者和社会福利的方式，比竞争者更有效、更有利地向目标市场提供消费者所期待的产品或服务。而营销人员所要做的就是促进社会、企业、个人之间的和谐发展。

企业的社会责任和企业营销的社会责任是两个不同的概念，二者既相互联系

又相互区别。企业的社会责任是企业整体对社会应负的责任，而企业营销中的社会责任既是企业对外社会责任的一部分，又包含营销部门对企业作为一个整体所应负的责任。所以本书认为，营销人员一定要使自己所进行的活动及所采取的措施不仅有利于企业的福利和利益，而且有利于社会的福利和利益。

2.企业营销对顾客应承担的社会责任

(1)对顾客诚信：保护顾客的权利和利益是在坚持诚信基础上对顾客负责的最基本体现。企业要为广大消费者提供品种多样、优质的产品与服务，以满足其不同的需求。为此，企业要树立以顾客为导向的经营理念，并根据市场需求的变化，不断调整自己的市场营销策略。为了保护社会及广大消费者的利益，西方国家的消费者自发地掀起了保护消费者权益的运动。在我国，消费者则是在全国各级消费者协会的领导下，有组织地开展保护消费者权益的活动。

(2)善待不买产品的客户：企业营销者对待暂时不买产品的客户，不能一刀切地对待，应关注其与企业合作的潜在价值。客户现在不买不等于以后都不会买。不要一遇到这样的顾客，扭头就走，或是冷言讥讽。总之，对待一个客户，要进行综合全面的评价，善待每一个客户，而不应总从现时利益出发。

3.企业营销对公众应承担的社会责任

(1)保护、改善环境：科学家们让我们意识到了与人类生存环境息息相关的一系列棘手而又紧迫的问题，如全球气候变暖、酸雨、地球臭氧层遭到破坏、温室气体数量增加、耕地沙漠化、对重要自然资源的过快掠夺、热带雨林的消失以及物种灭绝等。营销应该在改善环境方面发挥积极的作用，通过绿色营销满足消费者的绿色消费，提高消费者的生活质量。所谓绿色消费是指消费者要求企业生产和销售对环境冲击最小的绿色产品，以减少伤害环境的消费。绿色营销是满足消费者身心健康、提高消费者生活质量的根本途径，也是企业营销的主要社会责任。企业要通过绿色营销实施社会可持续发展战略。所以，企业营销要以保护和改善社会环境为出发点，不能唯利是图，只顾眼前利益。

(2)维护公众利益：作为社会的一分子，企业进行营销少不了要承担社会责任。保护社会利益及社会发展是企业营销义不容辞的社会责任。企业营销从事经营活动，一方面为社会带来日益丰富的物质财富；另一方面，企业营销为国家及各级政府提供一定的税收。此外，企业营销还应当对社会公益事业进行支持和捐赠，帮助教育、娱乐、社会贫困地区的发展，这是近年来企业营销社会责任的延伸。

企业营销履行社会责任会面临诸多困难。诸如由于社会存在各种不同的团体，各个团体具有不同的利益；企业营销在环保及保护野生动植物、生存环境时需要支出大量费用，从而使产品成本及价格提高，并力图将所提高的成本转嫁到消费者身上，而消费者则要求以较低价格购买高质产品。因此，企业营销需要权衡各种利益，作出最佳的符合社会责任要求的决策。

4.企业营销对企业整体应负的社会责任

营销部门在整个企业中的特殊地位决定了它是整个企业在外界的形象代表；而对企业，营销部门人员却是信息反馈员，能带回市场、竞争者、经销商、供应商的信息。营销部门向企业所提供的真实市场信息，不管是负需求还是有害需求，企业都要积极地去面对、去引导，以便管理层对市场反馈作出战略性决策或战术性决策。

5.履行社会责任的途径

(1)树立正确的企业价值观和社会市场营销观念。企业价值观是企业职工拥有共同性的价值观念。它是在企业经营哲学指导下构成企业文化的基础核心，决定企业的经营目标、企业的管理风格及企业的行为规范。它是决定营销决策是否符合道德规范的关键。当企业价值观是"实现利润最大化"时，企业营销决策往往会忽略甚至无视消费者及社会的利益。反之，企业营销策略就会以消费者利益为立足点，力图满足顾客、服务社会。

(2)提高公众对企业营销承担社会责任的认识。当公众还没有认识到企业履行社会责任的重要性时，企业的营销部门大多是为了利润使劲地卖产品，似乎产品是消费者唯一需要的东西，生产出来就得卖掉，不管采用什么方式。后来，一些社会问题日益突出，人们开始关注企业的道德问题，在这种情况下，只有得到公众认可的企业才具备一定的市场竞争力。

(3)企业要加强对营销人员的培训。营销人员的销售技能不是天生就有的，而是后天形成的，通过培训，提升营销人员的自信心和能力是非常重要的。同时，培训可以使营销人员潜移默化地认知企业的价值观。众所周知，企业的营销人员一般在市场一线作战，在某种程度上与企业整体运作存在脱节的可能性，其行动具有很大的自主性，如果营销人员不具有社会营销的观念，就会在营销活动中作出有违社会责任的行为，而以一个小格局的思想(比如只关注个人或企业的利益)出入营销领域。所以，对企业的营销人员进行有关社会责任观念的培训也是企业培训的重要内容。

总之，企业营销的社会责任与企业的长期持续发展是相辅相成的。企业营销作为企业的一个越来越重要的职能，要求企业在营销活动中自觉履行社会责任，把社会、企业和个人的利益有效地统一起来，这不仅对社会有利，对于企业自身的可持续发展也是有利的。

第三节 营销人员管理

营销部门的核心地位在各个企业已经确立无疑，要让产品销售得更快，靠的是一支优秀的营销团队,而营销团队是由一个个优秀的销售人员组成的。故而加强并稳定销售队伍,成为许多企业保证竞争力的必然选择。但一份近 10 年国内销售型企业人员管理咨询统计资料表明,销售人员的年流失率在 30%以上。同时,平均每流失一个销售人员,企业遭受的直接与间接的损失是该流失人员月薪的 4 倍以上。另有一组数据表明,业绩排在前 30%的优秀销售人员完成的业绩占销售总量的 60%以上。所以,对营销人员的管理就显得尤为重要。营销人员的管理大体包括选拔、培训、考核和激励四个环节。下面我们就详细阐述这些环节。

一、营销人员的选拔

"胆大心细脸皮厚"是形容男生追女生的核心要领,拿来形容业务员的素质要求也八九不离十。胆大就是要敢于面对陌生的客户,敢说,敢于向顾客表达自己的观点。心细就是观察力强,能够从细微处觉察到顾客的需求,并第一时间予以满足。脸皮厚就是要能承受挫折,面对顾客的不理解和百般刁难,要百折不挠,一如既往。不过,也有人认为,一个优秀的业务员应该有丰富的专业知识,思维敏捷,有良好的沟通能力,还要有无限的激情。这些都没错,一个成功的业务员确实有许多优秀的特质,但是,往往这些都是在看到他们成功了才总结出来的。在他们还没有表现出优秀之前,甚至从来没有跑过一天业务时,在应聘的时候,又怎么能看出来他们将来是否优秀呢?

人很容易依据自己的经历、经验主观判断事物,即使自认为最客观的人,也不可能不带着自己的价值观去评判一个人。然而,应聘者的学历不同、专业不同、经历不同、家庭背景不同,造成了应聘者之间的差异非常巨大。如何才能避免这些因素的干扰,客观地评判应聘者呢?在长期观察销售人员的行为特征之后,我们发现优秀销售人员都有一些共同特征,按照这些特征去选择营销人员,就一定会事半功倍。

1. 反应速度

我们认为这是营销人员的第一特质,反应速度快的销售人员常有热血特质,坐不住,工作的积极性比较高,对待、处理顾客的各项问题也游刃有余。因此,反应速度应该是在招聘时首先要考虑的,可通过问一些比较发散性的问题来了解应聘者的反应速度。

2. 观察能力

营销人员的观察能力非常重要,主要体现在营销人员现场信息搜集的能力,善于观察顾客的一举一动,并从中快速找到顾客的需求点。

3. 语言表达能力

不善言辞不是罪过,不过面对陌生人不敢开口,恐怕这个销售人员要出成绩也是挺困难的。在陌生人面前朗诵一段介绍词或者新闻,这跟一个人读书多少无关,有潜质的人声音洪亮、抑扬顿挫；没有潜质的人则常常满面通红，半天说不出话来。不过很奇怪，如果后者单独跟你谈话，他可能口若悬河，滔滔不绝。所以，单对单进行面试就下结论是很危险的，欺骗性很大。

4.团队精神

团队精神就是合作精神。富有合作精神的营销人员才能够让顾客信服，更容易与顾客成交。那些不善于合作的或喜欢在别人背后说坏话的营销人员在短期内或许还能让顾客信任，但时间一长，这样的营销人员就会丧失大批的客户，没有哪一个客户愿意和这样的营销人员合作。

二、营销人员的培训

许多企业在招募到新的销售人员之后，立即派他们去做实际工作，企业仅向他们提供样品、订单簿和销售区域情况介绍等。这些企业担心培训要支付大量费用、薪金，会失去一些销售机会。事实证明，训练有素的销售人员所创造的销售业绩要比培训成本更大。而且，那些未经培训的销售人员其工作并不理想，他们的推销工作很多是无效的，甚至是起相反的作用。

在顾客自由选择度日益增强和买方市场越来越成熟的今天，营销人员不经过系统的专业训练，是不能很好地与顾客沟通并最后完成成交行为的。每个正规的企业在招聘之后，都要进行几周乃至数月的专业营销课程培训，包括营销心态、方法、实战等内容，培训时间随销售工作的复杂程度与所招入销售机构的人员类型不同而有所不同。对于简单的销售，培训时间相对来说就会少一些。

1.培训计划的制定

培训计划需要明确以下问题：培训目标、培训时间、培训方式、培训内容等。培训计划的设计应考虑到新人培训、在职员工培训、主管人员培训等不同类型培训的差异。

(1)培训目标：培训目标有许多，每次培训至少要确定一个主要目标。总的说来，培训目标包括提高营销人员的营销能力、增加销售人员对企业的信任、改善销售人员的工作态度、提高销售人员的工作情绪。最终目标是提高营销人员的综合素质，以增加销售额，提高利润水平。

(2)培训时间：培训时间可长可短，可根据需要来确定。培训的时间长短可依据产品性质、市场状况、人员素质、营销人员能力等几个方面来确定。越复杂的活动，要求的时间也就越长。

(3)培训方式：培训方式有企业内训、销售会议培训、定期设班培训和函授、讲师的公开课等。各企业可根据实际情况选择适宜的方式。

(4)培训内容：培训内容常因工作的需要及受训人员已具备的才能而异。总的说来，培训内容包括：企业的历史、经营目标、组织机构、财务状况、主要产品和销量；本企业产品的生产品种、流水线、技术情况及产品的功能和用途；目标顾客的不同类型及其购买动机、购买习惯和购买行为；竞争对手的策略和政策；实地推销的工作程序和责任。

2.培训方法

常用的培训方法主要有课堂培训法、会议培训法、模拟培训法和实地培训法。

(1)课堂培训法：这是一种正规的课堂教学培训方法。一般由销售专家或有丰富推销经验的销售人员采取讲授的形式将知识传授给受训人员。这是应用最广泛的培训方法，其主要原因在于费用低，并能增加受训人员的实用知识。其缺点是此法为单向沟通，较少有实践机会，学到的大部分是理论知识，讲授者也无法顾及受训人的个别差异。

(2)会议培训法：这种方法一般是组织销售人员就某一专门议题进行讨论，会议由主讲老师或销售专家组织。此法为双向沟通，受训人有表示意见及交换思想、学识、经验的机会。缺点是培训人数较少，适合于公司中级以上主管一起学习讨论。

(3)模拟培训法：这是一种由受训人员亲自参与并具有一定实战感的培训方法，为越来越多的企业所采用。模拟培训法是由一个受训人扮演销售人员，另一个受训人扮演顾客，“销售人员”向“顾客”进行推销的模拟培训法。此法具有高度的双向沟通性，受训人会像亲身经历般记忆深刻。

(4)实地培训法：这是一种在工作岗位上练兵的培训方法。新来的营销人员在接受一定的课堂培训后即可被安排到工作岗位上，由老的业务人员带一段时间，然后逐渐放手，开始独立工作。这种方法有利于受训人较快地熟悉业务，效果很好。

三、营销人员的考核

为了加强对营销人员进行管理，企业必须对营销人员的工作业绩进行科学而合理的考核与评价，要求有量化指标，用数字来说话。营销界有句俗语：“营销人员只相信业绩，而非眼泪。”营销人员业绩考评结果，既可以作为分配报酬的依据，又可以作为企业人事决策的重要参考指标。

1.考评资料的收集

收集营销人员的资料是考评营销人员的基础性工作。全面、准确地收集考评所需资料是做好考评工作的前提。考评资料主要通过销售工作报告、企业销售记录、顾客及社会公众的评价以及企业内部员工的意见等四个源途径获得的。

(1)销售工作报告：销售工作报告一般包括销售活动计划和销售绩效报告两部分。销售活动计划作为指导营销人员营销活动的日程安排，它可展示营销人员的区域年度营销计划和日常工作计划的科学性、合理性。销售绩效报告反映了营销人员的工作实绩，据此可以了解销售情况、费用开支情况、业务流失情况、新业务拓展情况等。

(2)企业销售记录：企业的销售记录，因其包括顾客记录、区域销售记录、销售费用支出记录、产品记录、竞争者销量记录等信息而使其成为考评销售业绩的宝贵的基础性资料。通过对这些资料进行加工、计算和分析，可以得出适宜的评价指标，

(3)顾客及社会公众的评价：营销人员面向顾客和社会公众提供各种服务，这就决定了顾客和社会公众是鉴别推销人员服务质量优劣的见证人，因此，评估推销人员理应听取顾客及社会公众的意见。通过对顾客投诉和定期顾客调查结果的分析，可以透视出不同的推销人员在完成推销商品这一工作任务的同时，其言行对企业整体形象的影响。

(4)企业内部员工的意见：企业内部员工的意见主要是指销售经理或其他非销售部门有关人员的意见，此外，销售人员之间的意见也可作为考评时的参考。依据这些资料可以了解有关推销人员的合作态度和领导才干等方面的信息。

2.考评标准的建立

要考评营销人员的绩效，科学而合理的标准是不可缺少的。绩效考评标准的确定，既要遵循基本标准的一致性，又要坚持推销人员在工作环境、区域市场拓展潜力等方面的差异性，不能一概而论。当然，绩效考核的总体标准应与销售增长、利润增加和企业发展目标相一致。

制定公平而富有激励作用的绩效考评标准，客观需要企业管理人员根据过去的经验，结合推销人员的个人行为来综合制定，并需在实践中不断加以修整与完善。常用的推销人员绩效考核指标主要有：

(1)销售量：最常用的指标，用于衡量销售增长状况。

(2)访问率(每天的访问次数)：衡量营销人员的努力程度。

(3)平均订单数目：此指标多与每日平均订单数目一起用来衡量，说明订单的规模和推销的效率。

(4)销售费用及费用率：用于衡量每次访问的成本及直接销售费用占销售额的比重。

(5)新客户数目。它是衡量推销人员特别贡献的主要指标。

四、营销人员的激励

企业可以通过环境激励、目标激励、物质激励和精神激励等方式来提高推销人员的工作积极性。

1.环境激励

环境激励是指企业创造一种良好的工作氛围，使推销人员能心情愉快地开展

工作。企业对销售人员的重视程度很重要。有些企业认为销售代表不怎么重要；有些企业则认为他们是实现企业价值的人，应给他们提供无限的机会。事实证明，如果对销售代表不重视，其离职率就高，出现营销不道德因素的几率也会比正常的高很多倍。企业可以召开定期的销售会议或非正式集会，为销售代表提供一个社交场所，给予销售代表与公司领导交谈的机会，给予他们足够的表彰和鼓励。切记，有时候钱不能解决所有问题，但鼓励和表扬却可以。

2. 目标激励

目标激励是指为销售代表确定一些达到的目标，以目标来激励销售人员上进。企业应建立的主要目标有销售定额、毛利额、访问户数、新客户数、访问费用和贷款回收等。其中，制定销售定额是企业的普遍做法。

许多公司为其销售代表确定销售定额，规定他们一年内或一个季度内应推销的数量，并按产品分类确定。销售定额是在制定年度市场营销计划的过程中确定的。公司先确定一个可能达到的合理的预计销售指标，然后管理部门为各分区和地区确定销售定额，各地区的销售经理再将定额分配给本地区的销售代表，由销售代表在规定的时间内完成。但需要注意的是，销售定额的制定一定要科学合理，少了，没有起到激励的作用，反而会提高企业的营销的成本；太高也不行，容易让下面的员工丧失信心，人员流失率就会上升。员工找不到企业的归属感，同样也会对企业产生不利影响。

3. 物质激励

物质激励是指对做出优异业绩的销售人员给予晋级、奖金、奖品和额外报酬等实际奖励，以此来调动销售人员的积极性。物质激励往往与目标激励联系起来使用。研究人员在评估各种可行激励的价值大小时发现，物质激励对销售人员的激励作用最为强烈。

物质激励也符合按劳分配的原则，多访问顾客的、多付出的就一定会得到多的订单，也就意味可得更多的奖金和报酬等。物质激励同样要注意一个问题，就是公平公正，不能有任何的偏袒现象，否则会有不堪设想的后果。没有能力的营销人员拿的跟有能力的营销人员一样多，这样就会极大打击有能力的营销人员的积极性。

4. 精神激励

精神激励是指对作出优异业绩的营销人员给予表扬；颁发证书，在全公司年度总结大会上隆重进行现场表彰、授予荣誉称号等，以此来激励销售人员上进。对于多数销售人员来讲，精神激励也是不可少的。精神激励是一种较高层次的激励，通常对那些受正规教育较多的年轻销售人员更为有效。在精神激励方面，我们建议每个公司至少半年进行一次，而且每次表彰大会要做得隆重正规，满足其荣誉方面的需要。营销行业内有句话说，表扬顾客是他能够买你产品最实惠的办法，这对营销人员也不例外，尤其当物质方面的需要基本得到满足后，对精神方面的需要就会显得更强烈一些。

【核心概念】

营销职业素质 营销职业道德 营销礼仪 社会责任 营销人员管理 目标激励

【复习思考题】

1. 营销人员的职业素质包含哪些方面?
2. 营销人员的职业能力包含哪些方面?
3. 阐述一下营销人员的职业礼仪。
4. 论述营销人员的道德建设。
5. 营销人员管理的四个层次分别是什么?

【技能训练】

营销大师——乔·吉拉德

乔·吉拉德,因售出13000多辆汽车创造了商品销售最高纪录而被载入吉尼斯大全。他曾经连续15年成为世界上售出新汽车最多的人,其中6年平均每年售出汽车1300辆。

销售是需要智慧和策略的事业。那么,乔的推销业绩如此辉煌,他的秘诀是什么呢?

● 250定律:不得罪一个顾客

250定律说的是在西方国家,人死后若有超过250个人过来为这位逝者默哀、送花圈,表明他的人际关系及格。这就是说,在每位顾客的背后,都大约站着250个人,这是与他关系比较亲近的人:同事、邻居、亲戚、朋友。由此,乔得出结论:在任何情况下,都不要得罪一个顾客。在乔的推销生涯中,他每天都将250定律牢记在心,抱定生意至上的态度。乔说:"你只要赶走一个顾客,就等于赶走了潜在的250个顾客。"

● 建立顾客档案:更多地了解顾客

乔说:"不论你推销的是什么东西,最有效的办法就是让顾客真心相信你喜欢他、关心他。"如果顾客对你抱有好感,成交的希望就增加了。要使顾客相信你喜欢他、关心他,那你就必须了解顾客,搜集顾客的各种相关资料。在与顾客建立信赖感以后再谈产品是至关重要的,

记下有关顾客和潜在顾客的所有资料,他们的孩子、嗜好、学历、职务、成就、年龄、文化背景以及其他任何与他们有关的事情,这些都是有用的推销情报。所有这些资料都可以帮助你接近顾客,只要你有办法使顾客心情舒畅,他们基本不会让你